ATRAVESAR EL SILENCIO
MEMORIAS SOBRE EL CONFLICTO ARMADO INTERNO Y SU TRATAMIENTO EN LA ESCUELA

Francesca Uccelli, José Carlos Agüero,
María Angélica Pease, Tamia Portugal

ATRAVESAR EL SILENCIO

Memorias sobre el conflicto armado interno y su tratamiento en la escuela

IEP
INSTITUTO DE ESTUDIOS PERUANOS

Serie: Estudios sobre memoria y violencia, 9

Esta publicación se llevó a cabo con la ayuda de una subvención del Centro Internacional de Investigaciones para el Desarrollo, Cánada, bajo la iniciativa Think Thank.

Horacio Urteaga 694, Lima 11
Telf.: (51-1) 332-6194
www.iep.org.pe

ISBN: 978-9972-51-639-9
ISSN: 2226-9576
Impreso en Perú

Primera edición: julio de 2017
1000 ejemplares

Hecho el depósito legal en la Biblioteca Nacional del Perú: 2017-07731
Registro del proyecto editorial en la Biblioteca Nacional: 31501131700700

Corrección:	Daniel Soria
Cierre de edición:	Silvana Lizarbe y Yisleny Delgado
Carátula:	Gino Becerra
Cuidado de edición:	Odín del Pozo

BIBLIOTECA NACIONAL DEL PERÚ
Centro Bibliográfico Nacional

306.43
A

Atravesar el silencio: memorias sobre el conflicto armado interno y su tratamiento en la escuela / Francesca Uccelli, José Carlos Agüero, María Angélica Pease, Tamia Portugal.-- 1a ed.-- Lima: Instituto de Estudios Peruanos, 2017 (Lima: Tarea Asociación Gráfica Educativa).
416 p.; 21 cm.-- (Estudios sobre memoria y violencia; 9)

Bibliografía: p. [399]-416.

D.L. 2017-07731
ISBN 978-9972-51-639-9

1. Sociología de la educación - Perú 2. Educación - Investigación - Perú 3. Conflicto armado - Perú I. Uccelli Labarthe, Francesca, 1972- II. Agüero, José Carlos, 1975- III. Pease, María Angélica, 1973- IV. Portugal, Tamia, 1976- V. Instituto de Estudios Peruanos (Lima) VI. Título VII. Serie VIII. Serie: Estudios sobre memoria y violencia

BNP: 2017-1982

A Rita Carrillo Montenegro,
inolvidable amiga, maestra y luchadora.

Índice

Introducción

> Jorge Semprún, que había sido alumno de Halbwachs en La Sorbona, y que más tarde sería su compañero en Buchenwald, describió así la muerte de su antiguo profesor: "Evidentemente... no tenía ganas de nada, ni siquiera de morir. Estaba más allá, sin duda, en la eternidad pestilente de su propio cuerpo en descomposición. Lo abracé, acerqué mi cara a la suya y sentí cómo me envolvía el olor fétido, fecal, de la muerte, que crecía en su interior como una planta carnívora...".
>
> Wolf Lepenies[1]

Un profesor y un alumno languidecen juntos en un campo de concentración. Uno es el fundador de los estudios de memoria; el otro, uno de los más grandes pensadores del siglo XX. Más precisamente, el alumno ve a su profesor morir, casi desaparecer, sin poder evitarlo. Con Maurice Halbwachs morían también todo lo que sus ojos vieron, todas las ideas que aún pudo haber compartido de no ser porque la guerra, la violencia extrema, lo colocaron en una situación absurda y cruel. Semprún, el alumno, sobrevivirá y escribirá sobre esta muerte

---

1. La cita sobre Semprúm y Halbwachs tomada del trabajo de Wolf Lepenies, *La seducción de la cultura en la historia alemana*. Madrid: Akal, 2008.

y sobre otras porque siente que no tiene otra alternativa más que escribir y traspasar como una herencia ese recuerdo a las generaciones siguientes.[2]

Nuestro trabajo sobre memoria en colegios no puede pasar por alto una cuestión básica: no trata de cualquier tema, habla del dolor; de cómo se recuerda, se guarda, se oculta, se hereda, se transforma o se comparte. Esta advertencia parece inútil, pero la hacemos porque suele pasar que se pierden de vista, en medio de la retórica profesional o el virtuosismo técnico, las verdades del sufrimiento. Trabajamos con profesores y con estudiantes, y les preguntamos sobre sus recuerdos, pero no recuerdos cualquiera; no es una tarea más, común, de la escuela.

En principio ninguna escuela debería tener que cumplir esta misión y enfrentar estos retos: contar la miseria de una época reciente, cuando sus actores caminan a nuestro lado. Pero dado que nuestras sociedades generan violencia y víctimas, y que estos procesos, por su enorme magnitud, no pueden dejar de ser considerados relevantes para ningún tipo de historia nacional, entonces la escuela debe dedicarse a este menester. La escuela debe ocuparse del horror, y debe hacerlo de modo responsable; en ella está el potencial de transformar las experiencias del conflicto en instrumentos para lograr cambios positivos en nuestra convivencia, que empiezan, además, en la misma interacción escolar.

Pero para bien o para mal, lo cierto es que las escuelas en el Perú y en muchos lugares del mundo pasan por alto esta misión, la evitan e incumplen esta tarea. ¿Se las puede culpar? ¿Qué historia deben contar? ¿Desde qué punto de vista? ¿Deben relatar lo ya consagrado

---

2. ¿Pensaría Halbwachs, fundador de los estudios de memoria, que su vida y muerte acabarían siendo objeto de las reflexiones por él iniciadas? Las obras mencionadas son: Jorge Semprúm, *La escritura o la vida*. Barcelona, Tusquets, 1997; y Maurice Halbwachs, *La memoria colectiva*. Zaragoza, Prensas Universitarias, 2004.

o deben convocar lo excluido? ¿Deben ser espacios para entregar discursos ya existentes o para compartir las propias experiencias? Un profesor, en Lima o en Ayacucho, ¿debe narrar una historia oficial y patriótica, o debe invocar las múltiples memorias que la cuestionan?

Tratar el tema de cómo contar la violencia política será siempre un asunto no resuelto. Las viejas discusiones sobre los límites disciplinares han cedido, y se ha escrito mucho y bien sobre la estrecha relación entre historia y memoria. En este marco, los conceptos nos ayudan y orientan, pero solo eso. Este libro es un esfuerzo por conocer lo que profesores y alumnos piensan y sienten sobre este periodo de nuestra historia reciente, cómo se enseña en las aulas y cómo pensamos que podría hacerse. Para ello nos hemos relacionado con docentes y estudiantes con sencillez, sin ánimo evaluativo, tomando en cuenta las dificultades intensas del presente, que no se disiparán completamente con el paso del tiempo, y que más bien plantearán nuevos dilemas, preguntas y retos.

Qué nos propusimos[3]

Nuestras preguntas iniciales se inscribían en una discusión sobre la memoria, el pasado reciente, las sociedades en conflicto y posconflicto, la transmisión intergeneracional y el rol particular de la escuela

---

3. Nuestro proyecto estuvo conformado por un equipo multidisciplinario. Desde el inicio participaron como investigadores principales los historiadores Ponciano Del Pino y José Carlos Agüero, especialistas en temas de memoria histórica, junto a las antropólogas Tamia Portugal, también investigadora en temas de memoria, y Francesca Uccelli, con una experiencia vasta en estudios sobre la escuela peruana, junto con la psicóloga María Angélica Pease, especializada en procesos cognitivos de adolescentes y adultos en espacios educativos. En la segunda etapa del proyecto, participaron Uccelli, Pease y Agüero, y en la redacción final de este libro, todos con la excepción de Del Pino.

en este proceso, que es muy fecunda en todo el mundo.[4] Las propuestas quc antes parecían obvias, basadas en una visión sencilla del tratamiento escolar de los periodos de conflicto armado, sostenida en las ideas de compartir lecciones aprendidas y no repetir la violencia (la historia enseña, la memoria es un deber), se han puesto en debate. Hoy se discute cuál es el fundamento que hace preferible trabajar estos temas a no hacerlo, puesto que su relación con la democracia o la formación ciudadana ya no aparece como evidente de inmediato (Jelin 2013).[5]

Pero en el Perú se ha escrito poco sobre el papel de la escuela en estos procesos. Algunos estudios se han planteado indagar alrededor del entorno político tenso y dubitativo ante los intentos de incorporar contenidos de la historia reciente en el currículo oficial (Sandoval 2004, Paulson 2010), acerca de la reticencia de los maestros a trabajar el tema (Trinidad 2004, 2006) o de su tradición clasista, que los hace no solo actores del proceso educativo, sino del propio proceso de la violencia (Vargas 2013). También se ha escrito sobre el aparente consenso acerca de la necesidad de contar de una vez por todas con una escuela democrática y la ausencia de políticas destinadas a conseguir este fin, ya sea por la falta de formación docente (Barrantes,

---

4. Es mucha la literatura producida sobre el papel de la educación y los procesos de conflicto armado y posconflicto. Contienen valiosos aportes sobre los procesos relacionados a la memoria y la escuela en América las antologías de Jelin y Lorenz (2004), Carretero, Rosa y Gonzales (2006), Lorenz (2006) y las reflexiones de Winn (2013) para el caso del Cono Sur. Sobre la producción de lo que se ha venido en llamar escuela en emergencia, o los mecanismos, proyectos y políticas para encuadrar el rol de las escuelas en las sociedades en pleno conflicto o que están en posconflicto, y que podrían actuar como mecanismos que contribuyan con la preservación de la paz o la reconciliación —sobre todo para África y Medio Oriente—, véase Buckland 2005.

5. Para una discusión detallada sobre el rol de la memoria en general como mecanismo de no repetición véase Todorov 2008 y Ricoeur 2013. Para una discusión acotada a la escuela y este rol véase Dussel 2001 o Carretero et ál. 2006.

Peña y Luna 2008) o porque estas intenciones se han quedado en el papel, incluida la situación en regiones como Ayacucho, epicentro del conflicto (Céspedes, Zanitayoga y Figueroa 2011). Esta necesidad se ha traducido en intentos de proponer metodologías para ser usadas en las aulas a partir de proyectos aplicados (Jave 2015).

En este contexto de producción académica sobre el tema se inscribe nuestro proyecto de investigación "Educación y memoria: una propuesta para recordar el pasado y construir un futuro democrático en las escuelas peruanas", realizado en dos etapas entre julio de 2012 y febrero de 2014. De acuerdo con lo previsto en el Diseño Curricular Nacional, se trabajó con colegios secundarios públicos, en Lima y Ayacucho, buscando recoger información de una diversidad de zonas, población y grado de afectación de la violencia.[6]

La primera etapa del estudio tuvo como objetivo conocer las percepciones y memorias de estudiantes y docentes sobre el conflicto armado interno, analizar cómo se relacionaban con la cultura política de ambos actores e identificar el modo en que se venía trabajando el tema en el aula. En la segunda etapa, el trabajo se centró en la importancia de contar con espacios seguros que propiciaran la reflexión y el compartir experiencias en torno al conflicto. Para ello, se desarrolló, validó y evaluó una intervención orientada a trabajar con docentes en relación con la identificación, contextualización y revisión de sus propias memorias sobre el conflicto armado interno y respecto de sus imágenes sobre los actores clave del conflicto.

6. El Diseño Curricular Nacional del año 2009, vigente durante la investigación, indicaba que los contenidos relativos al conflicto armado interno debían abordarse en quinto de secundaria, en el área de Formación Ciudadana y Cívica, y en la de Historia, Geografía y Economía.

Por qué es relevante un estudio como este hoy

¿Cómo está cumpliendo la escuela pública el mandato de enseñar sobre el conflicto armado interno en el Perú y cómo se transmite esta memoria en ese espacio privilegiado de socialización?

El mandato de hacer memoria sobre épocas de barbarie y violaciones de derechos humanos, así como la necesidad de que el Estado cumpla un rol en este proceso, está avalado internacionalmente no solo por la academia, sino por la práctica política en el mundo luego de la Segunda Guerra Mundial, sobre todo después del holocausto.

En nuestra región, en especial después de las comisiones de la verdad en Argentina, Chile, Guatemala y Perú, también este mandato es enérgico, y se ha plasmado en políticas públicas que han incluido a la educación como un elemento importante. Todas las comisiones de verdad han recomendado el estudio y la difusión de estos periodos entre la población como parte de los derechos a la verdad, la justicia y la reparación. Pero además han recomendado su inclusión en el sistema escolar como parte, sobre todo, de un entendimiento de que se trata de una garantía de no repetición y de un medio fundamental para sacar lecciones en clave "cívica" y fortalecer la ciudadanía debilitada tras los conflictos.[7]

Tanto para los grandes organismos internacionales y multilaterales, como las Naciones Unidas o el Banco Mundial, como para las grandes agencias de cooperación, privadas o gubernamentales, este tema ha sido por décadas importante. Las Naciones Unidas vienen incorporando progresivamente en sus resoluciones las categorías y mecanismos provenientes del campo de la justicia transicional.[8] Y al

---

7. Para un estudio sobre las comisiones de la verdad ver el trabajo de Priscilla Hayner, *El reto de las comisiones de la verdad*. España, FCE de España, 2009.

8. Sobre la incorporación del lenguaje e instrumental de la justicia transicional por parte de la Organización de Naciones Unidas ver los siguientes documentos:

mismo tiempo, en sus esfuerzos por atender los graves problemas de conflicto armado, guerras civiles y catástrofes a causa de migraciones y desplazamiento de refugiados, han colocado a la educación como un elemento que es clave no solo para la memoria histórica y la no repetición, sino como factor de desmantelamiento de hostilidades, protección de combatientes y resguardo de los más vulnerables, sobre todo de niñas, niños y adolescentes.[9]

La Comisión de la Verdad y Reconciliación (CVR) en Perú dio una enorme relevancia al tema de la educación, del magisterio y de su ideología al explicar el proceso de expansión de la violencia. En sus recomendaciones, fue contundente respecto de la necesidad de reformar la educación pública para que dejara de ser un espacio de aprendizaje del autoritarismo y se convirtiera en una escuela de y para la convivencia y la tolerancia. Recomendó enfáticamente la necesidad de dar a conocer lo vivido como un mandato moral, un deber para con

---

Consejo de Seguridad de las Naciones Unidas, *Informe del Secretario General: El estado de derecho y la justicia de transición en las sociedades que sufren o han sufrido conflictos* (S/2004/616), 23 de agosto de 2004; el segundo informe complementario a este y del mismo título: Informe del Secretario General, *El estado de derecho y la justicia de transición en las sociedades que sufren o han sufrido conflictos* (S/2011/634); la Nota orientativa del Secretario General, *Enfoque de las Naciones Unidas a la justicia de transición*, marzo de 2010. Recordar además que actualmente la ONU cuenta además con un Relator Especial para la Justicia Transicional.

9. Sobre la investigación de campo, comparada y aplicada, que se viene desarrollando respecto de la importancia de la educación para las sociedades de conflicto y posconflicto, sobre todo por sus efectos como mecanismo de desarme de hostilidades o incluso de prevención, véase como ejemplos los trabajos de Filipov (2006), Leach y Dunne (2007) o la robusta producción generada a partir del trabajo de la oficina del Alto Comisionado de las Naciones Unidas para Refugiados (Acnur) con los refugiados en los últimos años. Y para una mirada del trabajo de educación enfocado a fomentar la cultura de paz a partir de la intervención de grandes agencias como Acnur, Unesco o la Red Interagencias para la Educación en Emergencia, revisar el breve artículo de Baxter e Ikobwa (2005) y el libro de Jiménez, De Currea-Lugo y Grabe Loewenherz (2008).

las víctimas y una necesidad de formación de valores democráticos.[10] Por ello, la primera de sus ocho recomendaciones adicionales dice:

> a. Impulsar de manera decidida la difusión del Informe Final que ella ha preparado, de modo que todos los peruanos y peruanas puedan acercarse al conocimiento más pleno de nuestro reciente pasado de forma tal que, al preservarse la memoria histórica y ética de la nación, extraigan las lecciones adecuadas que impidan la repetición de momentos tan dolorosos como los vividos. (CVR 2003: 106)[11]

El mandato del *Informe final de la CVR* se ha desarrollado a su vez en políticas públicas y normas que con los años se han ido incorporando en el currículo, cada vez con mayor prolijidad, teniendo estos contenidos como fuente importante el propio *Informe final.*[12] A su vez, se ha elaborado un sistema de becas para afectados por la violencia o sus hijos, que parten del supuesto de que la educación es un medio relevante tanto para el desarrollo personal como para la dignificación (Becas Repared).[13] Al mismo tiempo, aunque con lentitud

---

10. Sobre el desarrollo que da la CVR al rol de la educación y el magisterio en el conflicto armado interno, véase el *Informe final*, tomo III, "El sistema educativo y el magisterio". Sobre sus recomendaciones especiales en este tema, véase el tomo IX, dedicado a las "Reformas institucionales". Observar las ocho recomendaciones del literal "D". CVR, *Informe final*, Lima, 2003. En línea: <http://cverdad.org.pe/ifinal/>.

11. Número de página de acuerdo con la versión web del *Informe final*, tomo IX, capítulo 2, "Recomendaciones". En este enlace: <http://www.cverdad.org.pe/ifinal/pdf/TOMO%20IX/2.INTRODUCCION%20RECOMENDACIONES.pdf>.

12. La inclusión de contenidos vinculados al conflicto armado interno se dio por primera vez en el diseño curricular de secundaria del año 2004. Para una revisión de ese desarrollo véase nuestra anterior publicación Uccelli, Agüero, Pease, Portugal y Del Pino. *Secretos a voces. Memoria y educación en colegios públicos de Lima y Ayacucho*. Documento de trabajo 203, Lima, Instituto de Estudios Peruanos, 2013.

13. Sobre el sentido de las becas Repared dice la Comisión de Alto Nivel para la Implementación de las Recomendaciones de la Comisión de la Verdad y

y sin mayor impacto en la opinión pública, pero quizá con efectos para el largo plazo, se han consolidado dos museos de memoria estatales, de gran envergadura: el Lugar de la Memoria, la Tolerancia y la Inclusión Social (LUM), en Lima,[14] gestionado por el Ministerio de

---

Reconciliación (CMAN): "El propósito [...] es el atender a una población en situación especial que por hechos de inseguridad y violencia en el período 1980-2000 sufrió un menoscabo sustancial de sus derechos fundamentales, originándole entre otros perjuicios la pérdida de oportunidades educativas [...]. El Estado peruano a través de este programa pretende articular la política de inclusión social y la de reparaciones en educación, como parte de una obligación asumida no solo a nivel de instancias internacionales, sino sobre todo como un compromiso interno de construcción de paz y reconciliación nacional [...]. Repared pretende que las personas consideradas víctimas dejen de serlo y en forma autónoma logren reconstruir sus proyectos de vida a través del beneficio de la educación superior como un eje generador de bienestar no solo individual sino también colectivo. Tomado de la página oficial de la CMAN, en línea: <http://cman.minjus.gob.pe/index.php/noticias/209-convocatoria-de-becas-repared-2-015.html> (última consulta: 16/07/16)

14. Cabe mencionar que el LUM, al abrir, no cuenta con una ruta de visita pensada específicamente para niños, niñas o adolescentes, ni un plan de trabajo con escuelas y docentes. Su público objetivo es la ciudadanía en general. Si bien se viene trabajando en esa dirección, este hecho es revelador de lo complejo que resulta pensar el tema del CAI desde y para la educación. A pesar de esta limitación y de las múltiples dificultades para la implementación y apertura del LUM, este se ha convertido pronto en un espacio cultural de gran actividad. Según cifras extraoficiales compartidas por el director de la institución, los días corrientes llegan al lugar alrededor de 300 personas, llegando los fines de semana a 700, sin que ninguna autoridad realice actividades de publicidad más allá de las redes sociales. La propuesta del LUM, que busca interpelar los discursos hegemónicos de memoria apelando a la experiencia personal y local de todos los que han vivido la violencia, genera nuevas preguntas y posibilidades para una reflexión sobre la transmisión intergeneracional, la memoria histórica y el fin de las actividades pedagógicas en su sentido más amplio, en el sentido de si los lugares de memoria y conciencia deben cumplir otros roles además de la reparación y la dignificación de las víctimas, reflexión que no nos es ajena en este libro. Véase para una exposición de este argumento Del Pino y Agüero, *Fundamentos conceptuales del Lugar de la Memoria, la Tolerancia y la Inclusión Social*, Lima, LUM, 2015.

Cultura, y el Yalpana Wasi, en Junín, bajo la dirección del Gobierno Regional.[15]

Existe, por tanto, una densa red de justificaciones teóricas, políticas y finalmente normativas, nacionales e internacionales, que brindan respaldo a los cuestionamientos que rigen este tipo de investigaciones. Debería ser suficiente la necesidad de evaluar la buena marcha de una obligación internacional y de la ejecución de una política pública. A ello podemos sumar el mandato moral del "nunca más" y del deber de memoria.

Sin embargo, consideramos que el tema de la justificación del estudio no proviene solo de estas fuentes. Nos motivó también un tema adicional. Nos cuestionamos sobre los fundamentos —si es que los hay— de la razón moral y del bien público que están detrás del supuesto de que enseñar sobre el conflicto y hacer memoria es lo

---

15. El Yalpana Wasi-Wiñay Yalpanapa, en español *Casa de la Memoria, para Recordar Eternamente*, se inauguró el 6 de junio de 2014, bajo el auspicio del Gobierno Regional de Junín. Es una obra de gran envergadura física, así como de una aspiración museográfica importante. Presenta una narrativa explicativa de la violencia política, con un fuerte énfasis en la historia regional del centro del país. Recurre a una mirada cronológica y causal que va mucho más atrás del inicio del conflicto armado interno, y con una sólida denuncia de los que considera factores que explican la violencia y que aún perviven en el Perú, como la discriminación, exclusión y corrupción. En este sentido, se diferencia del LUM y de otros lugares de conciencia en el mundo, donde el tema del tratamiento de las causas de los conflictos suele ser polémico y muchas veces insuperable. Es cierto también que esta opción de contundente argumentación explicativa le resta matices y tensiones. Al haber sido fruto sobre todo de la iniciativa de una gestión regional muy fuerte, que trabajó el proyecto sin mucha participación ciudadana y sin promover espacios de acuerdo con otros sectores de la región, luego de concluida la gestión de este gobernador, ha sufrido cierta inestabilidad, poniéndose en duda su relevancia para la ciudad de Huancayo y la región en general, y debilitándose también en su pretensión de ser un foco activo de discusión sobre temas vinculados a la memoria. Se pueden ver imágenes del Yalpana Wasi en este enlace: <https://marisolzumaeta.wordpress.com/museos/lugar-de-la-memoria-huancayo/> (última consulta: 10/12/16).

correcto, si genera lecciones y si realmente fortalece a la democracia, y si es así, bajo qué condiciones ello podría ocurrir.

Memorias diversas y en conflicto

Nuestro estudio aborda múltiples temas, pero todos ellos se mueven en torno a preguntas sencillas de la relación entre educación y memoria. En primer lugar, dado que nuestro país ha pasado por un periodo de crisis muy extrema, por un trauma social que aún permanece fresco, y dado que en este contexto muchas cosas no han sido resueltas para reconstruir nuestras relaciones dañadas, ¿cómo se puede esperar que la escuela peruana, ya limitada para cumplir con sus funciones usuales, se haga cargo de transformar este periodo de la historia tan cruel en algún tipo de información o conocimiento que sea valioso para los estudiantes? ¿Hay algún deber de memoria que, más allá de las buenas intenciones, legitime el gran esfuerzo que significa en el presente trabajar un periodo de violencia extrema en los colegios?

En segundo lugar, dado que, se quiera o no, todos recuerdan —especialmente momentos críticos de la vida individual o colectiva—, y dado que este recordar inevitablemente también se da en las escuelas, ¿cómo discernir qué debe ser enseñado y aprendido de estos procesos de violencia? ¿Cómo lograr que esta enseñanza y este aprendizaje no se conviertan en una práctica indolente, como la que pudiera darse en cualquier materia, pero al mismo tiempo no derive en la reificación del daño y el sufrimiento? Finalmente, ¿todo esto sirve a la comunidad?, es decir, ¿tiene un sentido público?, ¿o se trata de cuestiones que, sin dejar de ser importantes, pertenecen solo a las víctimas?

Quizá empezar por preguntarnos qué vivió y qué vive hoy el Perú en esa época nos dé una idea de qué tipo de tarea se debe proponer a la escuela, que es finalmente un instrumento del Estado. Y para poder expresarlo, el asunto del lenguaje a usar para hablar del periodo de 1980 al 2000 es, como veremos en el desarrollo del libro, un asunto central, no solo para los maestros y estudiantes, sino para todo el mundo. Para la CVR, el país vivió un conflicto armado interno (CAI).[16] Esto le permitió articular una narración centrada en las víctimas y los derechos humanos afectados, asignando responsabilidad de diverso tipo a los actores del conflicto y permitiendo invocar para su explicación las herramientas del derecho internacional de los derechos humanos y del derecho internacional humanitario.

---

16. La CVR recibió duras críticas por recurrir a este concepto. Estas críticas se activan cada cierto tiempo, y llegan sobre todo de actores políticos interpelados por el trabajo de esclarecimiento de la CVR y por la relevancia en relación con el derecho internacional de tal definición, que cuestiona las narrativas de autoexculpación de estos sectores dirigentes. Un conflicto armado interno es lo más grave que le puede suceder a una sociedad que sufre violencia, y asigna responsabilidades en la comisión de crímenes que violan las leyes humanitarias de la guerra a todos los actores, incluyendo grupos subversivos y representantes estatales. Una crítica antigua, no exclusiva del Perú, señala que el uso de términos como CAI pueden llevar a asignar a los grupos terroristas el carácter de actores beligerantes, lo cual no tiene sustento jurídico. Ante esta crítica, el movimiento de derechos humanos siempre ha considerado que en realidad responde al propósito de asegurar la impunidad de los agentes estatales o paraestatales. También encontramos otras críticas al uso del término, pero que no tienen detrás un interés político, sino que señalan desde la academia sus limitaciones para dar cuenta de un proceso histórico complejo. Algunas son antiguas, y tienen que ver con una preocupación por entender la violencia como consustancial al sistema capitalista, lo que resta singularidad al periodo de "violencia política" al entenderlo como un modo más de las violencias que sostienen la dominación (posiciones marxistas y desde la teoría de la violencia estructural; véase como ejemplo MacGregor, Rubio y Vega 1990). Otras más recientes, pero relacionadas con las anteriores, se refieren a la "fantasía" que implica considerar que la política nacional no asume a la violencia como un mecanismo estable en la realización de sus propósitos y su dominación (Denegri y Hibbet 2016). Discusiones como estas son saludables en tanto revitalizan un campo de discusión abandonado, aunque se puede notar que en estas últimas críticas no se presta suficiente atención al corpus teórico y jurídico internacional, donde el concepto del conflicto armado interno tiene sentido, y parece subestimarse la diferencia, que nosotros creemos radical, entre una situación de guerra y una de paz, pese a las continuidades que sin duda se pueden hallar.

Sin embargo, esta no es la única manera de llamar a este periodo, ni mucho menos la más vigente en el país. La que prevalece es la que designa aquellos años como *terrorismo*, y está fuertemente inscrita por la propaganda gubernamental y la de los medios de comunicación. Tenemos pues varios grandes relatos conviviendo y compitiendo para nombrar y dar explicación a esa historia. Para nosotros lo más importante es constatar que hay una enorme heterogeneidad de narrativas en simultáneo. Tenemos historias oficiales como las de la CVR, pero que no gozan de mayor aceptación; u otras historias que también emanan de entidades públicas, como las de las Fuerzas Armadas, que pueden ser interpretadas como versiones de parte. Hay historias que fueron oficiales, y hoy son oficiosas, al estilo de lo que Stern llamó "salvadoras", y que Degregori retoma para dar cuenta de las memorias del conflicto elaboradas por el fujimorismo, donde abunda el uso político de la pacificación, ensalzando a un único héroe: Fujimori (Stern 1998, Degregori 2011).[17] Además están las historias marginales, que pueden leerse también como *de parte*, como las que han elaborado el Partido Comunista del Perú Sendero Luminoso (PCP-SL) o algunos miembros del Movimiento Revolucionario Túpac Amaru (MRTA), que básicamente son la contracara de las historias militares, respectivamente unas como glorificaciones de la revolución y las otras de la

---

17. La confluencia de memorias, entendida no como un defecto sino como una normalidad, es una constatación importante, porque nos evita el aferrarnos a viejas maneras de pensar el tema, construidas en torno de la memoria colectiva entendida como un fin moral y no como la realidad de un recuerdo grupal compartido (como propone Halbwachs); es decir, como el propósito mismo de las políticas o emprendimientos de memoria. Lo que se observa es más bien que las memorias se expresan en gran diversidad, incluso si se piensan desde cada actor. Para tomar una nomenclatura referida solamente a las confesiones de los perpetradores se pueden encontrar: la del arrepentido, la memoria heroica, el sádico, la memoria negadora, la confesión novelada, el testimonio amnésico y la confesión delatora. Leigh Payne, *Testimonios perturbadores. Ni verdad ni reconciliación en las confesiones de violencia del Estado*, Bogotá, CESO, 2009.

pacificación, aunque con finales distintos de sus dramas.[18] Por último tenemos las memorias "sueltas" y "emblemáticas", que para el caso de nuestro estudio en colegios es relevante, pues podemos apreciar cómo la experiencia particular, los recuerdos íntimos de las familias, importantes para sus propias dinámicas y tradiciones, no necesariamente llegan a articularse con los marcos de las narraciones sobre la historia o la sociedad que circulan y son vigentes. Por ello, una historia familiar de exilio mediante el desplazamiento forzado, de posterior vida en pobreza en la ciudad de refugio, de temor a la discriminación en la urbe, de ayuda colectiva para promover los estudios superiores de la nueva generación, pueden ser recuerdos muy queridos e importantes para algunas familias. Sin embargo, no llegan a ser parte del imaginario colectivo, no pasan a ser de interés general. Pero podrían serlo, pues en el país coexisten diferentes narrativas que actúan como marcos de referencia, en los cuales estas pequeñas historias podrían hallar resonancia y acogida, por ejemplo, en los discursos sobre los nuevos limeños fundadores de su propio destino y de un nuevo Perú moderno construido por el esfuerzo individual de emprendedores. No es sin embargo la única narrativa en la que esta historia familiar suelta podría encontrar un marco: también puede imbricarse con el discurso de resistencia tenaz de campesinos que han luchado por reconocimiento a pesar de su propio Estado, y que son sobre todo los constructores invisibles de nuestra democracia. ¿Cuál es el destino de estas memorias sueltas, cómo se relacionan con estos marcos dados por las memorias emblemáticas, cómo se influyen mutuamente, qué

---

18. Es importante ver que, como desarrollaremos también en el libro, estas narraciones de los "vencidos" no dejan de tener un eco o por lo menos un vínculo con ciertas maneras de elaborar el recuerdo de aquellos años por parte de profesores y estudiantes.

alternativas hay de cuestionarlas todas desde enfoques críticos que tensionen esos marcos?[19]

Esta confluencia de historias y memorias, con mayor o menor jerarquía, con mayor o menor hegemonía, son una de las claves de nuestra indagación. Creemos que quizá no resulta tan importante que no haya un relato oficial claramente a enseñar (incluso, como veremos luego, puede ser mejor que no haya una sola fuente impuesta); lo preocupante es que esta diversidad no enriquezca, sino que más bien reduzca las posibilidades de encuentro. Estas versiones son en muchos casos incompatibles entre sí; pero más problemático aún, pueden ser impermeables entre ellas. Es decir, el problema no es la diversidad, sino la anulación de unas por otras, y la agresividad con la que esto suele darse.

No es que el caso peruano sea tan novedoso respecto de la multiplicidad de versiones en relación con la historia reciente. En Argentina, a la historia de la salvación de la patria de la Junta Militar siguió la teoría de los dos demonios del *Informe Nunca Más*. Este relato fue criticado por crear únicamente víctimas inocentes, limitando de ese modo la complejidad política y social de esa historia reciente al quitar todos los grises de personajes y procesos. Ante ello,

---

19. Para una mirada a las versiones oficiosas, véase Comisión Permanente de Historia del Ejército del Perú, *En honor a la verdad*, Lima, 2012. Para versiones senderistas del conflicto armado véase sobre todo Abimael Guzmán Reynoso y Elena Yparraguirre, *Memorias desde el némesis*, Lima, 2014; o Luis Arce Borja, *Memoria de una guerra 1980-2000*, Ginebra, 2009. También los textos reflexivos y críticos, que contienen hasta cierto punto una versión de parte desde el MRTA, en Alberto Gálvez Olaechea, *Desde el país de las sombras*, Lima, SUR, 2009; y *Con la palabra desarmada. Ensayos sobre el (pos)conflicto*, Lima, Fauno, 2015. Sobre el uso de la terminología relacionada con las memorias sueltas, emblemáticas y hegemónicas véase Steve Stern, "De la memoria suelta a la memoria emblemática. Hacia el recordar y olvidar como proceso histórico. Chile 1973-1998", en Elizabeth Jelín (comp.), *Las conmemoraciones: las disputas en las fechas "in-felices"*, Madrid, Siglo XXI, 2002.

devino una historia de reivindicación de la militancia, que nombró a la práctica estatal como represión. En el presente, familiares de militares enjuiciados reclaman "la verdad completa", y no solo la de las ONG y los familiares, y desean que sus versiones sean compartidas por un Estado al que reclaman imparcialidad (González 2012). Aun con sus complejidades, en el caso argentino podemos notar cierta gradualidad. Aunque ninguna memoria es lineal, sino es siempre una reelaboración desde el presente, se puede esquemáticamente trazar el recorrido descrito.

En el caso de nuestro país las memorias diversas portan además diferentes cargas de poder.[20] Coexisten, pero algunas han mantenido a lo largo del tiempo el mando de la vigilancia de las demás. Esta es la memoria a la que hemos llamado hegemónica y salvadora, logrando incluso reducir a la marginalidad una historia oficial, ejemplar y fruto de un proceso globalmente saludado, como el *Informe de la Comisión de la Verdad*.[21]

Esta memoria hegemónica actúa como un filtro para el habla, la transmisión intergeneracional y la discusión. Ese es el problema, de todos nosotros, pero sobre todo de los profesores ante sus estudiantes. Pueden saber sobre el informe de la CVR, pueden tener cosas

---

20. Tomando hasta cierto punto el uso de Payne, para referirse a lo que llama memorias contenciosas, que llama la atención sobre la coexistencia dialógica, muchas veces conflictiva, finalmente perturbadora, de diferentes versiones sobre un pasado de graves violaciones de derechos humanos (Payne 2009).

21. "Memoria salvadora" es una expresión acuñada por Stern (2002) para dar cuenta de un discurso desde el poder sobre los conflictos armados en la región latinoamericana (particularmente Chile y Argentina), y que Degregori (2009) retoma para entender la sociedad posconflicto peruana. Esta "memoria salvadora" exalta una épica de pacificación que estuvo a cargo de las autoridades ejecutivas y de las fuerzas de seguridad, y considera que las violaciones a los derechos humanos fueron excepciones o excesos propios de la guerra. Esta narrativa salvadora es la hegemónica en tanto predomina en medios de comunicación y grupos de poder.

que compartir a partir de sus propias vivencias o reflexiones, pero se cuidarán de no alejarse de lo permitido, de la expectativa de lo hegemónicamente correcto.

Enseñar y aprender desde la diversidad de memorias: un reto y una oportunidad

¿Tiene esta historia hegemónica y salvadora la fuerza suficiente para volver tabú los recuerdos de docentes y las familias de estudiantes? ¿Tiene la capacidad de actuar represivamente en las aulas o pueden los profesores alejarse de *lo permitido* y compartir memorias diversas, empezando por sus propias vivencias y reflexiones?

Veremos a lo largo de este libro que sí, que esta memoria hegemónica la tiene, que en el vacío de iniciativas predomina la inercia, y esta trae la prohibición de hablar y favorece la opción entre todos los integrantes de la comunidad escolar por protegerse. Hablar y compartir significaría un riesgo, y no aparecen incentivos para tomarlo.

Una característica muy negativa que notamos de esta memoria hegemónica es que hace de la diversidad un pasivo. Las diferencias significan fronteras y sospechas. Pero no es la única manera de entender la diversidad. La multiplicidad de experiencias y puntos de vista puede ser también una oportunidad pedagógica. Ante las múltiples versiones sobre hechos ocurridos durante el CAI, ni los docentes ni nadie tiene modo de señalar un relato único ni de responder a todas las preguntas que cuestionen este u otros relatos. La ventaja de esta aparente dificultad es que distintas perspectivas, muchas veces claramente contrapuestas, podrían permitir el reconocimiento de la alteridad en el aula. Atender y trabajar estas diferencias en la escuela requiere del desarrollo de competencias interculturales que por lo general no se observan en el espacio educativo, menos aún en temas relacionados con la historia (Zavala, Cuenca y Córdova

2005). Asimismo, se podría promover el uso de múltiples fuentes de información sobre el tema —estrategia poco propiciada en el espacio escolar—, incluso una apelación a fuentes no tradicionales, como los testimonios, o traer al espacio común diferentes tradiciones locales de recuerdo y conmemoración.

Una memoria salvadora como la que es hegemónica en nuestro país y en otros de la región, con un claro carácter épico y militar, puede ser también descentrada no solo por la diversidad de experiencias, sino por el mundo de los afectos. Las versiones de docentes y estudiantes suelen estar asociadas a experiencias muy intensas, que tamizan su visión de la realidad, y que no pueden excluirse del proceso de aprendizaje, lo que puede ser una ventaja para repensar el rol de las emociones en este proceso (Ausubel 1976). Las emociones en su enorme diversidad y legitimidad pueden desestabilizar el mundo simbólico y sentimental derivado de la historia patria.

La valoración de las múltiples versiones y la incorporación de las emociones en el proceso de enseñanza-aprendizaje forman parte de aproximaciones constructivistas, donde el aprendiz construye significados a partir de la interacción con la realidad, y donde el conocimiento se concibe en permanente transformación (Staub y Stern 2002). Estas aproximaciones han mostrado ir asociadas a mejores aprendizajes y a propuestas curriculares que buscan formar ciudadanos democráticos.[22]

No es sencillo, pero creemos que el tratamiento del conflicto armado interno (CAI) en las aulas tiene una enorme potencialidad, pues puede colaborar en la transformación del paradigma de enseñanza-aprendizaje vigente, centrado en el docente como transmisor de información cerrada, acabada y poco sujeta a crítica (Duffy y

---

22. Véase Pease 2010 para una discusión sobre este tema.

Jonassen 1991).[23] Sin embargo, lograr convertir esta diversidad y sus tensiones en un recurso pedagógico valioso, como veremos a continuación, no es una tarea fácil.

Historia, memoria individual, memoria colectiva: los puentes y las distancias

El objeto de nuestro estudio es, recordemos, la historia reciente del país, cómo se enseña o no en las escuelas, pregunta que es común en países que han pasado por procesos de conflicto armado, dictadura o represión. Esta historia reciente no es simple de transmitir ni es fácil trazar sus límites, pues contiene no solo actualidad, sino fundamentalmente controversia. Cualquier tema controvertido es complejo de transmitir, pero lo son aún más aquellos vinculados a la política o a la violencia, y más aún al darse en periodos de posconflicto, pues los actores sobre los que se debe hablar o permanecen plenamente activos o siguen ejerciendo influencia en la sociedad, a través de los medios de comunicación y el Estado.[24]

---

23. Las reformas curriculares y capacitaciones a docentes de las últimas décadas han intentado a escala global —y nuestro país no es la excepción— aproximar la educación a prácticas más centradas en el alumno, proponiendo metodologías de aprendizaje activo bajo enfoques constructivistas. Sin embargo, estas han colisionado con la cultura autoritaria que prima en las dinámicas docente-alumno y en la relación de los estudiantes con el conocimiento (Cuenca 2014).

24. Sobre las dificultades de trabajar con temas controvertidos en la escuela véase María Isabel Toledo Jofré, "Enseñanza de 'temas controversiales' en la asignatura de Historia, desde la perspectiva de los profesores", en: Pagès y Santisteban (eds.) 2013; véase también J. R. Wilson, "The high stakes of remembering the past in south African history & social sciences classroom: Creating a way forward for the white staff & students". *Yesterday & Today*, n.° 1: 239-254, 2007.

La memoria y la historia tienen estrecha relación, pero no son lo mismo. La memoria tiene que ver con lo que los individuos o los grupos marcan como lo digno de ser recordado, lo que pasa a ser patrimonio común simbólico y en algunos casos conmemorable (Burke 2000). Así, incluso los recuerdos individuales son en realidad indesligables de los colectivos, pues un sujeto traería consigo incorporados los patrones culturales, las tradiciones, los mitos y las costumbres, finalmente todas ellas formas del recuerdo y de la transmisión intergeneracional que comparte con otros a los que puede identificar como un *nosotros*. Lo que no está definido es el modo en que se va a relacionar con este legado, y puede hacerlo desde la identificación total, la mitificación, el escepticismo o incluso desde el ánimo de ruptura. Pero incluso para la ruptura el sujeto debe colocarse ante este legado de recuerdos y valores, frente a todo este patrimonio común, como un "deudor de ese pasado" (Dussel 2001).

La memoria tiene además otros sentidos relevantes para nuestra indagación. Es también un proceso cognitivo, un mecanismo de la mente que constituye nuestra humanidad. Existe así, cognitivamente hablando, la imposibilidad del recuerdo como copia de la realidad. La memoria es principalmente un mecanismo reconstructivo, que transforma la realidad al almacenar la información y al recuperarla. No hay recuerdo "puro" que no esté atravesado de la propia subjetividad, vivencia y situación al recordar (Barlett 1930, en Best 2002). La memoria, al ser individual, es semántica y biográfica; recordamos nociones, ideas, conceptos, y recordamos también (y mejor que nada) nuestras propias vivencias y experiencias (Anderson 2005).

Coexisten por tanto la memoria individual y la memoria colectiva, ambas perspectivas que nos permiten indagar acerca de los procesos de transmisión de recuerdos, de su convergencia y divergencia, de la estabilidad de las memorias en el tiempo y de la relación entre dichos recuerdos y la identidad del grupo.

Ubicados en la historia contemporánea, signada por las guerras y genocidios, que incluyen el abuso de poder en sus diversas manifestaciones, la memoria se ha construido como un concepto y esfuerzo creativo, un trabajo (siguiendo a Jelin 2001) que algunos sujetos u organizaciones líderes emprenden para restaurar algo de dignidad y justicia entre quienes han sido víctimas. De este modo, la memoria activa, los "trabajos de memoria" de los emprendedores, se opone a la memoria pasiva e identitaria, que refuerza las verdades oficiales, que enfatiza el poder y el valor de la transmisión intergeneracional sin fisuras, es decir, aquella que llama a la cohesión.[25]

La tradición actual del movimiento global de derechos humanos, siguiendo a Yerushalmi, distingue por tanto entre *mnemne* y *anamnesis*, entendiendo que la primera alude a la transmisión de un relato legitimado desde el poder que da unidad e integridad a los grupos, mientras que la segunda llama a recuperar del olvido lo no trasmitido (Yerushalmi 1998); esto es, en vez de simplemente repetir o recordar, hacer reminiscencia.[26]

Es en esta lógica que la lucha contra el olvido se convierte en un fin poderoso de las políticas de memoria; no porque el olvido sea en sí mismo negativo como proceso de elaboración del pasado, es más, es inevitable como complemento al proceso mismo de elaborar la memoria (como desarrolló en su momento Ricoeur), sino porque el

---

25. Advertimos que esta alusión a "memoria activa" refiere a los estudios en el campo de la memoria histórica y no a los procesos psicológicos internos de elaboración de memoria individual y colectiva. La memoria como proceso cognitivo tiene la imposibilidad de ser pasiva, es siempre activa, reconstructiva y está en permanente transformación.

26. Véase "Reflexiones sobre el olvido", de Yosef Hayan Yerushalmi. Revisado en versión digital del portal Cholonautas, que lo toma de Yerushalmi, Y., N. Loraux, H. Mommsen, J. C. Milner y G.Vattimo, *Usos del olvido* (2ª. Ed.), Buenos Aires, Nueva Visión, 1998. En línea revisamos este documento: <http://cholonautas.edu.pe/memoria/Yerushalmi.pdf> (última consulta:14/04/16).

olvido en este caso se trata de una expresión del abuso de poder, una limitación de la libertad fundamental de expresarse y la prolongación de una exclusión. Aquí, el olvido no es amnesia, sino agresión. No es un vacío, sino una práctica política. El ocultamiento, la negación y la evasión actúan en el presente con material del pasado que es eliminado de la historia o es tergiversado. Y a ese constructo y a esa praxis las llamamos *olvido*.

¿Qué es entonces lo que no debemos olvidar? ¿Todo? En principio podemos decir que sí. Aunque las verdades reveladas puedan ser duras, sensibles, cuestionadoras, expresan un principio democrático básico: somos iguales para saber, decir y conocer, sin que nadie decida por otro a lo que puede acceder respecto de la información, sobre todo en cuestiones tan graves como el conflicto armado interno y las violaciones de derechos humanos. Aunque esta información entre en disputa con la exaltación de la identidad patria o con nuestro arraigado orgullo por nuestra colectividad, sus autoridades, sus héroes y tradiciones, es necesario que lo vivido cuestione nuestra formación cívica.

Al permitir y facilitar el acceso a la información controvertida, estamos dando herramientas para una expresión básica de la ciudadanía: la de resistir o disputar los discursos que legitiman la represión, la violación de derechos humanos o las acciones criminales o terroristas cometidas por organizaciones subversivas y agentes estatales. Es decir, herramientas para oponerse a cualquier tipo de poder abusivo. O a la prolongación de los efectos de estos discursos, esto es, la construcción de *un campo de lo permitido*.[27] Lo permitido entendido como lo que por vías formales e informales estos discursos de poder incorporan como legítimo pensar, hablar, escribir y transmitir, y aquello que es convertido en tabú. Lo que queda por fuera de este campo

---

27. Con *campo de lo permitido* nos referimos a los límites que la memoria hegemónica impone a la expresión de memorias que podrían contravenir lo que esta plantea como el recuerdo "correcto" y a la ideología que se propone con ella.

dado por la memoria hegemónica y salvadora, ya sea como relato, experiencias o valores, es apartado, puesto de lado y desprestigiado como peligroso.[28]

Este mandato de recuerdo, por tanto, es algo diferente a aquel que entiende a la memoria como un bálsamo que porta cualidades terapéuticas e inocula automáticamente alguna virtud que nos ayuda a evitar nuevas atrocidades. Más bien este "mandato", que como sociedades en muchos lugares del mundo asignamos finalmente a las escuelas, creemos que se refiere a una doble cuestión: de un lado a hacer evidente la existencia de diferentes discursos sobre la violencia, vigentes en el mismo momento, en una convivencia que es inevitable que genere una situación que hace potencialmente viable que estas memorias se relacionen, se conecten y reaccionen entre ellas; y de otro, lo cual debería ser fundamental, generar la capacidad en los sujetos de distinguir entre ellas, teniendo a la historia y a su aparato crítico como herramienta para este ejercicio de distinción, que nos pueda alejar de los diferentes modos de abusos de la memoria a los que nos enfrentamos, como el negacionismo, el moralismo o la posibilidad del relativismo posmoderno.

Como dice Vidal-Naquet, la historia tampoco es mágica ni estática, también es un campo de disputa y crítica, de hipótesis cambiantes

---

28. Por ello, como veremos en el desarrollo de nuestro libro, no solo memorias controvertidas quedan por fuera o silenciadas, sin encontrar medios para expresarse entre profesores y alumnos: queda silenciada la memoria familiar en tanto potencialmente disruptiva respecto del relato hegemónico; queda por fuera la propia experiencia de vida de los sujetos, en tanto cargados de complejidad no fácilmente reductible a la narración salvadora, y portadora por el contrario de una fuerte carga afectiva, que es incontrolable en la transmisión; y quedan por fuera temas que estas experiencias podrían traer a discusión, básicamente el mundo de lo público, la acción política, la militancia, el movimiento social. Todo este mundo, transformado a fuerza de repetición en análogo o emparentado con el peligro terrorista, queda fuera del campo permitido para ejercer la libre expresión.

y actualizaciones permanentes; pero hay algo que es fundamental para que su ejercicio pueda entenderse como relevante para limitar estas formas de abuso de la memoria que hemos mencionado (negacionismo, relativismo, moralismo):

> Un discurso histórico es un entramado de explicaciones que puede ceder su sitio a "otra explicación", de la que se juzgará si explica mejor lo diferente. Un marxista, por ejemplo, tratará de razonar en términos de rentabilidad capitalista, y se preguntará si la destrucción pura en las cámaras de gas se inscribe o no fácilmente dentro de este sistema interpretativo [...]. Sin embargo, y en esencia, no me parece que la empresa revisionista se ocupe de esta búsqueda de "otra explicación". Más bien hay que buscar en ella esa negatividad absoluta de la cual habla Adorno, y es precisamente eso lo que tanto le duele comprender al historiador. Se trata de un esfuerzo gigantesco, no solo por crear un mundo de ficción, sino para arrancar de la historia un inmenso acontecimiento. (Vidal-Naquet 1994: 134)

Ahora bien, las preguntas que emergen en este contexto, y que nos acompañaron a lo largo de la investigación, son ¿qué es lo que la escuela no debe olvidar?, ¿está en capacidad de contarlo todo?, ¿está nuestra escuela en situación de recibir ese mandato, de ser un instrumento que ayude a construir memorias y tener a la historia como herramienta crítica?

Nuestro lugar de enunciación: la CVR como punto de apoyo histórico

Tomando en cuenta la realidad antes descrita, nuestro lugar de enunciación en este estudio —el lugar desde el que hemos planteado nuestras preguntas, nos hemos sentado a conversar, hemos articulado nuestras reacciones y respuestas a las intervenciones de estudiantes y docentes— ha sido el de asumir como un punto de apoyo histórico a la propuesta de la CVR. Lo hacemos porque consideramos que representa el esfuerzo de mayor amplitud e inclusión sobre esos años, no de unos pocos comisionados e investigadores. La CVR significó la movilización de miles de personas en todo el país —sobre todo mujeres— para brindar testimonio y colaborar como ciudadanas en muchas otras tareas para apoyar su misión.

No existe esfuerzo colectivo, ético y político de esta magnitud en nuestra república. Pero no se trata solamente de su magnitud, sino de su apuesta por explicar y por integrar historias locales, por hacer del esclarecimiento de lo oculto, lo olvidado y los olvidados un elemento central de su discurso. Frente a tantos relatos vigentes, la CVR brinda un piso de historia y de verdad disciplinaria, que sirve como punto de apoyo para no caer en el relativismo absoluto. La historia disciplinaria limita, encuadra y critica las memorias, pues las confronta con esfuerzos independientes y críticos (no neutrales, tal cosa no existe) que tienen como fin el develamiento razonable, aunque este vaya a contrapelo de los mitos locales, las querencias populares o las necesidades identitarias. La CVR nos permitió relacionarnos no con el afán de imponer una interpretación, ni siquiera un lenguaje, sino con un bagaje de verdades construidas trabajosamente, argumentadas, documentadas, que por lo menos permiten dejar fuera de la discusión alturada los negacionismos.[29]

¿Por qué es importante tener presente el negacionismo? Porque los relatos que buscan ser hegemónicos o las historias de parte, que tienen mucha fuerza en el país, suelen contener en su narrativa elementos de este tipo, si es que no son enteramente un esfuerzo negacionista.

29. Para una visión rigurosa sobre cómo enfrentar desde la historia disciplinar, con paciencia y meticulosidad, las seudoargumentaciones, aun las más elaboradas, del negacionismo y el relativismo, en este caso respecto de las atrocidades nazis y alemanas durante la Segunda Guerra Mundial, véase Pierre Vidal-Naquet, *Los asesinos de la memoria*, México D. F., Siglo XXI Editores, 1994.

Pensemos en el texto de Arce Borja (2009), donde él cuenta la historia de la guerra popular derrotada por el Estado peruano, en parte por desviaciones de la dirigencia senderista, pero donde oculta y resta significancia a las acciones violentas y terroristas que se emprendieron desde el PCP-SL. El texto del general Clemente Noel, jefe político y militar de la zona de emergencia en Ayacucho entre 1983 y 1984, también nos cuenta una historia básicamente militar, de operaciones legales y de pacificación, donde cualquier referencia a crímenes por las fuerzas del orden es desaparecida, u observemos las variantes de las memorias militares representadas por el testimonio del jefe del Grupo Colina, Santiago Martín Rivas, y Jesús Sosa Saavedra.[30]

Por ello, para nosotros es importante tener presente la cercanía y diferencia de las memorias y la historia disciplinar. La memoria es viva, siempre presente, siempre diversa, siempre en redefinición y transformación, y siempre identitaria y afectiva.[31] La historia, sin ser en absoluto neutral, es crítica, inclusive respecto de las memorias.

---

30. Es interesante leer el viejo texto de Roberto Clemente Noel Moral, *Ayacucho. Testimonio de un soldado*. Publinor, Lima, 1989. Notar además que no ha tenido una gran cobertura en la opinión pública, a pesar de su importancia para la consolidación de una memoria militar, identitaria, que tiene sus propios canales de transmisión. Como ejemplo, véase los artículos en homenaje a Noel Mora, considerado como un héroe de la pacificación, en este enlace: <http://www.blogcyh.com/2015/11/en-memoria-del-general-ep-f-clemente.html> (última consulta: 16/07/16), firmados, entre otros, por Frank Krklec y Luis Alejandro Giampietri, este último político, vicealmirante en situación de retiro y exvicepresidente de la República. Para ver la elaboración intencionada, con arrepentimientos dudosos de parte de Jesús Sosa, jefe del comando del Ejército peruano conocido como Colina, autor de numerosos crímenes a inicios de la década de 1990, revisar Ricardo Uceda, *Muerte en el Pentagonito. Los cementerios secretos del Ejército Peruano*. Lima, Planeta, 2004; y Umberto Jara, *Ojo por ojo. La verdadera historia del Grupo Colina*, Lima, Norma, 2003.

31. En sentido estricto, no es separable la cognición de la emoción; por tanto, la memoria no puede entenderse separada de la carga afectiva que la acompaña (Best 2002, Anderson 2005).

Nuestro estudio y el contexto del trabajo de campo

Nuestra investigación tuvo como elementos de partida preocupaciones convergentes. Por un lado, la curiosidad académica por la transmisión intergeneracional de la memoria, animada por nuestro trabajo en este campo y en el de la historia de la violencia política; y por el otro, nuestra preocupación por la escuela pública y las políticas de Estado en la materia, entendiendo a la escuela como institución clave para nuestra historia republicana.

Partimos de un pequeño estudio piloto realizado en Ayacucho en 2011, que nos brindó sobre todo un bagaje de preguntas sobre qué estaba pasando en la escuela y cómo se relacionaban los estudiantes y los maestros al tratar temas tan complejos.[32] Para este estudio, diseñamos un proyecto de investigación acotado, cualitativo y exploratorio, que nos permitió empezar a conocer esta problemática y brindar algunas recomendaciones a los funcionarios para trabajar esta materia.

El proyecto se desarrolló en dos etapas: en la primera, entre julio de 2012 y febrero de 2013, se llevó a cabo en cuatro colegios, dos en Lima y dos en Ayacucho, con estudiantes y docentes de quinto año de secundaria, para explorar cómo y cuánto se trabaja el tema en estas zonas; qué memorias conviven en la escuela sobre el conflicto armado interno; con qué valores sobre lo público se relacionan estas memorias y finalmente qué aparece como limitante para poder realizar un trabajo productivo sobre el tema. La segunda etapa se realizó entre julio de 2013 y febrero de 2014, en dos colegios, uno en Lima

32. Versión final de este trabajo recogida en Maritza Huamán y Feliciano Carbajal, *Familia, educación y transmisión intergeneracional de memorias del conflicto armado*, Grupo Memoria 2013, mimeo.

y otro en Ayacucho, para evaluar la importancia de contar con espacios de reflexión y para compartir entre docentes.[33]

El trabajo de campo nos permitió, a través de herramientas clásicas como la entrevista, el registro etnográfico y actividades lúdicas como el taller participativo, establecer vínculos de confianza con estudiantes y maestros, sin lo cual el abordaje de estas cuestiones habría corrido el riesgo de ser muy superficial, o podría haberse conformado con registrar los sentidos comunes que se transmiten inicialmente para no caer en "riesgo de decir lo incorrecto". Por el contrario, en ambas etapas, se logró romper con los discursos *ad hoc* hegemónicos. Lo que conseguimos fue una relación que logró la expresión de opiniones, recuerdos, emociones y críticas muy abiertas; una sinceridad fuerte, que nos interpeló y esperamos interpele a los lectores por su intensidad, sobre todo para relacionar las memorias personales y familiares con los sentimientos de injusticia social, exclusión o incluso con un profundo desapego respecto de las instituciones y la democracia.

Empezar el trabajo largo, respetuoso pero complicado, de seleccionar y lograr la cooperación de los cuatro colegios en Lima y Ayacucho implicó en sí mismo un primer trabajo de exploración etnográfica y de valoración de las sensibilidades respecto del tema. El acercamiento a los colegios fue complejo, prestando especial atención al lenguaje para las cartas de presentación a las instituciones y a los padres de familia, teniendo en cuenta las distintas formas y reacciones que se tienen a la nomenclatura de la época del conflicto.

Nuestra investigación en su primera fase se desarrolló en un contexto complejo para la exploración de las memorias y su vinculación con el mundo de la política. En el momento del trabajo de campo,

---

33. Para mayor información sobre las características del estudio, colegios seleccionados e instrumentos usados en cada etapa, véase el anexo metodológico.

se desarrollaban en el país algunos hechos relevantes. Por un lado, una huelga de profesores afiliados al sindicato (Sutep),[34] lo que no solo significó un reto logístico, sino que activó las opiniones y sentimientos respecto del derecho a la protesta entre los actores con los que trabajamos y su contienda con el derecho también legítimo de los estudiantes a estudiar. En esos días, además, la entonces alcaldesa de Lima decidió reubicar el mercado mayorista más importante del país, lo que motivó fuertes protestas de los comerciantes y, lo más relevante para nuestro caso, de los vecinos de los distritos alrededor de este foco económico. Otra vez, para el colegio con el que nos tocó trabajar, ubicado geográfica y socialmente en el centro de este drama, la contradicción entre el bien público expresado en la planificación urbana y el traslado del mercado parecía atentar contra varios de sus derechos más elementales, como al trabajo y a los proyectos de vida familiares.

Otro elemento relevante fue el desasosiego causado en el país por las herencias no resueltas del conflicto armado. Por esos meses las acciones de las columnas armadas senderistas en el Valle del Río Apurímac, Ene y Mantaro (Vraem) parecían incrementarse. A su vez, se hacían más frecuentes las noticias sobre el fortalecimiento del grupo político que da continuidad al PCP-SL en este periodo de paz, el Movadef, que buscaba su formalización y participación electoral, lo que generó mucha alarma. Por otro lado, se propuso desde sectores profundamente conservadores una ley de negacionismo histórico, que se discutió activamente en la prensa y en el Congreso, o el endurecimiento o efectiva aplicación de la ley de apología al terrorismo. Estos y otros elementos generaban un primer efecto de inhibición muy fuerte para opinar sobre los temas del CAI, pero también, posteriormente,

34. Sutep: Sindicato Unitario de Trabajadores en la Educación del Perú.

brindó elementos fácticos para poder reflexionar sobre estos temas tan álgidos una vez superada la etapa de desconfianza.

Como resultado de nuestra primera sistematización, la primera etapa de nuestro proyecto terminó con la publicación de un documento de trabajo que se llamó *Secretos a voces* (2013).[35] En este se señalaron algunas de las principales constataciones del estudio y, sobre todo, fue pensado para que sirviera como instrumento de incidencia, de propuesta hacia las autoridades.

La segunda etapa del proyecto buscó poner a prueba una de las recomendaciones de este documento de trabajo: antes de pensar en la formación docente para trabajar la historia reciente y los horrores de la violencia, era necesario que los profesores pudieran trabajar en conjunto sobre sus propios recuerdos y saberes acerca de esta historia; no para elaborarla y superarla, sino, como dice Dussel (2001), para que esa elaboración ocupara un lugar mejor en sus propias narrativas; para que los recuerdos no fueran pesos o cargas, sino componentes complejos en los que se pueden identificar su propia historia personal y la nacional. Como resultado de este trabajo, profundizamos sobre todo en aspectos relacionados a los recuerdos del conflicto y los valores que estaban detrás de aquellos para los profesores, que no habíamos podido obtener en la primera etapa por las dificultades encontradas entonces para poder trabajar colectivamente con ellos.

¿Pasados cuatro años desde la publicación del documento de trabajo, es pertinente este nuevo libro? Creemos que sí, porque su sentido es otro. No está organizado sobre la urgencia. En la primera etapa quisimos incidir, opinar e influir, porque era nuestro compromiso con los actores con los que trabajamos y porque era una necesidad

35. Uccelli, Agüero, Pease, Portugal y Del Pino, *Secretos a voces. Memoria y educación en colegios públicos de Lima y Ayacucho*. Lima, Instituto de Estudios Peruanos, 2013.

expresada por los funcionarios del Estado con los que mantuvimos una vinculación cercana. Hoy nuestra intención es regresar sobre toda esa enorme cantidad de información, tan rica y humana, tan compleja y llena de matices, para procurar comprender. Las dinámicas de la memoria de la violencia en la escuela no son fáciles, no se trata en este libro de una evaluación sobre su eficacia. Las preguntas que este libro levanta sobre este espacio —donde confluyen recuerdos, herencias, sentimientos, opiniones, juicios y prejuicios sobre temas álgidos de nuestra historia reciente— nos llevan en el fondo a preguntarnos sobre cómo está afrontando el país la construcción de su ciudadanía.

Contenido

Llegar a concretar un proyecto editorial escrito a varias manos ha sido un gran reto que sin duda ha contribuido a enriquecer la comprensión de un tema complejo como el conflicto armado interno. De este modo, el carácter multidisciplinar del equipo ha tenido un gran aporte en el análisis, pero también la variedad de trayectorias y experiencias de sus miembros.

La dinámica de trabajo para la edición del presente libro ha supuesto el análisis integrado de los informes preliminares de investigación de estudiantes y docentes bajo ejes comunes: el tratamiento del CAI en el aula, las memorias y saberes sobre el CAI, la influencia de las vivencias en la cultura política y la importancia de un espacio para la reflexión y diálogo sobre lo vivido.

A continuación, presentamos la estructura del libro.

El libro está organizado en cuatro capítulos. En el capítulo primero empezamos por responder cuánto y cómo se enseña en la escuela sobre el CAI. Verificando que lo que se trabaja en las aulas es poco o nada, pasamos a indagar qué hace que la escuela no sea un espacio propicio para esta transmisión. Veremos entonces que hay un clima institucional de inseguridad, que no genera confianza en ninguno de los actores de la comunidad educativa para hablar con libertad, y que predominan las relaciones sociales signadas por desconfianzas y la sensación de la vigilancia y el miedo a activar el recuerdo propio o ajeno sobre esos años, porque se sabe que se trata de temas tabú.

En el segundo capítulo, sabiendo que la escuela no es el medio por el cual conocen sobre el CAI, pasamos a explorar qué saben, qué opinan y qué sienten acerca de esta historia, y por qué fuentes o medios se han alimentado estos saberes. Veremos que contrariamente a lo que se cree, los estudiantes manejan una gran cantidad de información sobre el CAI, pero que lo hacen sobre todo porque forman parte de las memorias familiares, lo que, ante la ausencia de un trabajo en la escuela, queda sin ser integrada de modo profundo en una narrativa mayor que les preste más significados a sus relatos sueltos. Por su parte los profesores, siendo la mayoría contemporáneos a los hechos del CAI, tienen un conocimiento signado por su grado de cercanía a la violencia, lo que los coloca en una situación incómoda como poseedores de conocimientos prohibidos o intransmisibles.

En el tercer capítulo nos preguntamos qué relación tienen todos estos recuerdos o saberes que portan profesores y estudiantes con sus valoraciones respecto del ámbito público. Veremos que las memorias del CAI están estrechamente unidas a la construcción de lo público: cómo imaginan las instituciones, al Estado, a la democracia y cómo se imaginan a sí mismos en este mundo. Las constataciones más álgidas de este capítulo tienen que ver con lo estrecha que puede llegar a ser esta imaginación de lo público cuando el lenguaje permitido para hablar de él es reducido a uno policial, de seguridad o lucha contra el terrorismo; o anulado por la predominancia de tabús y eufemismos. Y por otro lado, que sin una elaboración crítica del CAI, este tema no promueve una mayor valoración de la democracia, sino que, por el contrario, la pone en cuestión al vincularla a la represión, la injusticia o las causas de la violencia.

En el capítulo cuarto ofrecemos una reflexión a partir de los talleres desarrollados con docentes como parte de la segunda etapa de nuestra investigación. Presentamos los supuestos que la alimentaron, su finalidad, sus características y la evaluación que los docentes hicieron de ella para finalmente discutir su necesidad y valor pedagógico.

Finalmente ofrecemos nuestras principales conclusiones, a modo de reflexiones finales, y un anexo metodológico donde compartimos nuestro proceso de investigación y las herramientas que nos sirvieron en este esfuerzo.

Agradecimientos

Este libro contó con la colaboración de instituciones, profesionales y estudiantes que aportaron de manera valiosa y comprometida a su creación.

Nuestro agradecimiento inicial corresponde a las instituciones que hicieron este libro posible. En primer lugar, la Embajada Británica en Lima, quien financió el proyecto de investigación, en sus dos etapas, apostando sostenidamente por generar información e incidencia de un tema que encontraba —y aún encuentra— pocas oportunidades para discutirse en la esfera pública. Agradecemos al Instituto de Estudios Peruanos, por la selección del manuscrito en el Concurso de Proyectos Editoriales 2015, financiado por la Iniciativa Think Tank (ITT), que hoy permite su publicación. Asimismo, queremos reconocer el apoyo inicial, cuando esta fue una investigación piloto muy pequeña, a la oficina de Apoyo para la Paz (APP) de la cooperación alemana y al Grupo Memoria.

A nuestros compañeros de trabajo durante la investigación un sincero reconocimiento: a Ponciano Del Pino, quien fue investigador principal durante la primera etapa del proyecto, con quien trabajamos las hipótesis, el diseño de investigación y de quien provienen varias de las ideas expuestas en este libro. También agradecemos a la socióloga Raquel Pérez y la historiadora Maritza Huamán, jóvenes profesionales que facilitaron los talleres con estudiantes y que lograron crear un necesario clima de confianza con el grupo. Para la observación de estos talleres y la redacción de informes, trabajamos con Magrith Mena, magíster en Ciencias Sociales con orientación en Educación, y con el sociólogo Sebastián Munoz-Nájar, quienes plasmaron detalladamente las experiencias y diálogos entre los estudiantes, y aportaron valiosas opiniones para su análisis.

Agradecemos también a la antropóloga Rosa Vera, a Magrith Mena y a la educadora Rita Carrillo, por realizar las entrevistas a docentes con dedicación y gran sensibilidad. Rosa y Magrith, además, hicieron el difícil trabajo inicial de contacto con los colegios y plasmaron la experiencia de esos primeros encuentros en etnografías detalladas que fueron de gran utilidad para conocer el contexto del trabajo. Rosa participó también en la segunda etapa de investigación, junto con la psicóloga Lucía Ginocchio, en el registro etnográfico de los talleres con docentes. Ambas elaboraron además documentos importantes para la preparación y coordinación del trabajo. Agradecemos además a la antropóloga Keyla Barrero y al historiador Roberto Ayala, quienes realizaron informes sobre la cobertura que los medios de comunicación en Lima y Ayacucho brindaban sobre temas relacionados con el CAI. Asimismo, Patricia Oliart, Sebastián Muñoz-Nájar y Lorena Barbosa colaboraron con revisiones bibliográficas que han nutrido nuestro trabajo.

Un reconocimiento especial merecen las distintas personas consultadas a lo largo de la investigación: académicos, funcionarios del sector Educación, de gobiernos regionales y locales, maestros, maestras, representantes gremiales y de organismos de derechos humanos, que nos dieron valiosas recomendaciones y opiniones para el análisis. Asimismo, Patricia Oliart y Patricia Ames fueron las primeras lectoras de los informes de investigación. Asimismo, agradecemos a los lectores ciegos que dieron las últimas recomendaciones al manuscrito de este libro. Sus críticas y sugerencias fueron de mucha utilidad, pero cualquier falla u omisión es sin duda nuestra entera responsabilidad.

Hemos dejado para el final nuestra mayor deuda de gratitud. Queremos expresar nuestro profundo agradecimiento a los estudiantes, de quienes aprendimos con cada encuentro, diálogo y reflexión, por compartir con nosotros sus recuerdos, sus sueños y también sus miedos. Asimismo, apreciamos la generosidad de sus padres y madres, que permitieron a sus hijos e hijas reunirse con nosotros fuera del horario de clases, para conversar sobre un tema que sin duda evocó vivencias familiares difíciles e intensas. Nuestro agradecimiento a los maestros y maestras merece una mención aparte, porque nos dieron no solo su tiempo, sus memorias y opiniones, sino sobre todo por su confianza para conversar sobre temas dolorosos que, lo sabíamos desde un inicio, eran difíciles de tratar para ellos. A todos ellos, infinitas gracias.[36]

36. En este libro se ha asegurado la confidencialidad de la identidad de los participantes en el estudio. Por ello, todos los nombres utilizados en esta publicación son seudónimos. Asimismo, se eligió como criterio de identificación de las instituciones educativas solo colocar datos genéricos sobre su ubicación. Las nomenclaturas elegidas para referirnos a ellas son: Colegio Lima-Metropolitana, Colegio Lima-Este, Colegio Ayacucho-Capital y Colegio Ayacucho-Provincia.

Capítulo I

Tratamiento del conflicto armado interno en el aula

> Los niños, los futuros ciudadanos de aquí a 15, 20 años, tienen que saber la realidad, por qué pasó, cuáles han sido sus causas, cuál ha sido el accionar de ese momento de esta situación de revuelta, oiga usted, en que hemos perdido muchas vidas, oiga usted. Porque un niño que no tiene la historia será un ciudadano que no conoce la verdad. Por lo tanto será susceptible a ser nuevamente engañado.
>
> Martín, profesor del colegio Ayacucho-Provincia

Algo que es común a las llamadas "políticas de memoria", entendidas no solo como las políticas públicas, sino como todas las iniciativas que desarrollan diferentes actores con el fin de elaborar socialmente las experiencias traumáticas del pasado (Díaz, Salvatori, Saraví, Ordenavía y Raggio 2011), es que deben luchar por acabar con el olvido. Esto porque este olvido no es azaroso, sino resultado de prácticas políticas que oscurecen el conocimiento y denigran a personas y colectivos. El deber de hacer memoria es por ello un mandato ético y de justicia.

La escuela, casi de modo natural, es considerada como la institución que debe encargarse de esa tarea o incluso liderarla, en tanto una de sus principales funciones es justamente la transmisión a las nuevas generaciones de los saberes considerados relevantes.

En el contexto de la enseñanza del CAI en el Perú surgen retos específicos y preguntas profundas y básicas: ¿qué historia contar? ¿Cómo contar la historia nacional cuando esta ya no es de orgullo patrio, sino de denuncia de violaciones de derechos humanos por parte del propio Estado y de conciudadanos, es decir, de vergüenza? ¿Están los colegios (como instituciones complejas y conformadas por docentes que han vivido dichos años) preparados para hacerse cargo de este trabajo? (Raggio 2012) ¿Es algo que se supera simplemente con mandatos y capacitaciones?, ¿o se trata de un asunto que la historia de la violencia en general comparte con otros temas que generan igual conflicto emocional entre las partes o grupos que conforman una colectividad? (Toledo 2013).

El proceso de enseñar sobre el CAI desde una perspectiva democrática y de derechos humanos es intrínsecamente conflictivo. Rompe con tradiciones, con estilos, con contenidos, incluso con los fines con los que la mayoría de docentes peruanos están acostumbrados a entender su función social.[1] Rompe con la propia seguridad del docente, lo

---

1. A partir de la reforma neoliberal iniciada por el gobierno de Fujimori, los rediseños curriculares y las estrategias de formación docente han intentado aproximar la educación pública a prácticas más centradas en el alumno, proponiendo metodologías de aprendizaje activo (Cuenca 2014). Asimismo, los cambios curriculares y sistemas de formación docente de aquellos años se inclinaron hacia un discurso que coincide más con el paradigma constructivista; pero estas reformas han tenido un énfasis mayor en estrategias de aula antes que en las creencias de los docentes, y al ser estas últimas más difíciles de modificar, no se ha logrado transformar las concepciones profundamente arraigadas de los docentes sobre cómo enseñar, cómo aprender y qué es conocer, que se sitúan más próximas a un paradigma transmisionista y centrado en la autoridad del docente. En consecuencia, la formación de ciudadanos democráticos continúa siendo un enorme reto. Véase Pease 2010 para una discusión de estos paradigmas, su impacto en la enseñanza y en el aprendizaje, y su relación con la educación ciudadana.

coloca como vulnerable ante sus propias experiencias, lo expone ante las opiniones y juicios de su entorno, y debilita su sentido de autoridad en el aula. En el contexto específico de enseñar el CAI, el conflicto se acrecienta: ¿cómo se enfrenta el docente, finalmente un miembro más de la sociedad, a un mandato tan especial, como es el de narrar la historia de la violencia reciente y extraer de ello resultados cívicos? ¿Pueden simplemente pasar de manejar contenidos y métodos a convertirse en emprendedores de memoria?, teniendo en cuenta, además, que para muchos sus vivencias y posturas no siempre han sido acordes con propuestas de respeto a los derechos humanos.[2]

En nuestro país, en donde aún prevalece una aproximación de enseñanza centrada en el maestro, un reto muy importante es asumir que los docentes no poseen todas las respuestas sobre el CAI. Rompiendo este paradigma, los profesores tienen al frente varios desafíos, entre ellos ayudar a los estudiantes a darle sentido a situaciones que incluso no parecen tener sentido para ellos mismos. Idealmente, además, deberían ir más allá de sus propias explicaciones o elaboraciones sobre las razones por las que el CAI ocurrió, para ayudar a sus estudiantes a concebir sus propias conclusiones, yendo más allá de las opiniones y explicaciones de sentido común sobre la guerra, incluyendo diferentes fuentes y perspectivas para explicar los eventos. Además, deberían lograr generar un clima de respeto y apertura hacia las opiniones de los otros, considerando que muchos estudiantes pueden tener distintas versiones y memorias sobre ese periodo. También tendrían que trabajar en las emociones que generan los sucesos de la

---

2. Véase los balances de González 2012, Díaz et ál. 2011 y Raggio 2012, en los que se describe cómo en las iniciativas de educación en derechos humanos en Argentina se ha tenido que lidiar con profesores que fueron activos simpatizantes de la dictadura. En nuestro caso, lidiamos con maestros cercanos a la ideología de Sendero Luminoso, como también con maestros que aceptan el autoritarismo y justifican la violación de derechos humanos y la represión aplicados por gobiernos como el de Alberto Fujimori.

guerra en los estudiantes, motivándolos a expresarlos y manejarlos de una manera saludable.

Lo que notamos en nuestra investigación es que de modo paralelo a los avances innegables en cuanto a programas y currículo, los profesores eluden trabajar esta parte de la historia. Esto sucede, con matices, también en Chile, Argentina e incluso en España. Siendo países con muy diferentes procesos sociales y distintas actitudes de sus élites ante sus respectivas transiciones democráticas, mantienen en común que buena parte de sus profesores prefieren "saltarse" esta etapa (Martínez, Sánchez, Aceituno, Muñoz 2013; Toledo 2013; Debattista 2004).

Los contenidos mismos del CAI representan un gran reto para los profesores y para toda la comunidad educativa. Las políticas oficiales de la memoria en el mundo (plasmadas en el currículo, el calendario escolar y los libros de texto) no necesariamente coinciden con la visión que el docente tiene acerca del pasado reciente. Es más, en el Perú no contamos con una versión oficial que haya obtenido nítido consenso —ya que el informe de la CVR continúa siendo polémico— y, por el contrario, predomina la historia hegemónica "salvadora" propugnada en el gobierno de Alberto Fujimori —en la actualidad de transmisión más oral— que entra en contradicción o desacredita esa historia oficial de la Comisión de la Verdad. Por otro lado, la información que se posee desde la academia no llega fácilmente a la escuela, y aquella que lo hace es muy susceptible de ser simplificada y presentada de manera parcial (Cole y Barsalou 2006).

Sin embargo, al mismo tiempo, es importante notar que esta falta de respuestas acabadas, de versiones oficiales fácilmente trasladables de profesores a estudiantes, también podría constituir una oportunidad. Podría permitir a los maestros incorporar nuevas versiones o poner en juego su propia memoria en el proceso de educación. Podría estimular en los estudiantes la búsqueda de distintas fuentes no usuales en la escuela —como fuentes orales, periódicos o análisis sociológicos del CAI—. Es decir, esta aparente falta de parámetros narrativos puede promover la inclusión de diversas perspectivas, aspecto que es considerado como fundamental para una educación democrática (Apple y Beane 1995). Esta oportunidad puede vincularse con la postura mayor que entiende el conocimiento como algo que debe ser alcanzado a través de un proceso de investigación en vez de una lista de hechos a ser memorizados. En relación con la comprensión de la historia misma, no se desea alcanzar la homogeneidad o versiones únicas sobre el pasado reciente, puesto que en una sociedad libre lo legítimo es no someterse a un "discurso monolítico sobre la historia", sino entender a la historia y la memoria como una permanente actualización de significados y de indagación profunda sobre lo ocurrido y sus valoraciones (Díaz et ál. 2011: 4).

Entonces, ¿es un problema o una oportunidad que no se cuente con buenos contenidos con algún grado de legitimidad para trabajar el tema del CAI en la escuela? Creemos que la pregunta debe ser otra: ¿qué contenidos son los que necesitamos para generar este proceso creativo, de aprendizaje crítico, que contribuya a la formación de ciudadanos democráticos?

Por otro lado, las normas brindan solo un soporte aparente y básico. Las dificultades se deben resolver en la interacción social. En Chile, Argentina y España se han desarrollado progresivamente lineamientos, programas, contenidos y textos para tratar estos temas de manera profusa, con mucha discusión y ya con largos años de experiencia. En el Perú, el tema se introdujo en el Diseño Curricular Básico de Secundaria en 2004 y en el Diseño Curricular Nacional (DCN) en 2005. Posteriormente, el DCN de 2009 estableció el tratamiento del CAI en sexto año de primaria de modo implícito, en el área de Personal Social, entre los "hechos más importantes del siglo XX en el Perú" (Minedu 2009: 227); y para quinto año de secundaria se incluyó su tratamiento de modo explícito en el área de Formación Ciudadana y Cívica y en la de Historia, Geografía y Economía. A partir de la introducción del tema en el currículo se han ido desarrollando contenidos en los libros de texto. En 2005, se produjeron los primeros libros para la escuela pública que introducían contenidos referidos al conflicto en el área de Ciencias Sociales (Grupo Editorial Norma 2005). En 2012, siguiendo la integración curricular, se produjeron libros de texto y guías docentes para el área de Historia, Geografía y Economía (Editorial Santillana 2012) y el área de Formación Ciudadana y Cívica (Ediciones SM 2012).

Sin embargo, la estrategia curricular ha quedado como una medida aislada, sin una política integral del Estado, sin la transformación de las condiciones de enseñanza y desprovista de legitimidad, es decir, sin el respaldo social y político para su enseñanza. En efecto, inclusive los contenidos de los textos sobre el tema han sido sujetos de debate público y hasta de denuncias.[3] Por ello, pese a estos respaldos formales, los docentes continúan necesitando "permiso" para trabajar el tema.

En este contexto, el presente capítulo analiza las percepciones de estudiantes y docentes de los colegios con los que hemos trabajado

---

3. En 2008, la entonces congresista oficialista y antes ministra de Educación, Mercedes Cabanillas, realizó una denuncia por "contrabando ideológico" contra los libros de la editorial Norma que incluían contenidos sobre el CAI (2008), los que presentó a la Comisión de Defensa del Congreso (véase Uccelli et ál. 2013). Asimismo, en 2012, se desató un intenso debate en la opinión pública a partir de un informe en los medios de comunicación en relación con la forma en que era presentado Sendero Luminoso en los libros para cuarto de secundaria de la editorial Bruño y porque uno de sus correctores había estado preso por ser miembro del PCP-SL. La editorial emitió un comunicado en el que se disculpó por la contratación y formó un comité revisor conformado por historiadores reconocidos en el medio académico para que examinen el texto, y se comprometió a retirar los textos de circulación "de encontrarse algún contenido que justifique, promueva o sea condescendiente con la práctica senderista" (Educación en Red 2012).

en torno al tratamiento del tema del conflicto armado en las escuelas. Iniciamos señalando algunas limitaciones para trabajar el tema en ellas: el clima institucional, autoritario y negligente desde el punto de vista de los estudiantes, y de vigilancia e inseguridad para los docentes. Luego recogemos y observamos la poca frecuencia con que es tratado el tema del CAI en las aulas. Seguimos con el análisis de la legitimidad de su enseñanza y finalmente concluimos con las percepciones de los estudiantes y docentes sobre cómo se está dando dicha enseñanza, indagando sobre qué factores creen estudiantes y profesores que influyen en esta realidad, cómo se sienten al respecto, qué esperan y qué les parece importante mejorar.

1. Sobre el clima institucional

El clima institucional es un factor clave para comprender el éxito o fracaso del proceso educativo. Entendemos *clima* como la percepción que tienen docentes y estudiantes sobre las relaciones sociales, los conflictos y los tratos de confianza o reserva que se presentan en su organización (Pérez 2012). Nos referimos así tanto al clima de la escuela como al que se genera en el aula, que son relevantes en tanto son aspectos contextuales que inciden, transforman y definen la manera en que se plantea y lo que se aborda con respecto al CAI en el aula. Comenzaremos por señalar los aspectos más generales identificados, para pasar a algunos más específicos, referidos por estudiantes y docentes.

En general, en 2012 encontramos una secundaria pública desatendida. Los colegios seleccionados en nuestro estudio son urbanos, públicos, tradicionales y emblemáticos en sus zonas, sin embargo, su ideario e historia contrasta con el deterioro de sus condiciones materiales. Las instituciones educativas (II. EE.) están compuestas por docentes de distintas trayectorias, experiencias y canteras ideológicas.

Estas diferencias suponen elevados niveles de tensión en el interior del colegio, que generan un clima institucional altamente conflictivo y carente de mecanismos para atenderlos.

Tuvimos oportunidad de observar estas tensiones en su máxima expresión debido a que una de nuestras visitas de campo coincidió con una importante huelga magisterial realizada entre junio y octubre de 2012. Los profesores de las II. EE. se encontraban divididos entre aquellos que se habían plegado a la huelga y los que no (esto fue mucho más evidente en Lima que en Ayacucho). El conflicto entre docentes era latente, y eso llevó a un ambiente laboral poco colaborativo, en el mejor de los casos, u hostil, en el peor.[4]

1.1 Para los estudiantes es un clima de negligencia, abuso y desinterés

Creemos que la manera en que los alumnas y las alumnas viven su escolaridad es fundamental, pues el colegio es para ellos el primer y más constante contacto con el Estado. Sus juicios sobre cómo funciona esta institución marcan también su visión sobre lo público y su cultura política en general, además de brindarles elementos para evaluar la preocupación que el Estado tiene por ellos y por su educación como ciudadanos.

Los estudiantes nos mostraron visiones de la autoridad, de la participación y del poder marcadas por la desconfianza; expusieron frustración por la aplicación perniciosa de la justicia por parte de

4. La huelga se inició a fines de junio del 2012, impulsada por un sector del magisterio, y fue tomando mayor presencia a escala nacional alrededor de septiembre; la protesta se extendió hasta octubre del mismo año. Entre las causas de la huelga estuvieron el pago de la deuda social al magisterio, el aumento de sus remuneraciones y el rechazo a la Ley n.° 29062 de Carrera Pública Magisterial. Sobre el tema véase <Chiroque.blogspot.pe>, septiembre y noviembre de 2012.

docentes y directores, y por la casi nula capacidad de ejercer sus derechos dentro de su institución escolar.[5] Para la mayoría de estudiantes, el colegio brinda un ambiente de descuido, maltrato y desinterés por su educación.

Esta descripción nos remite a lo señalado por Apple y Beane (1995), que plantean que en las escuelas democráticas se desarrollan dos aspectos: un currículo explícito, la pedagogía en sí misma; y un currículo oculto, es decir, las estructuras y procesos dentro de la institución, en la que todos los miembros de la comunidad educativa se deberían desenvolver dentro de una cultura democrática, dando a los estudiantes la oportunidad de experimentarla.[6] Lo que encontramos en los casos estudiados es una escuela en la que los estudiantes observan que el modo de utilizar el poder va en detrimento de sus derechos, creando una cultura lejana al proceder democrático, y afianza más bien una percepción de desconfianza en las instituciones y autoridades en general.

Con respecto a los paradigmas educativos que se dan en sus aulas, los alumnos y las alumnas describen a sus docentes empleando términos y aproximaciones metodológicas en teoría asociadas al constructivismo (por ejemplo: *aprendizaje activo o coevaluación*), pero que son utilizados de manera tal que no suponen, verdaderamente, un alejamiento del paradigma pedagógico tradicional, es decir, docente-centrado y transmisionista. Esto nos lleva a pensar en lo difícil que es transformar las prácticas docentes, y en la inoperancia de

---

5. Sobre este tema volveremos con mayor profundidad en el capítulo 3, sobre cultura política.

6. Propuestas similares son el modelo de comunidades de aprendizaje democrático, planteado por Dewey (1916, citado en Jenlink y Embry-Jenlink 2008), y el trabajo de Lave y Wenger (1991) y Jenlink y Embry-Jenlink (2008). En estas propuestas se apuesta por comprender la institución educativa como un lugar de aprendizaje democrático que moldea y es moldeado por las prácticas sociales.

estrategias de formación docente que no realicen una revisión de sus concepciones de la enseñanza-aprendizaje y de las prácticas en las que devienen.

Los alumnos y las alumnas reportan explícitamente el poco interés y seriedad de algunos de sus maestros para enseñarles. Los estudiantes se sienten poco escuchados y atendidos en sus demandas por aprender. A esta situación se añaden denuncias por situaciones de corrupción y abuso por parte de los docentes, que involucran desde el cobro por notas y la violencia física y simbólica hasta el acoso sexual. Estas situaciones reflejan una secundaria no solo poco amigable, sino insegura y amenazante, que afecta la integridad de los alumnos y las alumnas y su derecho a la educación.

En los colegios de Ayacucho el grupo de estudiantes consultado nos dio una larga lista de características que dejan claro el poco compromiso que sus docentes muestran con el aprendizaje de sus estudiantes: no preparan los contenidos de sus clases, lo poco que enseñan está desactualizado, pues dictan lo mismo año a año; llegan tarde, cuando llegan no hacen clase, bajan puntos a las calificaciones como mecanismo de disciplina o control, no prestan atención a las intervenciones de sus estudiantes, sino que más bien interrumpen, y no revisan sus trabajos con atención.

Los alumnos y las alumnas de Ayacucho mostraron disgusto, molestia e indignación ante el desperdicio de su propio tiempo de aprendizaje y de su etapa formativa escolar por la falta de responsabilidad de sus profesores. Como estudiantes, mencionan cumplir las reglas institucionales: van temprano a clases, hacen sus deberes, realizan sus exposiciones; cumplen sus obligaciones, pero los profesores no, y no tienen cómo ni con quién ejercer sus reclamos. Como muestra de este disgusto, Leysi (colegio Ayacucho-Provincia) propuso a sus compañeros prepararse más para presionar a los profesores, como una forma de frenar lo que califica como una situación injusta hacia ellos:

> Nosotros podemos exigir a los profesores, los jóvenes que queremos aprender, podemos exigir a los profesores, nosotros sí somos jóvenes que queremos el futuro, sí lo podemos hacer, y exigir al profesor que venga con su clase, y también para que el profesor tenga miedo de nosotros también a nosotros prepararnos en la casa, autoevaluarnos, para poder "explotar" al profesor como nos dicen, para poder preguntar, para que los profesores tengan miedo y vengan preparados a sus clases.

A esta deslegitimización de los profesores como profesionales responsables se suman otros aspectos negativos relacionados con la conducta personal de los docentes que fueron bastante explícitos en el caso del colegio Ayacucho-Capital. Hubo estudiantes que mencionaron que algunos docentes asisten en estado de ebriedad a las clases, coactan con castigos físicos y aplican el ejercicio abusivo de su poder, usando la manipulación para la obediencia y el silenciamiento a partir de la imposición de malas notas:

> Cuando se amarga, habla groserías, incluso también cuando un compañero hizo una broma o algo, lo pateó todo y lo hizo sentar en el basurero.
>
> Paul, alumno del colegio Ayacucho-Capital

> Creo que la mayoría, a veces cuando tenemos que reclamar a los profesores, nos quedamos callados porque a un profesor le dices algo y el profesor ya te marca; a veces los profesores son vengativos en ese aspecto, se vengan con tu nota, o tal vez expones y te baja puntos.
>
> Malena, alumna del colegio Ayacucho-Capital

En este colegio se describe también la existencia de corrupción generalizada y, aún más grave, el acoso sexual y la violencia de género, que incluye las propuestas de favores sexuales a las alumnas a cambio de notas aprobatorias:

Malena: Y no era yo la única que reclamaba, sino que todo mi salón había pagado para aprobar, porque el profesor incluso citaba a las mujeres a otros lugares, para... hacer cosas "equis" (aquí baja la voz y medio que sonríe), decían, ¿no? Incluso compañeras que le habían grabado al profesor todo. [...] Una de mis compañeras sí le grabó, y le entregaron al subdirector. E incluso el subdirector creo que era el compadre del profesor, y no hizo nada, se hizo el desentendido.

Facilitadora: ¿Y ese profesor sigue enseñando?

Malena: Sigue, como si nada.

Registro etnográfico de taller, colegio Ayacucho-Capital[7]

Los alumnos y las alumnas no encuentran una respuesta positiva al ejercicio de su derecho a denunciar este tipo de actos, pues el máximo "castigo" que estos profesores han tenido es ser cambiados al turno de tarde. Todo ello repercute en una visión de poca confianza en las autoridades del colegio. Por ejemplo, para Yadira, incluso aquellos que parecen tener una buena conducta serán corruptibles: "Una manzana podrida a todos contagia".

Sobre la dinámica de las clases, tanto en el colegio de Ayacucho-Capital como en el de Ayacucho-Provincia, los estudiantes describieron que tienen casi siempre la misma rutina: trabajos grupales en los que se asignan temas que los alumnos deben investigar y luego exponer; luego son calificados tanto por el profesor como por el resto de alumnos. En el momento de la exposición, los profesores y los demás estudiantes debían escuchar, comentar y finalmente poner una nota a los expositores.

---

7. Llamamos "etnografía de taller" a la descripción detallada que se realizó de las sesiones de los talleres mediante la observación participante. En el trabajo con estudiantes se contó con un equipo de facilitadores que dirigió las actividades y un equipo de investigadores que llevaba registro del taller. Para más información, véase el anexo metodológico.

Esta dinámica en sí misma no tendría que ser negativa: supone que el alumno revise fuentes, se exprese en público, pueda debatir con el resto de sus compañeros y ser calificado según sus méritos, tanto por el profesor como por sus compañeros, en un ejercicio participativo. Es más, como hemos mencionado, pareciera recoger las propuestas del constructivismo, en las que hay una participación activa de los estudiantes para desarrollar conocimientos y habilidades (Castañeda 2004). Pero lo que deberían hacer los profesores según este enfoque —diseñar actividades de aprendizaje, monitorear los procesos de adquisición de conocimientos, ayudar a los estudiantes a tomar conciencia sobre lo que saben y la manera en que lo saben, y evaluar su desempeño para retroalimentarlos con el objetivo de que mejoren— dista mucho de lo que los alumnos y las alumnas nos cuentan. Esta es la única metodología usada para todos los temas, con lo que se vuelve repetitiva; el docente, en el mejor de los casos, interrumpe sin respetar lo que están exponiendo, y en el común de los casos les prestan muy poca atención, al igual que los demás estudiantes, y solo esperan a que la clase concluya. Finalmente la nota se sobrepone a los aprendizajes, y son notas que para los estudiantes pocas veces reflejan el mérito de los expositores. Los docentes se fijan más en detalles que no tienen que ver con el contenido de la investigación (como las tildes o la lectura que para ellos es "correcta" del papelógrafo), o usan las notas como mecanismo de punición a los alumnos y las alumnas que reaccionan a su autoritarismo o se quejan de alguna mala práctica docente.

Por parte de los estudiantes, el mecanismo participativo (que ellos mismos califiquen a sus compañeros) se convierte en un modo de premiar a los amigos o amigas, o de perjudicar a otros compañeros en vez de valorar sus méritos en la investigación o exposición: "Al último cuando el profesor dice '¿han entendido?', y todos por joder dicen 'nooo, no hemos entendido', y el profesor también se burla, y pone la nota por la opinión de los compañeros" (Leysi, colegio Ayacucho-Provincia). Esta misma alumna nos dice que incluso hay días en los que el docente está en clase, pero no realiza ninguna actividad para el aprendizaje:

> Viene, revisa el cuaderno así, y después termina de revisar el cuaderno, y luego dice "ya pueden descansar", y como no hay nada que hacer, se ponen a hacer bulla, y nos baja la nota que tenemos: un punto, un punto, un punto.

Para la etapa de investigación, los estudiantes solo recurren a Internet, pero siendo esta una fuente amplia de información, necesitan también de una guía o pautas para la discrecionalidad que sus profesores no les daban. Por otro lado, en el colegio Ayacucho-Provincia las dificultades de conexión hacían casi imposible que este recurso sea útil y de uso general.

En cuanto a las tareas, generalmente solo les piden dibujar —recordemos que son estudiantes de quinto grado de secundaria— algo relacionado con el tema, y cuando les dejan preguntas para resolver o temas para investigar, la revisión es superficial, solo se fijan en que haya algo escrito, sin atender a las ideas y argumentos de los alumnos: "No ve el contenido, sino la caligrafía" (Etson, alumno del colegio Ayacucho-Provincia).

En el caso de los colegios de Lima, aunque nos dieron también denuncias graves, no son tan contundentes como en Ayacucho; además, hay una clara diferencia entre ambos colegios de la capital. En el caso de Lima-Metropolitana, sucede algo parecido a lo que ocurre en los colegios de Ayacucho: los estudiantes describen a sus docentes y a la institución como poco atentos a su responsabilidad de educarlos; los estudiantes temen dar sus opiniones negativas, por el miedo a ser expulsados. Junto a esa poca atención a los aprendizajes, mencionaron también que perciben una evasión a tratar temas políticos en la escuela. Dos estudiantes asociaron estas tendencias a un modo de evitar que puedan lograr sus metas y mantenerlos así en la pobreza: "Lo que quieren es encerrarnos en un círculo vicioso" (Néstor, refiriéndose a la pobreza). "El Gobierno no apoya a los estudiantes de pocos recursos [...], los costos de estudiar son muy altos, entonces el Gobierno no quiere que ellos aspiren a más" (Raquel).

En tres de los cuatro colegios, en el tradicional énfasis docente por la forma de la presentación de trabajos académicos (limpieza y decorado) se inserta una nueva tradición que prioriza el desarrollo de actividades "participativas" (en detrimento del tradicional dictado), pero desprovista de retroalimentación, lo que ha devenido en un empobrecimiento del desarrollo y discusión de contenidos en las aulas. Estas prácticas docentes encuentran su genealogía en los propios centros de formación de docentes (Oliart 1996, Ames y Uccelli 2008).

En el colegio Lima-Este, en contraste con los otros tres, los estudiantes describen a sus docentes como interesados y dedicados en su aprendizaje. Sus opiniones sobre la institución pedagógica, y del sistema educativo en general, se dejaron ver a partir de la huelga de docentes, que, como mencionamos antes, estaba en pleno auge en el momento de nuestra visita. Algunos alumnos pensaban que al acatar la huelga y dejar de ir a clases los docentes estaban superponiendo sus derechos sobre el de los alumnos y alumnas a estudiar. Otros más bien tenían la idea de que se debía apoyar el reclamo del magisterio, pues asociaban las huelgas a un esfuerzo por mejorar el sistema educativo también en bien de los estudiantes, muestra de una visión más comprensiva del derecho de los profesores a manifestarse. Para estos últimos, los profesores se veían forzados a protestar porque el Estado no presta atención a la educación pública, y asociaban el pago de sueldos bajos a los profesores con corrupción en esferas más altas de poder. Estas posiciones muestran las tendencias políticas que los jóvenes tienen ante situaciones sociales más allá de la institución y su ubicación política frente a la legitimidad de la protesta e incluso el uso de la violencia.[8] Sobre la dinámica de las clases, en el colegio Lima-Este mostraron opiniones favorables al modo en el que uno de sus profesores les enseñó el tema del CAI. A ello nos dedicaremos más adelante.

Hemos visto el clima institucional del colegio en general desde la perspectiva de los estudiantes, donde se identifican importantes reclamos respecto de las condiciones de aprendizaje. A continuación, desarrollamos el clima institucional desde la perspectiva docente, con énfasis en conocer las condiciones institucionales, favorables o no, para el tratamiento del CAI.

1.2 *Para los profesores, el clima institucional es de vigilancia e inseguridad*

> Yo pienso que hay que tener temor [de hablar sobre el conflicto armado interno] porque hay gente que está detrás siempre. Uno tiene que tener cuidado. Desde que esto ha pasado, si no tienes que confiar en los alumnos o un grupo de personas. Mucho, mucho cuidado. Yo no confío.
>
> César, profesor del colegio Ayacucho-Capital

En los cuatro colegios estudiados se encuentra heterogeneidad entre docentes del mismo colegio en cuanto a edades, experiencias, procedencias y, sobre todo, visiones del mundo. En cuanto al CAI, no hemos identificado discursos docentes asociados a determinados colegios o zonas, sino más bien una diversidad de posturas que están presentes en cada una de las instituciones educativas visitadas, y que conviven tensamente.

Pero a pesar de la diversidad hay una común sensación de vigilancia frente al tratamiento del CAI en la escuela, mucho más

---

8. Sobre este tema véase el capítulo 3, sobre cultura política.

notoria en Ayacucho. Ante la indagación sobre su enseñanza aparece una visible inseguridad con respecto a la opinión que pueden tener los colegas, las autoridades en la II. EE. y las madres y padres de familia si ellos deciden hablar del CAI en el aula.

Dichos temores coinciden con una dificultad para nombrar a Sendero Luminoso, más palpable en el colegio de la capital de Ayacucho que en ninguna otra. De hecho, cuando se relatan las experiencias, recuerdos y vivencias de aquella época, en ocasiones se habla de "ellos", de "esta gente", evitando nombrar directamente a la organización.

El temor a hablar del CAI se acrecienta porque se percibe que los actores están vigentes y vigilantes, cada uno con sus propias agendas (Sendero Luminoso, militares, policías, el Estado en general), y la mayoría de docentes piensa que esos años de horror pueden repetirse:

> Esto se queda con uno mismo, creo. Sí, porque... yo creo que sí, yo creo que me dice, eso que existen rezagos, creo que sí, sí los hay. Y yo siempre he tenido un poquito de cuidado por el hecho de que soy sola. Yo no tengo mamá, papá, tío, nada acá. Entonces, es cierto, uno a veces tiene que tener mucho cuidado con lo que dice.
>
> Elena, profesora del colegio Ayacucho-Capital

> Lo que usted ve aquí es una aparente calma; todo parece que está bien, pero no es así, yo tengo mucho miedo de lo que puede pasar.
>
> Jerónimo, profesor del colegio Ayacucho-Capital

> Yo por mí hablo, pero prefiero no hablar; porque ustedes saben que podemos caer mal a los militares o al mismo, esta gente, que está levantada en armas y no hay ocasión, no, no. Hemos olvidado esa parte.
>
> Lorena, subdirectora del colegio Ayacucho-Capital

Para ellos, el estigma social que asocia a los docentes con el PCP-SL no se ha disipado del todo, y se expresa en una sensación de amenaza y miedo que viven los maestros y las maestras ante personas desconocidas. Esta sensación se hizo más explícita en Ayacucho, pero estuvo presente en las instituciones visitadas en Lima:[9]

> Nosotros hemos pasado unos días de tormenta. Frente a eso, a veces tenemos todavía de repente ese dejo cuando a nosotros, tal vez muchos de los profesores, parte de los militares nos han tenido en masacre. Y justamente yo tengo esos problemas, y tenemos de repente miedo, porque a este colegio vienen cuerpo de inteligencia, a nosotros nos dicen que somos terroristas, qué se yo. [...] Yo tengo familiares que son militares [y me dicen]: "Hijo, brother, cuidado, ahí van la gente a saber quiénes son". Por todas esas cosas nosotros nos ponemos algo celosos. Nosotros hemos sufrido golpes, torturas, así. Yo tengo esos problemas hasta ahorita; muchos de mis colegas han sufrido esos problemas. Se cuida también uno, por un lado se cuida, por otro lado su pellejo. Cuando llegan esas personas extrañas todos nos ponemos moscas acá.
>
> David, profesor del colegio Ayacucho-Provincia

> Ustedes [entrevistadoras] están aquí para que luego nos tengan fichados, quieren identificar quiénes tienen ideas que no convenga al Gobierno. Además ahora, con todo esto de la ley de negacionismo, esta es pues una época de bastante vigilancia.
>
> Manuel, profesor del colegio Ayacucho-Capital

Como lo expresa el profesor David, este clima de desconfianza es consecuencia de las experiencias de esos años, pero también de la fuerte vigilancia y estigmatización que percibe el maestro de escuela

---

9. Algunos maestros aprovecharon el espacio de la entrevista para indagar quiénes éramos, qué queríamos, con qué intención hacíamos este estudio, e incluso mostraron actitudes hostiles con las entrevistadoras.

pública en el presente, materializadas en las leyes de apología al terrorismo y en la discusión pública de un proyecto de ley sobre negacionismo.[10] En este contexto, hay un temor creciente, con un asidero en la realidad, a hablar del tema y a que la expresión de cualquier crítica o cuestionamiento al orden de cosas pueda ser interpretada como "apología" del terrorismo.

Este clima de vigilancia se traduce en una serie de temores por parte de los docentes que crean tensiones entre docentes, entre docentes y la institución, e incluso entre docentes y padres y docentes y estudiantes. Ello se expresa en poca colaboración, aislamiento u hostilidad, lo que dificulta enormemente la viabilidad de abordar el CAI con un clima de seguridad mínima como para facilitar un diálogo en el que se puedan coordinar contenidos, y mediante el cual los estudiantes puedan construir un sentido sobre lo ocurrido.

A continuación nos detendremos a detallar algunos de estos temores:

a. Temor a ser tildados de senderistas o de estar haciendo proselitismo senderista

En algunos casos, los docentes refieren que comparten esta preocupación con sus colegas, y que les han recomendado en ocasiones no

10. Durante 2012, periodo del trabajo de campo, estaba en discusión un proyecto de Ley de Negacionismo en el Congreso de la República. Esta ley buscaba sancionar con pena de cárcel a quienes nieguen el delito de "terrorismo" e inciten a cometer actos "terroristas". Esta propuesta pretendía sumarse a la legislación existente sobre el tema, a saber al Decreto Supremo n.° 019-2010-ED —que prohíbe que aquellas personas que fueron condenadas por algún delito vinculado a la subversión ingresen o reingresen al sector Educación como docentes, y que aquellas que actualmente ejercen como docentes sean reubicadas en funciones administrativas— y al Decreto Ley n.° 25475, artículo 7 —que sanciona con pena de cárcel la apología al terrorismo—. Si bien la Ley de Negacionismo no fue aprobada en el pleno del Congreso, para muchos maestros fue la confirmación de la falta de condiciones para tratar el CAI en la escuela.

tocar el tema o hacerlo solo superficialmente. Durante las entrevistas muchos profesores deslindaron explícitamente el tratamiento del tema de su postura ideológica, dejando en claro frecuentemente que hablar del tema no es hacer proselitismo, o que mencionar a Abimael Guzmán no es estar de acuerdo con él. Dicha recurrencia refleja la presión y el temor a ser cuestionados por el solo hecho de tocar el tema del CAI en el aula. Tienen conciencia de cuán limitante para su labor es este temor. Así por ejemplo, la profesora ayacuchana Patricia menciona que el Estado debería empoderar a los docentes con respecto al tratamiento del tema, indicando claramente rutas y contenidos para trabajarlo —aunque suene paradójico— "con libertad" (profesora del colegio Ayacucho-Capital).

Para Shirley, la zona en la que ella vive fue tan fuertemente afectada por la violencia y los docentes estuvieron en tal magnitud en el epicentro del conflicto, que es ineludible que se los asocie con el PCP-SL (profesora del colegio Ayacucho-Provincia). Esta preocupación da cuenta de la vigencia de una doble estigmatización, de un lado del ayacuchano como senderista y de otro del docente como proselitista, sesgado, que conduce a sus estudiantes a la ideología senderista. El temor lleva a Shirley a evitar el tema del CAI, incluso cuando sus estudiantes le preguntan directamente al respecto.

b. *El temor a posibles reacciones del PCP-SL*

Este temor aparece mencionado solo en Ayacucho. Estos docentes viven actualmente la sensación, tan común durante el CAI, de no saber quién es quién, como si no hubiera pasado el tiempo. Temen, por ejemplo, estarle enseñando al hijo de un senderista que pueda luego ir y compartir sus impresiones en casa:

> Mira, el terrorismo no ha muerto, no ha concluido, siempre hay rezagos, pequeños grupos, entonces de una u otra forma hay personas aquí

que han sido terroristas... Entonces siempre... Incluso de repente les enseñamos a sus hijos de ellos, no sabemos, y de otra forma los hijos llevan información: "Papá, con el profesor hemos hablado tal cosa", ¿no?, del terrorismo. Entonces siempre que hablamos lógicamente nosotros les enseñamos a nuestros alumnos que el terrorismo ha sido una época difícil, mala para el país. Lógicamente ellos llevan esa información, "el profesor me ha dicho tal cosa", el papá también comienza a hablar, a contar experiencias que han tenido.

Salvador, profesor del colegio Ayacucho-Provincia

Los profesores temen que los alumnos que tienen familias vinculadas al PCP-SL puedan traer información o comentarios que los interpelen, que los cuestionen o que los lleven a tener que confrontarse con ellos. Así, una docente refiere que un estudiante le dijo que los terroristas no eran malos, y sobre ello elabora:

Siempre, en cada lugar, encuentras alguien que es un poquito más leído, un poquito que entiende un poco más: "Profesora, pero ellos no eran malos, profesora". ¿Y sabes por qué dicen eso? Porque su familia era, pues. Entonces su misma familia. Entonces ellos no pueden dejar que a sus tíos, o a sus abuelos, o a sus padres los llamen así. Entonces, por eso ellos dicen: "No eran malos, o sea, luchaban por el pueblo, no eran malos, profesora, ¿cómo alguien que lucha por su pueblo va a ser malo?", y ese es su papá... Ya los chicos comienzan a soltar.

Elena, profesora del colegio Ayacucho-Capital

No deja de llamar la atención la manera como la profesora citada construye al estudiante de familia senderista como "más leído" y como que "entiende más". Es decir, no representa al estudiante simplemente defendiendo las acciones de su familia, sino entendiendo, elaborando, como si de alguna forma tuvieran más información o formación que el resto. Al mismo tiempo resulta interesante cómo la docente comprende que su estudiante es familiar de senderistas: no porque ella lo sepa de antemano, sino porque los otros estudiantes se lo dicen. Independientemente de que ello represente un caso real o uno hipotético, en el imaginario de la profesora, los estudiantes comparten una suerte de espíritu de cuerpo, se conocen entre ellos; ella tendría que moverse con cuidado de no ser interpelada, de no discutir con alguno al que —diera la impresión— siente que sería difícil responderle.

c. *El temor de conducir a los estudiantes hacia la violencia*

A diferencia del anterior, este temor aparece principalmente elaborado por docentes de Lima, que comparten la preocupación de que el solo hecho de trabajar el CAI en el aula pueda generar una suerte de *contagio* por las opciones violentas. Se encuentran preocupados por la violencia cotidiana en la que se desenvuelven sus estudiantes, y temen que vean en el PCP-SL una salida para una realidad que les resulta adversa. Así, para el profesor Edwin el tema del conflicto hay que mencionarlo solo superficialmente:

> De repente mencionarlo como una época de violencia, pero no trabajarlo a fondo. De repente en esta temporada que se vive, de repente hay gente que por necesidad quieren vincularse a cualquier grupo, por necesidad tantas cosas pueden pasar [...]. Yo veo acá en la zona [que] hay jóvenes que son olvidados por sus padres, como no hay mucho control por los padres, por necesidad pueden entrarse, porque pienso que hay personas que captan esto.
>
> Profesor del colegio Lima-Metropolitana

Temen que, al estudiar el tema, algunos estudiantes caigan en cuenta de que continúan las situaciones de desigualdad socioeconómica que, para algunos docentes, fueron los motivos que llevaron al PCP-SL a alzarse en armas, y que ello de alguna forma se convierta en una suerte de legitimación de la opción violentista. Ante esta situación, los maestros y las maestras sugieren trabajar el CAI de manera superficial, sin entrar en mayores detalles, aludiendo solo a los valores que fueron trastocados, y que deben respetarse.

d. *Temor a movilización emocional*

El paradigma de enseñanza-aprendizaje que prima en nuestra secundaria no construye una relación particularmente buena con las emociones. En general es una aproximación que separa la razón de la emoción. Desde esta perspectiva, no se suele atender la necesidad de traer a la experiencia de aprendizaje las emociones de los maestros y las maestras para relacionarlas con los contenidos.[11] Sin embargo, difícilmente un docente en servicio no ha enfrentado situaciones que movilicen emocionalmente a sus estudiantes de alguna forma. En el caso de muchos docentes, como veremos en detalle en el capítulo 2, sus vidas se encuentran marcadas por sucesos del CAI. Dichas marcas constituyen relatos dolorosos sobre la guerra, poco elaborados y poco contextualizados. Es esperable que abordar el tema en el aula traiga para ellos recuerdos con los que resulta difícil lidiar; recuerdos que asustan, que temen abrir.

En las escuelas públicas el apoyo psicológico resulta escaso; es poco probable que la manera de solucionar situaciones movilizantes haya sido enviar a los estudiantes a recibir apoyo psicológico. No deja de llamar la atención así cuán desvalidos terminan apareciendo estos docentes ante este tipo de reacciones que puede generar el CAI, en sus estudiantes y en ellos mismos.

---

11. El asociar la nueva pieza de información por aprender con los saberes y experiencias previas y las emociones asociadas a estas ha mostrado ser fundamental para el aprendizaje significativo, tal como postulaba la teoría fundadora de Ausubel (1976).

Movilización emocional entre los estudiantes

Las emociones asociadas a conflictos como el CAI son sumamente intensas y tamizan la visión de la realidad, por lo que resulta muy difícil excluirlas del proceso de aprendizaje (Ausubel 1976). Ello a su vez es una ventaja para repensar y replantear el rol y el valor de las emociones en el proceso de aprendizaje como reflejo del bagaje previo que trae consigo el estudiante al momento de aprender. Como es común alrededor del mundo, en el caso peruano las emociones no son temas en agenda para la escuela. De este modo, los estudiantes no están necesariamente acostumbrados a compartir sus sentimientos sobre un tema en particular. Sin embargo, los adolescentes especialmente son bastante abiertos a compartir sus emociones cuando se sienten en un espacio respetuoso, ya que la adolescencia supone un creciente interés por indagar, nombrar y elaborar en las propias emociones y la manera como estas se experimentan (Pease, Figallo y Ysla 2015).[12]

Los docentes, sin embargo, se aproximaban a la posibilidad de que los alumnos y las alumnas se movilicen emocionalmente respecto del CAI con mucho temor. El temor provenía principalmente de no saber ellos cómo contenerlos, de no saber qué decir, qué hacer o cómo acompañar. Los docentes se sienten en una suerte de desamparo y desprovistos de estrategias de contención para acompañar a sus estudiantes en un tema como este.

Jerónimo, por ejemplo, solicitó a sus estudiantes que indaguen sobre el CAI en sus hogares, y señala que quedaron visiblemente movilizados. Empezaron a llorar debido a que los relatos recogidos en sus casas eran muy dolorosos. Al encargarles el trabajo él intentó hacer

---

12. Esto fue evidente durante nuestro trabajo de campo; los estudiantes se sintieron acogidos y compartieron con nosotros sus experiencias familiares. También se pudo apreciar esta tendencia en la descripción que hicieron los estudiantes del colegio Lima-Este sobre sus clases con el profesor Javier.

algo "más descentrado, en otras palabras, hacer un análisis del contexto político", pero no funcionó:

> Los niños no salían de su ensimismamiento, lloraban y lloraban, volvían una y otra vez sobre sus tristes historias personales. Yo quería que se hablara del tema, pero desde afuera, que salieran de ese ensimismamiento. Fue muy difícil.
>
> Jerónimo, profesor del colegio Ayacucho-Capital

En su IE no contaban con un soporte psicológico para este tipo de casos; él lo consiguió por su cuenta, por contactos y redes propias. Jerónimo considera que es mejor que recuerden y lloren a que no tengan conciencia de la situación vivida en el CAI. Él fue el único docente entrevistado del colegio de Ayacucho-Capital que explicitó un valor específico en que los estudiantes se movilicen emocionalmente. Para él hablar del tema resulta liberador —y reconoce que también para sus estudiantes[13]—, y considera que es la única manera de que la historia no se repita porque "hablar permite fijar mejor las ideas". Por la manera en que describe la situación en su aula —a los niños en un estado de ensimismamiento, llorando sin detenerse— resulta difícil incluso para él, quien considera que dicho llanto es liberador, y al mismo tiempo no elabora mayormente sobre qué recursos utilizar cuando algo así sucede.

Otros docentes no depositan un valor sobre el hecho de que sus alumnos se movilicen emocionalmente; más bien temen que pueda darse un caso como ese:

> Hablamos pues de una herida social, los alumnos, todos, cuando por ejemplo escuchan a su papá hablar de esto, luego al hablar de esto en la

---

13. Nos contó que luego de un rato uno de los estudiantes que lloró en clase se acercó a explicarle que se sentía más aliviado y tranquilo.

> escuela les va a venir pues esta imagen de sus padres, se pueden poner a llorar, algunos quizás prefieran dejar esto en el olvido.
>
> Julián, profesor del colegio Ayacucho-Capital

> No entrar en esos detalles, porque algunos alumnos quizás les duele porque han perdido seres queridos, abuelos, tíos, padres incluso. Un poquito que quizás los docentes no entran en ese tema.
>
> Raymundo, profesor del colegio Ayacucho-Provincia

Como vemos, el temor a movilizar emocionalmente a los estudiantes lleva a los docentes, por lo general, a evitar el tema. Este temor tiene que ver también con que los docentes no están del todo seguros de qué tipo de contenidos, narrativas e imágenes terminan siendo o no adecuados para la edad de sus estudiantes. Los docentes temen herirlos, temen ser *sensacionalistas*. En esa línea, docentes como Salvador consideran que fotos como las de *Yuyanapaq* muestran imágenes demasiado crudas como para ser mostradas a sus estudiantes (profesor del colegio Ayacucho-Provincia).

Temor a su propia movilización emocional

Las y los docentes compartieron que para ellos mismos resulta difícil abordar el tema debido también a lo que el tema moviliza en ellos mismos, ya sea porque han tenido experiencias cercanas al conflicto o porque les activa recuerdos de una época en la que el país pasaba por momentos difíciles, o porque les produce cuestionamientos sobre el sentido de humanidad en su totalidad.

En general, la elaboración de los docentes de sus experiencias relacionadas con el CAI parece estar pendiente. Muchos tienen conciencia de ello; incluso en la misma entrevista se referían a su necesidad de recibir soporte emocional para convivir con sus vivencias, y aun consultaban a las entrevistadoras si teníamos algún tipo de acceso a expertos en salud mental que pudieran ofrecer apoyo terapéutico a los docentes de su IE o a ellos mismos (más claramente en Ayacucho-Provincia).

La proximidad a los eventos del CAI —y específicamente el poco espacio para compartir y elaborar dichas vivencias— y la vigilancia e inseguridad ya descritas constituyen factores centrales que, como veremos, limitan el tratamiento en el aula.

Elena, una docente que trabaja en la capital de Ayacucho, pero que es originaria de Ica y que aborda el CAI en su aula, señala que fue cuestionada por los profesores del lugar debido a que ellos consideraban que el tema la afectaba de manera menos directa:

> Ellos pensaban que yo enseñaba eso porque no me dolía pues, porque para mí no era nada porque yo no había pasado eso, pero no hay necesidad, si yo... si le pasa al Perú, ¿por qué no voy a sentir?, ¿cómo no voy a sentir si le pasa al Perú?, esté donde esté pues.
>
> Elena, profesora del colegio Ayacucho-Capital

Es muy interesante el cuestionamiento que recibe Elena: el trabajar el tema es para esos docentes un indicador de que le afecta menos. Es decir, poder tratarlo, poder trabajarlo requiere que no duela, demanda no tener experiencias dolorosas como por las que ellos o ellas pasaron.

2. Entre el deber ser y la compleja realidad: la duda sobre la legitimidad de llevar el CAI a las aulas

Vemos que si los profesores que entrevistamos pueden considerar diferentes y contundentes razones para abordar el tema, al mismo tiempo pueden caer fácilmente en contradicciones al tener en la realidad motivos muy fuertes para dejar el tema de lado.

2.1 *La compleja y confusa realidad*

Los docentes aparecen preguntándose si es que pueden o deben abordar el tema, o si tienen derecho o permiso para hacerlo. Este cuestionamiento no es anecdótico considerando que está indicado en el DCN desde 2005. Tampoco es casual que aparezca mucho más visiblemente en Ayacucho, donde la sensación de vigilancia es más intensa. Esta sensación va muchas veces a contramarcha de lo que los profesores quisieran hacer, y en otras la realidad misma los sorprende, y no pueden eludir el tema.

Nos interesa retratar esta situación con un suceso ocurrido en el colegio Ayacucho-Provincia, brevemente narrado por el profesor Juan, quien nos cuenta de la presencia de pintas de la hoz y el martillo en el patio del colegio y en algunas aulas:[14]

> Es necesario. Usted sabe que algún asunto que no es tratado… los alumnos en este caso, por curiosidad adquieren informaciones, informaciones por otras fuentes, estas informaciones pueden ser reales o no, ¿cierto? Puede ser verdad o no; y como los muchachos por su naturaleza, la juventud es dinámica, inquieta, y ellos de repente tomar alguna decisión equivocada, si no están informados, entonces es necesario informar. Acompañarlos a fin que ellos mismos saquen su conclusión. Por ejemplo, el año pasado he visto unas pintas de hoz y martillos en el patio, en el colegio, otro lo he visto en el aula, posiblemente otros profesores también habrían hablado del tema, entonces yo abordé, hablé en que tenían que ser un poquito cautos, no tomarlas así por así, entonces, ahora no hay nada.

---

14. La hoz y el martillo es un símbolo soviético surgido alrededor de la revolución de octubre, y luego se convirtió en emblema de los partidos comunistas en el mundo. Fue usado por el PCP-SL (que se reclamaba el "legítimo" partido comunista del Perú) para sus pintas durante el conflicto como un sistema de marcación del territorio, señalando espacios sobre los cuales el PCP-SL tenía dominio.

Del mismo modo Martín comenta el hecho, y señala que la situación obligó a los docentes a reaccionar de alguna manera. Como vemos a continuación, el profesor se centró en aleccionar a sus estudiantes respecto del daño de la propiedad escolar:

> [Entrevistadora: ¿Y más o menos qué les dijo profesor?] Decirles que eso no es correcto, ¿no?, no es el lugar, si ellos quieren ideología a otro sitio, ¿no?, no en el plantel, no ensuciar el plantel. [Entrevistadora: ¿Y conversó un poco más sobre lo que pasó en esos años?, cuando se tocó ese tema en el aula, ¿fue un momento corto?] Corto. Por mi área, ¿no? No puedo tampoco irme más allá. [Entrevistadora: ¿Y cómo era la actitud de los estudiantes en ese momento? ¿Los vio atentos?] Bueno, un poco callados, sonrientes, algo así. [Entrevistadora: ¿No lo bombardearon con preguntas?, digamos] No, no, no. [Entrevistadora: ¿Y usted cree que eso es porque no les interesa mucho el tema?] No los podría yo sacar de su idiosincrasia de ellos, podrían ser autores o no podrían ser autores, entonces, de lo que había pasado, claro, no se puede generalizar.
>
> Martín, profesor del colegio Ayacucho-Provincia

Es revelador que Martín decida tocar un hecho claramente vinculado al CAI como la aparición de pintas subversivas en su plantel, solo indicando que no es correcto hacer algo así sin aludir al tema de fondo, casi como si el tema fuera un asunto de urbanidad, higiene o daño a la infraestructura de la escuela antes que nada. Las pintas de la hoz y el martillo en espacios públicos durante el CAI fueron usadas por el PCP-SL como un mecanismo de propaganda y también de amedrentamiento, casi como un sistema de lenguaje cifrado dirigido no solo a la población del entorno, sino sobre todo a "sus enemigos", los representantes estatales (Biondi y Zapata 1990). Así, Martín primero trata de eludir la exigencia de que los profesores tengan que tratar el tema en los colegios, pero inmediatamente después menciona que los profesores tendrían el deber moral de hacerlo:

> Yo creo que no hay necesidad de que nosotros como docentes hablemos de la situación necesariamente en las escuelas; sus padres son los mejores testigos de la vida que han pasado, oiga usted. Pero sin embargo hay un deber moral de esclarecer la verdad con los estudiantes. [Entrevistadora: ¿Y en ese deber moral los profesores tendrían un rol?] Claro, es una obligación, oiga usted. No en el sentido en que esto no se repita, sino de hablar la verdad, cuáles son las causas de esta situación, ¿no?, cuáles son las causas y adónde nos llevó.
>
> Profesor del colegio Ayacucho-Provincia

No sabemos cuál es el sentido de estas pintas en este contexto. El profesor Juan las ve más como una travesura juvenil que como una ideologización, es decir, sin ser conscientes de la gran carga simbólica que esas pintas conllevan, y cree que es necesario invocarlos a la cautela. El profesor Martín no quiere indagar, e incluso les pide a sus alumnos llevar la "ideología a otro sitio", mantener el colegio libre de algo que él ya conoce como peligroso, y aunque señala que abordar el tema es un "deber moral del docente", cuando surge la ocasión prefiere no hacerlo ante un contexto que percibe como inseguro.

Este ejemplo, en una de las zonas más afectadas por la violencia, nos ayuda a ver cómo el abordaje del CAI en las aulas en muchas ocasiones surge de los estudiantes, y de improviso los docentes se ven retados a articular respuestas improvisadas, perdiéndose la oportunidad para abordar el tema sistemática y comprensivamente en el aula.

Como vemos en las citas anteriores del profesor Martín, no necesariamente hay coherencia entre los motivos expresados por los profesores para trabajar el tema y lo que efectivamente logran hacer en sus aulas. En la práctica todo puede ser más complicado y contradictorio.

Es útil, sin embargo, conocer las razones ideales que los alumnos y las alumnas encuentran como válidas para tratar el CAI en las aulas; si bien dadas las condiciones actuales dichas razones terminan no siendo suficientes para permitirles abordarlo, el identificarlas y nombrarlas da cuenta de sus creencias con respecto al valor y lugar que ocupa el CAI y anticipar si, dado un contexto más favorable, estas creencias colaborarían o frenarían el abordaje del CAI en el aula.

2.2 *Los motivos ideales para tratar el tema del CAI en las aulas*

a. Para que no se repita

La amplia mayoría de docentes indica que el tratamiento del CAI es importante para que la historia no se repita. Este es quizás el discurso más común que se encuentra entre docentes de los cuatro colegios, incluso en aquellos que no tocan el tema en clase, ya sea porque no creen que corresponda a su área o porque no saben cómo tratarlo.

Por ejemplo, en Ayacucho-Capital la profesora Isabel señala: "Una como ayacuchana, lo que más quisiera es que esto no vuelva"; asimismo, en la provincia de Ayacucho la profesora Lourdes dice: "Si no queremos volver a ver que se repita, entonces es importante comenzar por las causas". Por otro lado, en el colegio de Lima-Metropolitana, el profesor Edwin es enfático al señalar la importancia de la enseñanza del CAI: "Yo creo que sí, en parte, hacerles ver la realidad, pero que no debe suceder nunca más". Y Carmela, del colegio Lima-Este, lo destaca como una parte fundamental de la historia: "Yo creo que la historia nos hace ver los errores que hubo y los que no se deben cometer más, nunca más".

En general se propone que la revisión de la historia ocurrida prevendrá que vuelva a suceder, y se señalan sobre todo la relevancia que puede tener revisar las causas o conocer toda la verdad, desde todos los ámbitos.

b. Porque es parte de nuestra historia

Muchas veces acompañando a la idea de "para que no se repita" aparece el tratamiento del CAI legitimado en sí mismo por ser un tema que forma parte de nuestra historia, más allá de que pueda repetirse o no: "Si hablamos de historia en este caso, hay ciertos hechos que no se deben olvidar" (Lourdes, profesora del colegio Ayacucho-Provincia). "Yo creo que estos hechos son parte de la historia que es necesario recordarlo" (César, profesor del colegio Ayacucho-Capital). Elena desarrolla el mismo argumento de la siguiente manera:

> Eso yo creo que es importante porque todo peruano debe saber su historia, sea dolorosa, sea gloriosa. Así como sabemos ver las cosas gloriosas que hicieron nuestros héroes, por ejemplo, también hay que ver la parte dolorosa; y también hay que ver los cambios que se dan dentro de ello, por qué.
>
> Profesora del colegio Ayacucho-Capital

Se muestra una visión de la historia lineal, cuyo deber es registrar los hechos importantes ocurridos en nuestra sociedad para tener una imagen de cómo estos se van desenvolviendo. Aunque el énfasis no está en extraer lecciones de ello, debe quedar registro de lo ocurrido por una suerte de derecho de los estudiantes a conocerlo.

c. Porque es un pasado aún vigente

Un docente limeño con experiencia sindical indica que debe tratarse el tema debido a que la gran mayoría de personas merecen una explicación, merecen saber qué es lo que ha ocurrido. Él refiere que existen presiones tanto para incorporar el tema en la escuela como para no hacerlo, y considera que las presiones por no trabajar el tema en el aula se deben a la vigencia en la escena política de personajes que fueron actores clave del CAI:

> Mire, ese es un tema interesante. Últimamente hay muchos intelectuales que están presionando para que en secundaria se pueda abordar; hay sectores que están presionando para que se informe a los muchachos que se dé en la escuela, y si no lo hacen es porque hay sectores que están presionando por lo contrario.
>
> Pedro, profesor del colegio Lima-Metropolitana

Para este profesor, el tema debe ser tratado en la escuela debido a que, como cualquier tema de historia reciente, aún tiene un impacto sobre la realidad. No pone carga alguna del valor que tiene tocarlo para que la historia no se repita, sino más bien considera explicativo para el presente el abordarlo en el aula, así exponga a quienes él considera tienden a ser actores que normalmente no se los asocia con el CAI y que tuvieron responsabilidad en él.

En Ayacucho, los docentes señalaron que tratar el tema es fundamental porque este es parte de la vida de sus estudiantes, de la historia de sus familias y de sus referentes. Para estos docentes ignorarlo tiene poco sentido en tanto sus alumnos tienen ya mucha información e ideas al respecto. Más bien el hacerlo ayuda y permite clarificar las confusiones que tengan.

> [Hay que abordar el tema porque] ellos [sus alumnos] también tienen cierto conocimiento previo, porque sus abuelitos, su papá, alguien les han dicho, entonces tienen información. De alguna forma tienen información. Puede ser correcto o no, pero es necesario esta clase para aclarar las cosas. Por ejemplo, ahorita mismo este movimiento Movadef está en boga, así que el Gobierno, diga lo que diga, de todas maneras está presente, entonces los muchachos escuchan y preguntan si es bueno o malo. ¿Qué cosa quieren? ¿Por qué esto?
>
> Juan, profesor del colegio Ayacucho-Provincia

d. Para protegerlos de riesgos como el Movadef

Si bien en Lima y Ayacucho aparece este motivo como importante para trabajar el tema, aparecen particularidades por región.

Los profesores en Ayacucho señalan que los estudiantes manejan información, pero tienen una serie de confusiones sobre esta etapa, por lo que los docentes consideran un deber tocar el tema y aclarar esos puntos, de lo contrario se teme que recurran a otras fuentes menos confiables que puedan ahondar las confusiones:

> Los alumnos en este caso, por curiosidad adquieren informaciones, informaciones por otras fuentes; estas informaciones pueden ser reales o no, puede ser verdad o no [...]. Si no están informados, entonces es necesario informar.
>
> Juan, profesor del colegio Ayacucho-Provincia

En Lima no aparece con tanta claridad la visión del estudiante como informado sobre el tema ni el cuestionamiento a fuentes que pueden ser de dudosa confiabilidad. Lo que señalan los docentes es que los estudiantes se encuentran motivados por saber más al respecto y preguntan por el tema: "Cuando uno habla de terrorismo, ellos muchas veces las preguntas que se hacen es por qué se da, ¿por qué se da esto en el Perú?" (Gabriela, profesora del colegio Lima-Este).

Varios docentes señalan su preocupación por el Movadef a lo largo de toda la entrevista, sobre todo en Lima, y lo presentan como una potencial amenaza que puede confundir a los estudiantes, porque son convincentes —"ellos argumentan bien"— y porque están cerca de sus estudiantes (Carmela, profesora del colegio Lima-Este). Ante ello ven en el trabajo en el aula una posibilidad de frenar los avances de movimientos de este tipo dotando a sus estudiantes de criterios para construir sentidos propios e informados sobre el CAI.

e. *Para la formación ciudadana de los estudiantes*

A diferencia de los motivos anteriores, mencionados y elaborados por la mayoría de docentes, fueron solo unos pocos los que se refirieron a la importancia de trabajar el tema del CAI para la formación de ciudadanos democráticos y la promoción de una cultura de paz. Ello es coherente con la concepción del tema del CAI no como un asunto de ciudadanía, sino únicamente como un contenido de historia, sin evidenciar la relación gravitante y transformadora que puede tener el tratamiento de este tema (y de todos los temas históricos) con el presente.

En conclusión, las razones para tratar el tema del CAI en el aula son sobre todo de índole moral; para pasar a la práctica requieren una fuerte voluntad ética, desvinculada de cualquier tipo de recompensa en términos sociales, simbólicos o de carrera. En la práctica, nadie los va a felicitar por hacerlo, y, por el contrario, sienten que pueden sufrir perjuicios en distintos niveles. De este modo, las razones ideales de los docentes para enseñar el CAI acaban debilitándose frente a una realidad compleja, ya que requieren un soporte institucional mayor para consolidarse.

Es sin embargo valioso y destacable que, ante una realidad tan confusa y adversa, existan dichas razones para abordar el CAI enunciadas de manera relativamente articulada y consistente entre los docentes. Ello da cuenta de creencias docentes en torno al tratamiento del CAI que operarían positivamente de haber en el contexto mayor licencia y soporte para abordar el tema.

Ante este escenario, pasamos a describir cuánto y cómo se ha dado el tratamiento del tema en las aulas.

3. Frecuencia del tratamiento del CAI en las escuelas estudiadas

¿Cuánto se trabaja el tema del CAI en las escuelas desde la opinión de profesores y alumnos? Veremos que, en resumen, muy poco. Aunque allí donde se aborda hemos encontrado agradables sorpresas.

Lo que se deja entrever a partir de nuestra indagación en los cuatro colegios es que el tratamiento del tema no se restringe a lo que se asigna como tiempo que establecería el contenido del libro o lo que se asigna desde el DCN, sino a la valoración que dan los profesores al tema y a su predisposición para exponerlo a los alumnos.[15]

En tres de los cuatro colegios la constatación más general es que la experiencia escolar sobre el tema es muy reducida. El CAI se aborda por poco tiempo, de manera superficial, con poca asesoría de los profesores y sin ser parte de la organización secuencial fruto del contenido programado dentro del curso de historia.

En el caso de los dos colegios de Ayacucho, el tiempo que le asignaron al tema del conflicto fue de solo una exposición, entre varias otras dedicadas a otros temas, durante solo una sesión de clase del área de Formación Ciudadana e Historia, Economía y Geografía. Es decir, alrededor de una hora sumando ambos cursos durante el año en que debe enseñarse (quinto de media). Los alumnos no estaban satisfechos con esta mínima de cantidad de tiempo para tratar el tema. En el colegio Ayacucho-Capital mencionaron que este periodo debería trabajarse al menos una vez al mes, intentando que cada sesión se dedique al análisis detallado de las distintas aristas del problema. Además, les parece que debería enseñarse desde primero de secundaria, profundizando cada año en un tema en específico del periodo. En el

15. Como hemos mencionado al inicio de este capítulo, esta situación se repite en otros contextos posviolencia, como Argentina, Chile y España.

caso del colegio Ayacucho-Provincia, los estudiantes mencionaron que debería tratarse por más tiempo y con más profundidad (por lo menos tres horas, en tres días distintos), pues es un tema que sobre todo ellos tendrían que conocer más por los intensos sucesos de violencia que han ocurrido en su localidad.

En los dos colegios de Lima el tema se trata durante más tiempo. En el caso del colegio Lima-Metropolitana se abordó en dos clases de una hora. Es importante señalar que esto fue indicado por los profesores entrevistados; sin embargo, los estudiantes mencionaron que en sus secciones no lo habían tratado todavía; y eran alumnos de quinto año y a pocas semanas de dejar el colegio. Solo en el colegio de Lima-Este el profesor de historia, Javier, trató el tema como una asignación especial, dedicándole varias clases, y algunos alumnos nos contaron que habían tocado el tema en años anteriores, incluso en la primaria. El profesor Javier, en el primer bimestre del año, asignó el tema como un proyecto, creando ambientes de aprendizaje con la participación activa de los estudiantes para que ellos mismos desarrollaran conocimientos y habilidades. Así el profesor formó grupos de trabajo incluyendo alumnos de diferentes secciones para fomentar la interacción entre los estudiantes del mismo grado; les indicó que comparasen versiones de los hechos usando distintas fuentes, tomando en cuenta que las experiencias de los familiares de sus estudiantes durante el conflicto fueron muy diversas; les pidió que compongan álbumes con imágenes, que hicieran murales y, a manera de cierre, que escriban una carta a Abimael Guzmán. Luego los grupos realizaron una presentación para los jóvenes de primero y segundo de secundaria, en la que debían mostrar sus álbumes y leer las cartas que habían redactado. Es decir, primó una perspectiva constructivista (Castañeda 2004), y propuso aproximaciones metacognitivas para la enseñanza, algo fundamental para crear pensamiento crítico, dejando a los alumnos construir conocimiento, análisis y opiniones, teniendo él un rol de guía del proceso (Bransford, Brown y Cocking 2000). Lo que pudimos concluir con las dinámicas de recojo de información fue una tendencia notable de estos estudiantes al debate, la exposición de opiniones y el diálogo, con una clara posición empática hacia las víctimas; objetivos que encajan con lo que se podría esperar del área de formación ciudadana. Además, como veremos en el capítulo 2, estos estudiantes tuvieron un manejo más amplio de fuentes, pudieron mencionar una mayor cantidad de hitos y comprendían con más claridad los parámetros más formales de inicio y de fin del periodo del CAI.

Lejos de esta situación tan productiva, otros docentes tratan el tema de manera informal, cuando lo consideran pertinente, ya sea compartiendo experiencias o estableciendo relaciones con otros temas que sí son parte de sus contenidos por cubrir. En el colegio de Lima-Metropolitana, por ejemplo, los alumnos se sintieron estimulados cuando un profesor contó sus recuerdos en la clase de tutoría, pero tenemos también los casos en los que docentes que tendrían el mandato en el DCN de tocar el tema optaron por no hacerlo.

La realidad del presente, que supone inseguridad y vigilancia, los recuerdos de las vivencias durante el CAI, el mandato ético y el deber oficial de tratar el tema conviven y se mezclan, creando contradicciones que son difíciles de superar y explican por qué el tema se trata por tan poco tiempo y con tanta superficialidad. Al final, como dice la profesora Lourdes, el asunto del conflicto "si quieres lo puedes obviar y no lo tocas nada más. Queda a voluntad de cada docente" (profesora del colegio Ayacucho-Provincia).

4. Cómo se trabaja el tema en el aula

Ya hemos ido estableciendo algunas características que describen cómo se aborda el CAI en las escuelas públicas que estudiamos. En primer término tenemos que el CAI se trabaja poco y dependiendo de la voluntad e interés de los docentes. Los docentes que desean tocar el tema con sus estudiantes lo hacen independientemente del contenido que dicten, lo conversan en el patio, en la tutoría o vinculado a cualquier contenido de su curso. Los docentes que no desean trabajarlo lo dejan de lado, así sea parte de los contenidos curriculares que les corresponde cubrir. Hemos visto además que el tratamiento del CAI sucede en un clima institucional poco favorable, con una sensación de vigilancia por parte del Estado, de los otros docentes, de los padres y hasta de los mismos estudiantes.

De otro lado, hemos discutido una serie de temores muy arraigados que rodean el tratamiento del CAI, los cuales conllevan en muchos casos a eludirlo. Y, de trabajarse, condicionan la manera como el contenido es desarrollado. Así, la preocupación de ser acusados de apología o de recibir represalias de lo que queda del PCP-SL, el temor a incitar a sus estudiantes a la violencia por trabajar el CAI o a movilizar emocionalmente a sus estudiantes los llevan a pasar por el tema rápidamente y de manera superficial, sin detenerse en mayores detalles, "por encimita", como decían algunos docentes.

En el presente acápite, luego de haber conocido los contextos del abordaje del tema, nos detendremos en la descripción que realizaron los docentes y estudiantes de cómo ha sido el tratamiento del CAI en sus aulas.

4.1 Percepciones docentes sobre la enseñanza del CAI

El DCN indica trabajar el CAI al menos en el último semestre de quinto de secundaria. Algunos docentes lo desarrollan además en otros años por iniciativa propia más que por una política específica en el centro educativo. Como hemos visto, la mayoría de docentes suele entender el CAI principalmente como un tema de historia reciente antes que vinculado a la formación ciudadana. Algunos docentes indicaron que solo se aproximan al tema a partir de la diversificación curricular, vinculándolo a un asunto específico de la región. Otros docentes, más que trabajar de manera específica el tema como parte del currículo, lo que hacen es abordarlo siempre y cuando los estudiantes pregunten al respecto. De este modo se convierte en una suerte de intercambio de experiencias del docente dentro o fuera del aula más que en un contenido planificado de aprendizaje.

Varios docentes sugieren transversalizarlo —aunque no se tiene una clara idea de qué parte del contenido debe ser transversal ni de cómo hacerlo— y otros proponen que el tema sea además incluido en la tutoría. También algunos profesores mencionaron que no saben si sus colegas de otras áreas lo trabajan, y que no suelen coordinar entre docentes por contenidos de este tipo. En la misma línea algunos docentes indican no tener del todo claro cómo trabajar el contenido desde su área y expresan el temor a dedicar tiempo al tema del CAI y no terminar con su programación. Estos docentes por lo general se limitan a emitir opiniones y comentar al respecto o a responder preguntas de estudiantes, pero en realidad no tienen claro si pueden abordarlo ni cómo hacerlo. Incluso profesores del área de formación ciudadana e historia, con disposición a trabajar el tema, señalan que este no tiene un espacio curricular propio (algo predominante en Ayacucho).

En conclusión, se encuentran mencionados entre los docentes —a pesar del interés de algunos— muchos motivos para tocar el tema de manera solo de manera superficial —no de manera orgánica—, y en general abundan las dudas o claro desconocimiento sobre cómo hacerlo.

a. El modo en que intentan hacerlo: desde la neutralidad

Al describir la manera como abordan el tema en el aula, los docentes utilizan recurrentemente términos tales como "objetividad" y "neutralidad". Tanto en Lima como en Ayacucho, los docentes enfatizan la necesidad de orientar su trabajo sobre el CAI en el aula de manera "equilibrada", aspirando a no imponer un sesgo sobre el tema en sus estudiantes.

> Específicamente para enseñar sobre la época de la violencia. Bueno, información, información adecuada, información veraz, hecha por un grupo multisectorial, no por una determinada ideología política, porque ahí sí estaría para mí orientándose hacia un lado, cosa que no sería dable si es que se trata de ser, pues, democrático, veraz, fidedigno.
>
> Raúl, profesor del colegio Lima-Este

Valdría la pena preguntarnos qué tanto surge este temor con otros temas de historia. ¿Tendrán algún problema con no ser neutrales los docentes al hablar de la Guerra del Pacífico o respecto de la caída del Muro de Berlín?, o incluso de temas más recientes y complejos, como los conflictos sociales asociados a las industrias extractivas. Muy probablemente no con la urgencia y preocupación que exhiben ante el CAI, quizás porque el tratamiento de estos temas en el aula no está condicionado por leyes como las de apología.

La neutralidad se asume como el dar información balanceada, sin sesgos, buscando información variada y de calidad. Como dice el profesor Jaime: "Tiene que ser equilibrado, transmitir información equilibrada, tampoco no sesgada, sino las cosas claras para que puedan los chicos también entender la realidad de su país" (profesor del colegio Lima-Este). Como recurso cuando expresan una opinión crítica, algunos se ven en la necesidad de enfatizar su neutralidad política respecto del tema en general:

> Yo les digo: "Yo no soy fujimorista, no soy toledista, no soy de ningún partido". Lógicamente, hablamos de todos los gobiernos, y todos los gobiernos se analizan. Claro, todo gobierno ha tenido algo bueno y algo malo.
>
> Salvador, profesor del colegio Ayacucho-Provincia

b. *Las actividades y recursos que emplean*

En términos generales, los profesores no nos han proveído de una buena descripción de las actividades, métodos o recursos empleados. No hay mucha claridad tampoco acerca de si el tema debe ser tratado con recursos o estrategias especiales.

Aparecen así dos grandes propuestas. Una en la que los docentes hacen conexiones con el tema toda vez que encuentran algo interesante (por ejemplo una profesora de literatura que conecta los textos que sus alumnos leen con el CAI o un profesor de informática que para trabajar otro asunto solicita a los estudiantes que investiguen sobre el tema en sus casas). En algunos de estos casos se abre el debate y discuten contenidos. No hay necesariamente un "plan" o actividades específicas, sino que surge la ruta a partir de la discusión. En otros casos hay una inserción específica del tema en el currículo vinculada con otros asuntos (por ejemplo, revoluciones). En cualquier caso, el tema parece ser abordado de la misma manera como se hace con cualquier otro de historia.

> Mi sistema de trabajo es este, por ejemplo, leemos esto, ya, listo. Les dejo exposiciones por grupo. Por ejemplo, en el gobierno de Alan García ellos exponen, pero ellos también, por eso les digo: no deben ustedes basarse solo en este libro, tienen que recopilar información de otros libros; y por último, si tenemos al alcance algún método del Internet, hay que revisar el Internet. Entonces, de acuerdo con eso, existen debates en el salón.[16]
>
> Salvador, profesor del colegio Ayacucho-Provincia

---

16. Si bien se señala a Internet como fuente de búsqueda de información, la conectividad en la zona es muy mala, por tanto este es un recurso poco disponible para los profesores y estudiantes de este colegio.

Entre los recursos que los docentes utilizan tenemos el uso de películas y tarjetas de trabajo. También ponen en práctica sociodramas donde los hacen representar los sucesos. Se emplea además el debate y la discusión para abordar el tema y las exposiciones de los estudiantes, a veces sobre la base de textos indicados por los docentes. Entre las actividades mencionadas, un docente de historia nos señala que utiliza líneas de tiempo que contextualicen los eventos con las autoridades de la época, vinculándolos con su propia historia, lo que han oído en sus casas y al mismo tiempo incorporando información de los textos escolares. Otros docentes —como la cita anterior— solicitan a sus estudiantes que busquen información (en Internet por lo general) y luego que la expongan en clase. Sin embargo, Internet es un recurso no siempre disponible, sobre todo para las II. EE. más alejadas de las ciudades intermedias o grandes.

Una mención especial como actividad referida solo en Lima es la de la utilización de casos ejemplares como punto de partida para analizar el tema. Así por ejemplo, el profesor Jaime (colegio Lima-Este), quien trabaja el tema en su curso de historia, indica que él inicia el trabajo a partir del análisis de figuras emblemáticas, como la de María Elena Moyano, para que los estudiantes identifiquen la verdadera actuación del PCP-SL durante el CAI y logren entender a quiénes iban dirigidos sus ataques. De esta manera logra enfrentar posibles mistificaciones sobre "la justicia" de los actos senderistas.

Algunos docentes consideran como "casos" sus propias experiencias, y las comparten como si fueran "estudios de casos". Del mismo modo, algunos docentes utilizan noticias y tratan de conectar el tema del CAI con la violencia de manera más amplia y la necesidad de recurrir a otras formas de resolver conflictos que no pasen por opciones violentas.

Otra estrategia que emplean los docentes es la de simular roles. El valor que tiene esta actividad es la comprensión del otro a partir de intentar entenderlo desde la representación. Así la profesora Milagros, del colegio Lima-Este cuenta que solicita a sus estudiantes que asuman distintos roles, por ejemplo, un soldado, Abimael Guzmán, etc., y ella, a partir de cómo los representan, puede hacer visible la manera en que sus estudiantes entienden cómo argumentaban dichos personajes.

Alba, profesora del colegio Lima-Este, señaló que su manera de trabajar el tema era trayéndolo a la actualidad a partir de comparaciones de situaciones de paz y de violencia que podían vivirse en el hogar. Partiendo de dichas situaciones y la sensación de bienestar en cada una de ellas, abordaba el tema y la importancia de una cultura de paz.

c. *Las fuentes que usan*

Los docentes no reflexionan demasiado sobre las fuentes que son válidas o no, o sobre cuáles son mejores que otras. Por lo general se limitan a denominarlas en general (libros, películas), sin especificar mayormente cuáles de ellas emplean, y no aparece una tendencia a descalificar ciertas fuentes como peligrosas o no válidas; e incluso algunos de ellos sostienen que toda fuente puede ser válida para trabajar el CAI si es bien utilizada. Esta relación con las fuentes es un claro reflejo de lo reciente de los acontecimientos y de la falta de una historia relativamente oficial o común sobre los eventos. Incluso el *Informe de la CVR* no apareció enunciado por los propios docentes en la mayoría de casos, sino que tuvimos que indagar específicamente sobre su visión de él. Tampoco señalaron de manera espontánea los textos escolares como fuente más que en contadas oportunidades.

Entre las fuentes más apreciadas por los profesores y profesoras están las películas. Estas tienen un enorme valor para ellos y ellas, debido a lo evocador y a la vez explícito del mensaje, pero son al mismo tiempo difíciles de conseguir. Internet, identificado por lo general como una fuente, es referido por los docentes como si fuera una enorme biblioteca, pero no nos indicaron si señalan a sus alumnos qué páginas buscar ni qué tipo de artículos en línea leer. Los docentes suelen indicarles el tema, y los alumnos buscan por cuenta propia y lo presentan en un trabajo o lo exponen.

Los libros tienen un valor especial como fuentes. La profesora Elena, del colegio Ayacucho-Capital, dice que para la enseñanza de la historia "lo que está escrito es lo que es". Algunos docentes que no son del área afirman que resulta difícil para ellos tener recursos para trabajarlos en tanto no hay textos que los ayuden a transversalizar los contenidos. Uno de los pocos libros que mencionaron fue el escrito por Abimael Guzmán,[17] referido por una docente de Lima, el cual se lo "pasaban" discretamente entre profesores, pues si bien ella considera que debe de haber diversidad de fuentes, no estaba tan segura de cómo lo tomarían los demás docentes o el director.

Con respecto a los textos escolares y materiales educativos del Minedu hay una visión ambivalente. Los mencionan en algunos casos como fuentes útiles, pero indican que estos no presentan la información con la complejidad o profundidad necesaria o con las herramientas que el docente necesitaría para poderlo trabajar bien. O señalan que necesitan más materiales:

> Las guías también son muy superficiales, no son muy profundas. Falta bibliografía para trabajar el tema, y como que al docente te dan "así" la información, y como nosotros tenemos que diversificar los temas, como si nos dijeran aparte "ve si tú lo tocas o no"... algo así.
>
> Lourdes, profesora del colegio Ayacucho-Provincia

17. Si bien no menciona el nombre del libro, suponemos que se refiere a *De puño y letra* (2009), que contiene escritos de Abimael Guzmán, cabecilla del PCP-SL.

Del mismo modo, otros docentes enfatizan que los textos escolares no deben sesgarse cuando presentan los eventos del CAI solo en relación con algunos actores involucrados:

> Y los textos también tienen que basarse en la realidad, no sesgada. Por ejemplo, hace poco habían textos que hablaban algo de Sendero y de la FF. AA. y del Estado, y un grupo, un sector, un sector de la política se ha opuesto a eso, se ha opuesto a eso. Tienen que colocarse textos de ambas partes. Pero eso sí, el profesor tiene que poner énfasis en ese sentido de que ese es un grupo alzado en armas o que quiere cambiar al país a través de la violencia, y nosotros tenemos que rechazar a la violencia. Entonces, libros didácticos, con casuísticas, para los estudiantes.
>
> Andrés, profesor del colegio Lima-Este

Igualmente destacan la posibilidad de usar materiales fotográficos de diarios y de asistir al "museo de la memoria". Estas fuentes no son necesariamente utilizadas por los docentes, sino que indican que pueden ser útiles. Un docente de Ayacucho-Provincia señaló que si bien cuenta con fotos de la muestra *Yuyanapaq*, considera que las imágenes son muy fuertes como para emplearlas. Al mismo tiempo destacó otro problema posible con respecto del uso de las fotografías, y es que puedan resultar controvertidas en su localidad:

> Pero como le digo, mostrar esas revistas acá es un poquito tedioso, molesto, no solamente para mí, para muchos colegas de repente. Entonces no les muestro, pero sí lo hablamos.
>
> Salvador, profesor del colegio Ayacucho-Provincia

También se mencionan las propias experiencias de los estudiantes como una fuente importante para empezar a trabajar el tema. Algunos docentes señalan que los alumnos tienen enorme interés por tocar el tema dado que los afecta directamente. En la misma línea, indican que los estudiantes usan sus experiencias como fuentes, comparando lo que trabajan en el aula con lo que sus familias les han dicho.

Igualmente, como hemos mencionado antes, los docentes usan sus propias experiencias como recursos para aprender, pero estas no necesariamente suponen que se cuenten en primera persona o el compartir las vivencias más personales del docente. Más bien, algunos se refieren al tema como algo que, en tanto lo vivieron, ya lo conocen, y que por ende no necesitan fuentes más allá de sus recuerdos. Sobre el uso de esta fuente en particular (sus recuerdos), desarrollaremos un acápite más adelante.

Algunos docentes destacan la importancia de elaborar materiales educativos locales, propios, que den cuenta de cómo se vivió el CAI en cada comunidad. Así un profesor del colegio Ayacucho-Provincia sugiere trabajar con los mismos cambios ocurridos en la localidad de su escuela como una fuente para indagar sobre los eventos del CAI.

En este punto, nos interesa dedicarnos al análisis de dos fuentes que podrían ser importantes y válidas para el tratamiento del CAI en el aula, y observar por qué se evaden o se dejan de lado: el *Informe final de la* CVR, que es un documento de carácter oficial, realizado por el Estado, que, como hemos mencionado, representa un trabajo serio y dedicado de investigación, y las propias memorias de los docentes.

Sobre el uso del "Informe final de la CVR"

El valor del informe de la CVR como material educativo es percibido de manera ambivalente. Hay docentes que desconocen el *Informe*, que no lo han llegado a leer, otros en cambio tienen experiencias positivas usándolo, y señalan entre sus ventajas el que se presentan las acciones tanto del PCP-SL como las del Estado, dando la posibilidad de mayor veracidad y complejidad para tratar los temas. En algunos casos indican conocer el informe de la CVR, pero que no lo tienen como material educativo en su centro educativo.

Al mismo tiempo, otros docentes sostienen que el informe de la CVR se encuentra sesgado.

> En lo trágico que ha sido para los habitantes de la zona altoandina sobre todo, ha sido más trágico de lo que se dice. Se le dio por ejemplo más importancia a este hecho de Tarata, pero antes de eso ya existían personas sufriendo, eso no se ha contado.
>
> Julián, profesor del colegio Ayacucho-Capital

Algunos muestran cierta desconfianza ante el informe de la CVR, en tanto creen que en este se han tapado casos e información que "dejaban mal" al Estado. Así Shirley señala:

> En ese libro, a veces hay temas bien tristes, demasiado dolorosos. Y hay temas que ya a veces he saltado un poco, y algunos que los han tapado. [...] Por ejemplo, de que siempre el Gobierno trata de limpiarse las manos, de decir que "nosotros no hemos muerto a esa gente inocente", por más hayan sido culpables, pero no merecían morir en esas partes.
>
> Profesora del colegio Ayacucho-Provincia

En ambos casos se observa una tendencia a desconfiar del informe por ser una fuente del Estado, pues como tal esconde sus propios crímenes y reproduce el centralismo que se vivió en el país durante esos años, que se mostró poco sensible a las muertes en las provincias en la mayor parte de los años del conflicto. Es importante acotar que estas declaraciones muestran desconocimiento de los contenidos que recoge el informe de la CVR. A pesar de ser conocido y criticado, las referencias citadas no se condicen con lo que en el informe puede encontrarse. También se nota un reclamo a que se exprese una visión más cercana a las vivencias particulares, que hace que cualquier texto con intenciones de neutralidad termine siendo sesgado, porque no representa a cabalidad las vivencias y opiniones personales de sus lectores.

El uso de sus propias memorias como recurso

Como hemos adelantado, la mayoría de los docentes entrevistados en Lima y Ayacucho nos hablaron sobre sus recuerdos durante el CAI. Una vez que se consiguió un clima de confianza, compartieron sus experiencias, a veces de manera muy vívida y conmovedora.

Sin embargo, ante la posibilidad de compartir dichas memorias con sus estudiantes no todos estuvieron de acuerdo. Estar a favor o en contra de compartir la experiencia no parece depender de la localidad, ni de la edad o la cercanía o distancia respecto del CAI de los profesores. Hay docentes que han sido víctimas durante el CAI, y nos cuentan que han hablado con sus alumnos sobre sus vivencias. Pero hay otros que con experiencias similares escogieron no hacerlo. Por otro lado, hay docentes cuyos recuerdos se limitan a presenciar noticias perturbadoras en la televisión, y que sin embargo eligen hablar detenidamente del tema en el aula.

Entre los profesores que señalan que sí usarían sus memorias y experiencias personales, hay quienes afirman que no se trata de hacerlo solo en el colegio, sino con toda la comunidad, lo cual refleja el positivo valor otorgado a hablar del tema. Incluso, algunos se encuentran escribiendo sus memorias.

Las diferencias entonces con respecto a la disposición a emplear o no sus experiencias están más vinculadas a diferencias individuales quizás referidas a la manera como los docentes conviven con sus propios recuerdos. En esta difícil elección, los docentes están solos. No conversan entre ellos, no hay una política desde la IE ni tampoco desde el Estado para ayudarlos a procesar sus historias. Claramente, desde el sector educación, no se ha considerado como parte importante del perfil del docente con el que cuenta el país que los docentes vivieron el CAI con mucha intensidad, y que esto, tiene efectos en su desempeño.

La controversia en torno a este tema y las propias dudas de los docentes respecto de no saber qué tanto deben, pueden, quieren o tienen "permiso" para incorporar sus memorias en el aula da cuenta de lo poco trabajado del asunto en nuestro país. Casi todas las pedagogías de memoria y las estrategias que se han aplicado en otras zonas de conflicto en el mundo asignan a la experiencia de los actores del proceso de enseñanza-aprendizaje un rol fundamental y un valor extraordinario. Es más, parte de lo que anima la generación de pedagogías de memoria es la transmisión de un pasado que "nos es propio", como señalan Toledo, Veneros y Magendzo (2009), con la idea de que las huellas que nos han dejado son transmisibles a las nuevas generaciones.

4.2 Percepción de los estudiantes sobre la enseñanza del CAI

> La directora no quiere que se trabaje nada de los ochenta y noventa, solo lo que aparece en el libro, mientras que el profesor de Historia quiere contar de lo que sabe. [...] La directora le había preguntado al profesor por qué tocaba la política en clase; él le había respondido que esta era importante para los chicos.
>
> Margarita, alumna del colegio Lima-Metropolitana

> Nosotros a los profesores podemos exigir que nos den una hora para poder enseñarnos la historia de su provincia. ¿Por qué no podemos saber la historia de esta provincia? Sí podemos. Nosotros hay que forzar al profesor.
>
> Leysi, alumna del colegio Ayacucho-Provincia

Aunque las clases sobre el tema son realmente escasas, los estudiantes tuvieron algunas experiencias para contarnos. A diferencia de la postura de varios docentes, ellos señalaron que sería bueno que los profesores contaran sus propias experiencias al desarrollar las clases.

Por ejemplo, Leysi, del colegio Ayacucho-Provincia, vivió en Lima por un tiempo, donde tuvo un profesor que le enseñó sobre el tema del conflicto (aunque por fuera del plan de clases) contándole sobre sus experiencias:

> Lo primero que habían hecho fue matarlo a su papá, y eran cinco hermanos, y sus hermanos también se han desaparecido. Él y su mamá nomás se habían escapado [...] hacia Lima [...]. Esto pasó en Lima, en mi colegio. Él no era de Lima, vino de otro sitio a trabajar. A ese tema llegamos cuando estábamos hablando de historias [...] de Micaela, Túpac Amaru, y uno de mis compañeros habló: "¡Y los terroristas!", dijo, y el profesor se pone triste, y ahí nosotros le preguntamos [...] y nos olvidamos del tema que lo que estábamos tratando ese día y hablamos de los terroristas, y al siguiente día también nos trajo así un video para ver. A mí sí me gustó.

Es interesante acotar que no hubo comentarios sobre las dificultades que podría generar el remover los recuerdos para estos profesores. Incluso en el colegio Ayacucho-Capital, para los estudiantes el tema puede ser tratado sin la carga emotiva que conlleva, pudiendo ser incluso una clase "divertida":

> Cuando se hacen ese tipo de teatros, los alumnos están más divertidos, y no se duermen, y cosa que cuando ya dijeron, que pasa algo, están peleando entre ellos como en las obras, y que el otro se cae, el otro muere, da risa, ¿no? Es una clase divertida.
>
> Tarik, alumno del colegio Ayacucho-Capital

En este punto la perspectiva de los estudiantes contrasta con la de los docentes. Mientras los primeros tienen mucho interés en conocer y que incluso se recurra al recuerdo propio sin plantearse mayores dudas, a los profesores esta posibilidad los hace vacilar. Así, los temores de una profesora eran evidentes al ponerse en la situación de que los estudiantes pudieran no tomar en serio alguna vivencia que ella compartiera, y que así el tema pueda ser banalizado.

Los estudiantes también propusieron visitar lugares de memoria, como se hizó en nuestro taller de investigación, con las visitas a las muestras de *Yuyanapaq* en Lima y el Museo de la Memoria de Anfasep en Ayacucho. Mencionaron además otros lugares de memoria, como El Ojo que Llora.

En cuanto a los textos, los materiales escolares no habían aún llegado a todas las escuelas visitadas, y en aquellas que el libro llegó, este no fue usado por los profesores. En el colegio Ayacucho-Capital, los textos solo fueron repartidos a tres de las siete secciones de quinto de secundaria. Cuando ellos piden una explicación sobre esta insuficiencia de libros, los profesores culparon a los alumnos de promociones anteriores de no haberlos devuelto. Más allá de ello, quienes lo recibieron no los usaron: "Sí lo tenemos, pero no revisamos. [Está] en la casa, [riendo] esperando devolverse a fin de año" (Malena, colegio Ayacucho-Capital). En el caso del colegio Ayacucho-Provincia, no había llegado la nueva versión del texto, y usaban el libro de texto de trabajo para los docentes (*Enfoque*, del año 2005). Nos contaron también que no llegaban suficientes libros para todos los estudiantes. En los dos colegios de Lima todos los estudiantes tenían el libro, pero no lo utilizaron; en cambio, usaron separatas entregadas por los profesores.

Aun con estas deficiencias para el acceso a los libros, los estudiantes tuvieron observaciones tanto sobre la forma en que se brinda la información como acerca de los contenidos. Los estudiantes sospechan de los textos, una desconfianza sustentada en su apreciación de la calidad de la educación que les dan en las aulas: la sensación de estafa descrita en los acápites iniciales de este capítulo, por el poco valor que le dan a su tiempo y esfuerzo por aprender, se reflejan en su opinión sobre los contenidos de los libros. Claramente dudaron de la información que encontraron en ellos: "¿Quién nos garantiza que esa información es verdad?" (Estela, alumna del colegio Lima-Este). Ellos piensan que para que estos materiales tengan más legitimidad deberían estar validados por investigadores "que se dedica[n] a investigar los hechos, los fenómenos que ocurren en este diario vivir, en tiempos pasados, en tiempos actuales, tanto también a los futuros" (William, alumno del colegio Ayacucho-Provincia).

En el colegio Ayacucho-Capital encontramos una visión más crítica aún, donde abrigan la sospecha de que el Estado manipula y omite información de modo deliberado, además de mencionar que no es suficiente la información sobre los periodos gubernamentales que para ellos son los más representativos de la época del CAI: los gobiernos de Alan García y Alberto Fujimori. El texto se dedica más al gobierno en el que se origina el conflicto: Fernando Belaunde, y los gobiernos durante los cuales realizó su labor la Comisión de la Verdad: los de Valentín Paniagua y Toledo. Por sus opiniones, se deja entrever que para ellos estas omisiones no son gratuitas, pues les parece extraño no encontrar menciones más extensas y claras sobre lo que ellos califican como los periodos de gobierno en los que "en realidad se dio el terrorismo" (Romina). También desconfían de la información estadística, pues estiman que la cantidad de muertos y desaparecidos es mucho más alta de la que se expresa en el texto.

Mencionan que cada persona que vivió esos años tendría una versión propia de lo sucedido, mostrando conciencia de lo complejo del proceso y de la posibilidad de representación de situaciones particulares en un texto escolar. También evidenciaron conciencia de que la selección de contenidos puede ser manejada a favor de intereses políticos ajenos a una educación eficiente:

> El texto no nos cuenta toda la verdad, siempre trata de ocultar algo que pasó [...] cada familia o cada persona va a aportar, lo mismo que las demás, porque cada persona pasa por diferentes situaciones esa época.
>
> Yésica, alumna del colegio Ayacucho-Capital

La frase "siempre trata de ocultar lo que pasó" nos remite a otras declaraciones de esta estudiante. Para ella, solo se muestra información sobre lo que ellos califican como "lo malo": las muertes, las desapariciones, las pérdidas en general que generó la violencia y la descripción del PCP-SL en su violenta operación. Pero para ella y otros estudiantes se omite "lo bueno de Sendero Luminoso", esto es, que "quería cambios en la sociedad".[18]

Para varios estudiantes, los libros serían más confiables si tuvieran más imágenes, y valoraron su uso no solo como un valor estético motivador, sino como fuente directa de información acerca de esos años. Aunque hubo opiniones alrededor de que no deberían retratar directamente la violencia, primó la idea de que no había otra opción por las características del tema en sí mismo. Con el mismo fin, de que el libro sea más veraz, se mostraron de acuerdo en que era bueno que este contenga testimonios:

> Que se incluya más testimonios de la historia tratada, [...] una persona puede decir qué le ha sucedido, qué le ha pasado, cómo ha sido su sufrimiento de su vida, nos puede contar más.
>
> Tomás, alumno del colegio Ayacucho-Provincia

Además de la veracidad, los alumnos reclamaron mayor reconocimiento de lo sucedido en las regiones. Los jóvenes limeños se mostraron interesados en cómo sucedió el conflicto en todo el país, y los ayacuchanos demandaron mayor representatividad local, pidiendo también que los contenidos sean escritos en quechua.

En cuanto a otras herramientas educativas, los estudiantes mencionaron enfáticamente la necesidad de usar material audiovisual,

---

18. Este tema se trata con mayor profundidad en el capítulo 3, sobre cultura política.

aprovechando los recursos disponibles en el colegio, como videos o fotografías documentales, que aunque existen (en mayor o menor medida para cada colegio), el acceso es restringido para los alumnos.

La mayoría de estudiantes piensa que un libro de texto ya no es el mejor vehículo para el aprendizaje; parecen estar más acostumbrados a un estilo de transmisión de información más veloz, similar al que usan los medios de comunicación virtuales o televisivos. Alegaron que ya no se lee como antes, mencionando que con "muchas letras" los temas no son atractivos, y que el aprendizaje es más sencillo utilizando medios audiovisuales: "El video tiene más impacto en la realidad. Todos están pegados a una pantalla, pocos son los que leen" (Néstor, alumno del colegio Lima-Este). Por ello, valoran positivamente que el libro contenga links a través de los cuales luego pueden investigar más, pues Internet, en todos los casos, salvo Ayacucho-Provincia, es una de las principales fuentes de información. Pocas estudiantes llamaron la atención sobre que no se trata de no querer leer, sino del tipo de lenguaje que usan los textos. Yadira y Malena (alumnas del colegio Ayacucho-Capital) mencionaron que los textos deberían tratar de captar la atención del alumno con "un título que te impacte [...], que te llame más la atención, te sorprenda, ahí vas utilizando más el libro, lo lees al inicio, te vas conmoviendo, te va gustando" (Malena). En el mismo sentido, Alaí, del colegio Lima-Metropolitana, piensa que no está mal que los textos sean largos, pero que tendría que haber más estímulos para lograr su lectura. En el caso de colegio Lima-Este, también valoran que el texto tenga preguntas que puedan generar debate, algo que siempre promueve su profesor de historia, Javier, cuyas prácticas de enseñanza sobre el CAI hemos descrito anteriormente.

Para los jóvenes del colegio Ayacucho-Provincia, el lenguaje era complicado, aunque los ejemplos que pusieron denotaban más una falta de ejercicio para la lectura o asesoría del profesor que un problema del texto en sí mismo, como no comprender el significado de palabras por su contexto o el uso de abreviaturas: "Palabra que es difícil de entender, como 'secuelas', 'CVR', 'falta de evidencias' [...], tal vez muchos no sabemos qué significa 'secuelas', o 'CVR'" (Tomás, colegio Ayacucho-Provincia).

Podemos concluir entonces que las limitaciones del sistema educativo secundario y las múltiples dificultades (personales o sistémicas) de los maestros de enseñar sobre esos años hacen que las aulas no estén siendo el espacio de transmisión de memoria sobre los años del conflicto armado interno. La oportunidad de tomar las lecciones que nos deja el haber vivido como país una etapa intensa y reciente de violencia interna, que pueda servirnos para analizar y replantear nuestras relaciones de poder y nuestra cultura política (del pasado y del presente), no está ocurriendo en las aulas.

Pero los docentes, como hemos visto, guardan recuerdos y elaboraciones sobre sus vivencias durante esos años; muchos de ellos buscan un espacio para poder transmitirlos, fuera de los parámetros institucionales, y la gran mayoría le da valor a esa experiencia como instrumento pedagógico trascendente. Los estudiantes, por su parte, muestran genuino interés por conocer, sentir y pensar acerca de este pasado reciente, captando información de múltiples fuentes, elaborando y construyéndole sentido a pesar de que no haya un espacio estructurado y claro para ello.

Ante la casi ausencia de su tratamiento en el aula, ¿qué conocen los estudiantes sobre esos años, cuáles son sus fuentes, qué conclusiones sacan de aquella información? ¿Cómo recuerdan los profesores, qué significado tienen esos recuerdos para ellos, cómo influyen en su configuración de las relaciones de poder en el país? Los siguientes capítulos tratarán sobre esos temas: los recuerdos, las memorias y sus fuentes (capítulo 2) y cómo estos afectan la cultura política de estudiantes y docentes (capítulo 3).

Capítulo 2

Memorias sobre el conflicto armado interno

> Podemos pensar entonces que en el país coexisten diferentes tiempos, marcados por un acceso diferenciado al poder. Lo que para las élites y la mayoría de la población urbana es pasado, sigue siendo presente para *los in-significantes*.
>
> Carlos Iván Degregori[1]

Estando nuestro conflicto armado interno tan cercano en el tiempo, las preguntas sobre el vínculo entre memoria e historia emergen de un modo rotundo y natural. ¿Qué hace que un suceso pueda ser calificado como cargado de "relevancia histórica", es decir, digno de ser incluido en una narrativa de alcance nacional, y cuál es la relación que tienen las vivencias personales con la historia de una nación? Estas preguntas aparecen también al analizar el espacio escolar. Los profesores son portadores de recuerdos, de vivencias propias sobre la época; los estudiantes son herederos de las memorias de sus familias,

1. Carlos Iván a su vez señala que toma el término "in-significantes" de Gustavo Gutiérrez; en *Qué difícil es ser Dios. El Partido Comunista del Perú-Sendero Luminoso y el conflicto armado interno en el Perú: 1980-1999* (2011).

y su formación sobre la historia oficial de la nación, idealmente, se atribuye a las aulas. Pero hemos descrito en el capítulo anterior que esto no es así, que la escuela falla en esta labor, que el tema prácticamente es evadido y no se trabaja en las aulas. Sin embargo, esto no quiere decir que en este espacio no confluyan distintas versiones sobre el CAI. Todo lo contario.

En el presente capítulo analizaremos qué es lo que los profesores y estudiantes conocen sobre ese periodo de nuestra historia, cuáles son sus fuentes y como estas influyen en las interpretaciones de la época.

Pero ¿cómo entendemos este complejo mundo de historias y memorias, todas entrelazadas en los relatos que circulan en las escuelas, los hogares y los barrios? Aunque se ha escrito mucho sobre la diferencia y la relación que existe entre memoria e historia, lo cierto es que al vivir, en su relación cotidiana, los sujetos no hacen esta distinción.

Para nosotros es importante mantener esta relación estrecha al pensar y escribir lo que trabajamos en los colegios de Lima y Ayacucho. Nos es útil una visión de la historia que no busca reclamar el monopolio de la interpretación sobre el pasado. Siguiendo discusiones actuales, pensamos a la historia y la disciplina histórica como un ejercicio metódico, pero siempre abierto, incompleto, que se adapta a la emergencia de nuevos hallazgos, y que es permeable a las memorias, sobre todo a las silenciadas.[2] En palabras de Quílez

> [...] la "nueva historia" rechaza las pretensiones de objetividad de la historia tradicional, en tanto que asume que toda lectura del pasado se hace desde una perspectiva personal que debe convivir, asimismo, con una pluralidad de puntos de vista diversos. (2014: 58)

2. Para más detalle sobre los motivos por los que la memoria se silencia o permanece subterránea frente a la historia oficial y su emergencia como parte de la memoria colectiva, véase Pollak 2006.

De este modo, historia y memoria no son vistas como dos espacios estancos o en disputa, sino que ambas se requieren para tener significación social.

En momentos socialmente traumáticos, como conflictos armados, guerras o represiones dictatoriales, suele darse el silenciamiento de versiones que cuestionen los relatos de lo que se instauró como la historia hegemónica desde el poder. Cuando sus protagonistas aún están con vida, sus testimonios son una de las fuentes más cuestionadoras de esa historia y la ideología que esta expresa. Estos pueden ser una fuente de reelaboración del pasado que se oriente a construir una historia cuestionadora, y cuyo análisis colabore a formar una sociedad más equitativa y ciudadana, sin quedarse anclada en el sufrimiento, el odio o la autoexculpación.[3]

En el caso de los colegios en los que hicimos el estudio tenemos dos generaciones de memorias. Las memorias de los profesores, que vivieron directamente los hechos del conflicto, y la memoria de los alumnos, que se nutren de distintas fuentes, pero sobre todo de la memoria de sus padres, que como se detallará más adelante, también vivieron momentos de intensa violencia, tanto en Lima como en Ayacucho. En este caso, los estudios de posmemoria nos brindan ayuda para reflexionar sobre qué diferencia a las memorias heredadas de las memorias propias y, sobre todo, cómo se produce esta transmisión intergeneracional y con qué características.[4]

---

3. Por ello, se piensa en una multiplicidad de memorias contenciosas (Payne 2009), pero al mismo tiempo, en la relación que establecen la memoria y la historia para evitar este anquilosamiento y promover lo que Todorov llama memoria ejemplar. De algún modo la memoria "dice" a la historia lo que debe ser recordado, pero al mismo tiempo hay una historia que limita desde el ejercicio de su libertad crítica a esta memoria, evitando las mistificaciones o lo usos que sean solo rituales. Véase LaCapra 2009 y Todorov 2008.

4. El concepto de posmemoria fue empleado inicialmente por Marianne Hirsch a fines de 1970 en relación con el holocausto, para caracterizar la experiencia de quienes crecieron dominados por narrativas de hechos traumáticos que

En el espacio escolar, los profesores son portadores directos de vivencias del CAI. Su relación con el pasado, con el lenguaje y con el uso de ambos en el presente no es sencilla; está básicamente marcada por la inseguridad y una actitud defensiva ante un pasado que en realidad no solo no ha pasado, sino que es muy activo y "caliente", riesgoso. Por ello tienen dificultades para hablar del tema, requiriendo de un ambiente más confiable para poder explayarse. En general, como se presentó en el capítulo 1, la mayoría de docentes no encuentra que las aulas les den esta seguridad, por lo que algunos optan por la evasión. Por otro lado, los estudiantes muestran una fuerte curiosidad por conocer lo que las generaciones anteriores vivieron. Reconociendo la diversidad de perspectivas en el interior del magisterio y sus estudiantes, predominan discursos que cuestionan la historia hegemónica heredada del régimen autoritario de Fujimori.

En este capítulo mostraremos este entramado de memorias e historias de docentes y estudiantes conviviendo en las aulas, aunque muchas veces lo hagan sin tocarse.

1. Las miradas desde el magisterio: recuerdos, saberes y fuentes

> "Bueno, nosotros hemos estado realmente bastante limitados de nuestra libertad. Ese es antemano. No porque nosotros hemos estado metidos en algún momento en esa política ni el otro, sino que peligraba nuestra vida, porque nosotros no podíamos estar ni con el otro grupo ni con el otro, porque estábamos igual que los alumnos: en medio. Si es que estábamos al lado de alguien éramos ya perseguidos del otro grupo, y también del otro, y así hemos vivido una situación tan delicada, fuerte, varios problemas".
>
> Esteban, director del colegio Ayacucho-Provincia

---

precedieron a su nacimiento, que no pueden ser completamente comprendidos ni recreados por estas nuevas generaciones (Hirsch 1997).

Las memorias de los profesores referidas a los años de violencia política son vastas y complejas. La mayoría de los consultados conoce de forma directa lo sucedido, y aquellos que no fueron testigos lo vivieron cercanamente a través de las experiencias y narraciones de familiares y amigos. Esto los lleva a ser portadores de distintos recuerdos, interpretaciones y variada información que proviene de sus vivencias, lo que genera una diferenciación en los saberes mediados por la edad, el género, el territorio, la proximidad ante la violencia y el acceso a otras fuentes de información complementarias a la experiencia personal. En esta manera de vincularse al pasado reciente, los profesores peruanos no son muy diferentes de sus pares en Chile y Argentina, pues son en muchos casos testigos de la violencia, y esto influye de modo importante en su *performance* en las aulas.[5]

Es por esta proximidad, que moviliza emocionalmente, que el trabajo de campo en nuestra investigación requirió un tiempo adicional para construir una relación de confianza con los maestros y maestras. La violencia vivida ha dejado secuelas diversas, tanto en lo personal como social, y, en el caso particular del magisterio, el temor y la desconfianza para hablar del tema —y peor con extraños— tiene un fuerte asidero en el pasado que se renueva en el presente.[6]

Al respecto, es importante recordar que accedimos a la información por vías distintas: la entrevista individual y el trabajo de taller con docentes.[7] Como se verá a continuación, cada espacio

---

5. Para el caso peruano, véase Degregori, Portugal, Salazar y Aroni 2015; Sandoval 2004 y Vargas 2009; para el caso argentino, véase entre otros González 2012. Lo mismo respecto del caso de Chile, véase Manzi 2006.

6. Sobre la estrategia y tensiones del acercamiento a colegios y docentes véase la sección "Consideraciones generales" en el anexo metodológico. El tema de la desconfianza y estigma docente se desarrolla en el capítulo 3, de cultura política.

7. Véase el anexo metodológico.

de intercambio y reflexión permite mostrar distintos aspectos de la complejidad de posiciones, valoraciones e interpretaciones de lo vivido. Las entrevistas evidenciaron mucha diversidad y variedad de discursos presentes en todos los colegios visitados; y los talleres, si bien también recogen la diversidad, permiten mostrar las tendencias dominantes en cada uno de los colegios.

A continuación organizamos los saberes docentes en dos principales temas que recogen la complejidad de sus memorias. En primer lugar, describimos qué información manejan los profesores, cómo la organizan en el tiempo y qué énfasis y vacíos se identifican. En segundo lugar, reflexionamos sobre las principales fuentes de esta información, ratificando que son sus experiencias las principales fuentes de su saber.

1.1 Línea de tiempo: posiciones e interpretaciones sobre la violencia

Esta sección se basa principalmente en la información compartida por los docentes en una dinámica de talleres —en un colegio en Lima-Este y en Ayacucho-Provincia— que procuraron un espacio confortable para poder conversar sobre temas complejos relacionados a la violencia política.[8] Fue muy útil recurrir a la técnica de la línea de tiempo y al registro de las discusiones colectivas.[9] Las dinámicas

---

8. Los talleres con profesores tenían como objetivo generar un espacio amable y de confianza para compartir experiencias y preguntas sobre la violencia política y su relación con la escuela. Una primera actividad era el desarrollo de la línea personal (cada uno elaboraba su línea de vida, y si deseaba la compartía en una plenaria). La segunda actividad consistía en la elaboración de una línea de tiempo conjunta sobre el periodo de violencia.

9. Recurrir a la línea de tiempo tiene como limitante que enfoca a los participantes en evocar un conjunto de acontecimientos o hechos específicos, y en menor medida recoge procesos sociales y económicos. Para evitar este sesgo, la

planteadas permitieron, entre otros objetivos, conocer la información con la que contaban y el modo en que la seleccionaban para presentarla en el trabajo del taller.

Aunque hay algunas conclusiones que pueden abarcar al conjunto de docentes, en tanto los maestros son testigos de esta historia, lo cierto es que encontramos importantes diferencias entre los grupos de profesores que participaron en los talleres, no solo en relación con el manejo de información, sino sobre todo en el modo en que la organizan e interpretan y, destacadamente, en la forma en que se colocan frente a ella. Notamos que, de modo grueso, los profesores de Lima-Este se sienten más como poseedores de la información e interesados en ampliarla y enriquecerla, mientras los de Ayacucho-Provincia más bien se ven amenazados por ella, sea porque esta desconoce o amenaza sus propias experiencias.

A continuación organizamos los hallazgos en cuatro temas: las propias vivencias que aluden a reflexiones en torno a la proximidad de la violencia y los límites para compartir lo vivido; la temporalidad, que recoge consideraciones sobre el inicio y el fin de la violencia; las tensiones entre lo local y lo nacional, que manifiestan los conflictos en torno a la construcción y legitimidad de las memorias; y finalmente el lugar de enunciación, que, ligado a la discusión previa sobre lo local y nacional, refiere a las observaciones alrededor de los espacios simbólicos desde donde se construyen y legitiman los recuerdos.

---

metodología de la línea de tiempo incluyó preguntas específicas sobre continuidades; sin embargo, la línea de tiempo no buscó actuar como un instrumento exhaustivo de recojo de todo lo conocido por los participantes, sino tener un panorama que diera cuenta de sus recuerdos "a la mano" y sus énfasis, para reflexionar sobre ello. Esto en sí mismo ya es un dato significativo. Como se verá más adelante, lo mismo ocurre en el trabajo con grupos de estudiantes.

a. La proximidad a la violencia: testigos, culpables y víctimas

La mayoría de docentes que participa en este estudio ha sido testigo de la violencia, pero no todos se sienten cómodos de compartir sus vivencias. Durante las entrevistas, en algunos casos los docentes dieron vívido detalle de sus historias personales, muchas veces dolorosas y hasta traumáticas, mientras que en otros no logramos que los maestros se sintieran suficientemente cómodos como para hablar del tema, y, por tanto, sus respuestas fueron más bien breves o evasivas.

La profesora Violeta, del colegio de la capital de Ayacucho, ante la pregunta sobre los recuerdos de aquellos años de violencia, responde un tanto fastidiada: "Lo que más bien se necesita es otra cosa; este pueblo es pobre, necesitamos parques infantiles, obras, proyectos de educación, estadios, dar más alimento, cuestiones de salud, así para la gente, para que ya no se hable". Por el contrario, César, profesor del mismo colegio, dice sobre esos años que fueron "como una pesadilla que no quisiera que vuelva a suceder. En ese aspecto yo tendría que decir o resumir como una pesadilla que ha traído mucho dolor a muchas personas".

Las entrevistas mostraron mucha diversidad dentro de cada colegio y región. Tanto en los colegios de Lima como en los de Ayacucho hubo docentes dispuestos a hablar sobre el tema y otros más reticentes. Es muy posible que la variedad de respuestas reflejen distintos grados de proximidad con la violencia o diferentes maneras de lidiar con dichas experiencias, así como múltiples valoraciones sobre la importancia de abordar aquellos años en el aula.[10]

Si bien eso nos mostraron las entrevistas, en el desarrollo de los talleres con docentes obtuvimos nueva información, y conseguimos

10. Sobre este el tratamiento en el aula, véase capítulo 1.

profundizar en algunos temas, logrando indagar sobre ciertas tendencias generales e ideas fuerza por región.[11]

En el colegio de Lima-Este, en general podemos decir que el taller se desarrolló fluidamente; las experiencias personales fueron compartidas con naturalidad, e incluso situaciones muy personales como la siguiente:

> Yo quiero compartir alguno de los momentos. Justo, por ejemplo, en pleno conflicto, yo ingreso a la Universidad San Marcos. Siempre me preguntaban mis amigas: ¿por qué estudiaba ahí? Y con todos los problemas que había. Yo les decía también que era por mi situación económica. Y otro momento fue que ya estando en la universidad, dos de mis compañeros cayeron como cabecillas principales [de Sendero]. Entonces, eso fue una conmoción para nosotros.
>
> Gabriela, profesora del colegio Lima-Este

El que pusieran la información a disposición de sus colegas y de los facilitadores, cuando esta remitía a cosas muy personales, fue un dato revelador sobre su manera de relacionarse con el tema, apropiándose de él con autonomía, sintiéndose en posesión de la administración de su información y de sus consecuencias.[12] Aun sabiendo que el tema es delicado, incluso "peligroso", se sienten capaces de superar este temor si el contexto es amable y genera confianza.

Por ejemplo, la información que compartieron en Lima incluía reflexiones sobre la sensación de culpa, o en todo caso de conflicto personal, por la actitud de distancia que tomaron frente a amigos de

---

11. En el capítulo 4, hacemos un análisis detallado de los talleres con docentes, de sus objetivos, características, su implementación y de las dinámicas entre los docentes que encontramos en cada región.

12. En el trabajo de taller con estudiantes se contó con un equipo de facilitadores que dirigió las actividades y un equipo de investigadores que llevaba registro del taller.

la universidad que eran senderistas y fueron capturados. Ello no es algo sencillo de compartir, porque es una reflexión que por un lado acepta la cercanía al PCP-SL ("dos de mis compañeros cayeron como cabecillas principales") y por el otro incluye un juicio sobre el propio carácter o la moral: el arrepentimiento por elegir la protección personal sobre la amistad o la valentía de enfrentar el temor.

> Yo quiero compartir algo muy... que hasta ahora me da mucha pena de una amiga. Estudiábamos en La Cantuta. Y... habíamos ingresado juntas... compartíamos el cuarto también. Y más o menos fueron las ideas del comunismo las que había captado. Y ella en el cuarto me decía, dime, y esto hay que cambiar el mundo, mira, hay mucha pobreza. Yo tenía otras ideas... tenía que terminar mi carrera, salir de la pobreza, revertirlo, velar por mis hermanos. Pero ella no. Ella pensaba que, no, que tú eres egoísta, tú piensas en ti, en ti, tú no quieres cambiar [...]. Después empezó a dejar la universidad. Y luego ya no asistía a clases... Y para mí fue muy triste. Un día fuimos a verla [a la cárcel]. Mi hermana me dijo: no, ya no la vayas a ver más. Hasta ahorita no sé qué habrá pasado con ella. No sé lo que habrá pasado con ella.
>
> Dora, profesora del colegio Lima-Este

> Cuando mis compañeros fueron detenidos, personalmente, por mucha amistad que tuviera, no tuve el valor de ir a visitarlos, pero en los reencuentros de promoción que hemos tenido, posteriormente, aún a una de mis compañeras sí la hemos visto.
>
> Gabriela, profesora del colegio Lima-Este

En el colegio Ayacucho-Provincia en general, el taller se desarrolló en un ambiente de constante alerta. Por un lado, fueron tres profesores, varones y de mayor edad, quienes hablaron la mayor cantidad del tiempo: el director, el auxiliar y un profesor. Estos profesores mayores sostuvieron su autoridad en sus testimonios, como testigos de la historia, en desmedro de profesoras más jóvenes, que se sentían menos autorizadas a hablar del tema. Estas últimas conocían "de oídas" lo que pasó en la localidad, tenían una opinión más general, sabían más la historia hegemónica que transmiten los medios de comunicación y se mostraban menos reacias o estaban menos a la defensiva.[13] Por el otro lado, los docentes tuvieron sumo cuidado de dejar evidencia o registro sobre lo realizado en el taller o sus participantes. Ejemplo de ello fue el pedido expreso de no fotografiar a los docentes participantes, así como de no dejar constancia de ninguna hoja personal trabajada.[14]

En general, la violencia en el colegio de la provincia de Ayacucho es mucho más próxima. Se comparten no solo hechos notables o hitos nacionales, sino que sus historias personales los llevan inmediatamente a comentar sobre casos y experiencias ocurridas en la región, en su distrito, incluso en el propio colegio. A continuación el testimonio de un docente que relata las reacciones ante la muerte de un profesor y estudiantes del colegio:

---

13. Entendemos como historia hegemónica a aquella versión de la violencia política que ha sido sostenida a partir del gobierno de Fujimori por los grupos de poder y los medios de comunicación. Esta historia es una épica de pacificación, lucha, aprendizaje y derrota del "terrorismo" por parte de las fuerzas del orden y de las autoridades, lo que llamó Stern (2002) para la región la "memoria salvadora". En esta versión, las violaciones de derechos humanos son considerados excepciones o excesos propios de la guerra, y no afectan con responsabilidad política o penal más que a sus autores individuales, si acaso. El poder de esta historia es que es impuesta desde arriba y actúa como un mecanismo de control social, pues delimita el ámbito de lo correcto y lo enunciable. Sostener una versión alternativa a la "salvadora" no solo carece de legitimidad, sino que puede ser señalado como sospechoso de proximidad hacia posiciones extremistas. Por ello, la historia propuesta por la Comisión de la Verdad y Reconciliación (CVR) es oficial, pero carece de legitimidad social; es desdeñada por el poder y desconocida por el gran público.

14. En el capítulo 4, presentamos un análisis más detallado del clima logrado en cada uno de los talleres.

> Después de eso, la población quería organizarse para darle al menos un velorio, un agradecimiento porque ha trabajado varios años acá. Nada. Después la muerte de dos estudiantes de este colegio. Por envidia. Porque su hermano se había metido a Sendero, era un docente y el hermano menor que nada tenía que ver ha pagado muerte. De 13 o 14 años. Bueno, en la investigación no se sabe si [fue] el ejército o los ronderos.
>
> John, profesor del colegio Ayacucho-Provincia

La violencia aquí es próxima, y afectó la propia dinámica social y del colegio, pues recuerdan toques de queda, paros, persecuciones, cierre del colegio, muertes, abandonos, turnos de ronda, presión militar, migraciones forzadas, entre otras acciones. La violencia política en el colegio y la localidad fue cercana. Algunos profesores han sufrido daños directos, y esto los hace especialmente sensibles al recuerdo del tema.

Queda claro que los profesores, en ambos colegios, cuentan con mucha información sobre el periodo de violencia. Además de poseer información general (que presentaremos más adelante), los profesores tienen información de primera mano, con abundancia de detalles, por haber sido testigos. Sin embargo, se aprecia que la densidad de las memorias personales es distinta en los talleres realizados en Ayacucho-Provincia y en Lima-Este. La experiencia con la violencia es, sin duda, más cercana en Ayacucho, y ello se evidencia en las diferencias de aportes en los eventos personales en las líneas de tiempo de cada colegio: mientras los eventos personales en Ayacucho-Provincia sumaron un total de 11, en Lima solo se propusieron 5 (véase cuadro 1).[15]

Los grados de proximidad del magisterio a los hechos de violencia reciente impactan necesariamente en el proceso de enseñanza y elaboración de la memoria histórica. En varios países la composición del magisterio actúa como un factor importante para facilitar o

---

15. Para mayor detalle sobre el recojo de información de docentes, véase el anexo metodológico.

Cuadro 1
Número de tarjetas por colegio según tipo de evento

Colegio	Eventos personales	Eventos regionales	Eventos nacionales	Total
Lima-Este	5	14	16	35
Ayacucho-Provincia	11	9	8	28

entorpecer los procesos de transmisión de la memoria. Como señala Raggio (2012) para el caso argentino, luego de la caída de la dictadura prácticamente nadie fue cambiado en su puesto de trabajo. Directores y docentes siguieron en sus mismos puestos enseñando. Ellos no solo tenían experiencias, sino posiciones en torno a los hechos de violencia y represión. Incluso muchos profesores que seguían enseñando habían colaborado con la represión denunciando a sus colegas, y en democracia seguían allí, reacomodados.

En el caso de nuestros profesores, sobre todo en Ayacucho, su vinculación sentimental o efectivamente política con los procesos de violencia es fuerte, pero este vínculo va un poco más allá de reconocer que los maestros fueron contemporáneos a la época de la violencia. El caso peruano tiene una particularidad. El PCP-SL surge en el contexto universitario, y utilizó estratégicamente el sistema educativo público (educación básica y superior) para su proselitismo. En efecto, en el inicio de las acciones violentas del PCP-SL su base social más importante fueron docentes y estudiantes tanto universitarios como de escuela pública (Degregori 1990; CVR 2003; Vargas 2009, 2013). Por lo mismo, fueron uno de los grupos profesionales que sufrieron mayor represión estatal, mayores pérdidas y una fuerte estigmatización como senderistas que subsiste hasta nuestros días. Por tanto, la proximidad y sus efectos en el caso peruano van más allá del hecho de ser testigos de la guerra: varios docentes fueron además responsables de la violencia y otros muchos, víctimas.

Al respecto, un estudio con profesores ayacuchanos, realizado al poco tiempo de la caída del gobierno autoritario de Fujimori, muestra que si bien la mayoría de docentes reconocía y valoraba la importancia de tratar el tema del conflicto armado en la escuela, al mismo tiempo sentía gran temor para abordarlo. Entre varias razones primaba el miedo porque para los docentes no había licencia social para hacerlo (Trinidad 2004, 2006). Por tanto, lo evitaban. El silencio aparecía como un mandato de protección más que de complicidad, ocultamiento o negación. Este estudio muestra que diez años después permanece dicho temor, como se vio en el capítulo 1, de tratamiento en el aula, y que las condiciones institucionales para su enseñanza no han variado sustancialmente.

b. Temporalidad de la violencia: rupturas y permanencias

Una primera entrada al tema de la temporalidad de la violencia fue establecer su inicio y su fin. Los docentes, tanto de Lima-Este como los de Ayacucho-Provincia, fueron bastante claros respecto del inicio.

En el caso del colegio Lima-Este hay claridad sobre el año y lugar del hito de inicio ("1980, Ayacucho"), pero no se da mucho detalle. En el colegio de la provincia de Ayacucho, todos los participantes coinciden con el mismo hito que en Lima, aunque se aprecia que las tarjetas son más descriptivas: "1980 conformación de grupos armados (Terrorismo)", "ILA 1980", "18 de mayo quema de ánforas en el distrito de Chuschi, Cangallo, Ayacucho", "1980 quema de ánforas en Chuschi". Por tanto, todos los profesores y en ambos colegios identifican el mismo evento inaugural, la fecha en que sucedió y al PCP-SL como el actor responsable.[16]

---

16. "ILA" son las siglas usadas por el PCP-Sendero Luminoso para hacer referencia al "Inicio de la Lucha Armada", como llaman en sus documentos y propaganda a las diversas acciones de sabotaje a las elecciones generales que realizaron el

Por el contrario, el hito final de la violencia es menos preciso y concluyente. En Lima-Este cada grupo señala uno distinto: "1992", que alude a la captura del líder del PCP-SL Abimael Guzmán; "1998 fin del conflicto interno", que más allá de imprecisiones en la fecha alude a la firma del acuerdo de paz por parte de Abimael Guzmán con el entonces presidente Fujimori, leído públicamente y transmitido por los medios de comunicación a escala nacional;[17] y finalmente un tercer grupo señala "2000 fin del gobierno de Fujimori", aludiendo explícitamente al fin de dicho gobierno como un hito emblemático de la conclusión de la violencia.

Los hitos en relación con el fin de la violencia, entonces, muestran menos consenso en el colegio de Lima-Este; y en efecto, los participantes reconocen la continuidad de esta. Por ello, los hitos señalados marcan momentos importantes que propician el fin, pero como dice la profesora Mariana, del colegio Lima-Este "todavía continúa. Pero todavía en la selva está, con el narcotráfico. [...] está Movadef. Todavía continúa, con otro nombre, pero ya no es tanto". Entonces, los profesores reconocen que continúa la violencia, pero con una intensidad y expansión muy distintas a lo vivido durante los años ochenta

---

día de 18 de marzo de 1980. La emblemática fue la realizada en el distrito de Chuschi, provincia de Cangallo, en la región de Ayacucho.

17. El llamado "acuerdo de paz" firmado por Abimael Guzmán con el presidente Alberto Fujimori, con Vladimiro Montesinos como mediador, fue una carta que supuestamente trocaba "paz" a cambio de flexibilizaciones en el régimen penitenciario. Este documento fue leído públicamente por la cúpula senderista capturada y propagado en los medios de comunicación. La fecha del acuerdo de paz fue 1993 y no 1998, pero más importante que la fecha es el hecho con el que los docentes asocian el fin de la violencia. Para un análisis detallado de este proceso y su uso político por parte del gobierno de Fujimori y Montesinos, véase Rénique 2016. ("From War to Politics: Peru's Shining Path, 1992-2003". Comunicación inédita para el seminario sobre violencia y memoria en Stanford University, febrero 2016).

y noventa. Sin embargo, reconocen que la sociedad peruana no está libre de este tipo de violencia ni de discursos radicales.

De igual modo, en el colegio de la provincia de Ayacucho hay tres respuestas distintas. Por un lado, se señala "1995 formación de rondas campesinas", que da cuenta del momento en que el Estado cambia la estrategia de lucha contra la subversión, es decir, de una política centrada en atacar a toda población sospechosa a otra que intenta aliarse con esta para combatir al PCP-SL.[18] Otro grupo señala "2000 pacificación, tranquilidad", que alude, al igual que en Lima, a la situación del fin del régimen autoritario de Fujimori.[19] Finalmente, un grupo señala que no reconoce un momento de fin y en su tarjeta escriben: "Aún continúa disfrazado como narcoterrorismo". En efecto, un profesor de este grupo enfatiza que no hay un fin porque "en el VRAE todavía hay conflicto armado", aludiendo a la columna senderista remanente en la selva, que se ha aliado con el narcotráfico.[20]

La reflexión colectiva con los docentes en Ayacucho-Provincia llevó en cierta medida a reconocer que cada grupo aportaba alguna mirada sobre lo que podría entenderse como fin o como inicios del fin, pero reconociendo también que hay una continuidad en la violencia en determinadas zonas, territorios "tomados" por el PCP-SL, que son más cercanos y palpables en Ayacucho que en Lima.

---

18. Sin duda, las rondas campesinas jugaron un papel fundamental en la lucha contra el PCP-SL en las zonas rurales del país. Al respecto, véase Degregori 1992, CVR 2003.

19. El vínculo entre la violencia y el gobierno autoritario de Fujimori es estrecho, por ello algunos docentes aluden al fin de este mandato como el hito que marca el fin de la violencia.

20. Refiriéndose a la zona del Valle del Río Apurímac, Ene y Mantaro (Vraem), ubicado en los límites de las regiones de Ayacucho, Cuzco y Apurímac, caracterizado por su geografía agreste. En este lugar, sobre todo en zonas como Vizcatán, aún actúan columnas del PCP-SL al mando de un antiguo dirigente, superviviente de los años ochenta, José Quispe Palomino.

En resumen, ambas regiones muestran distintos puntos de vista sobre el o los eventos que puedan dar cuenta del fin de la violencia política, y para muchos no ha terminado del todo. En la discusión del taller en Lima salieron sobre todo las ideas acerca de que la captura de Abimael Guzmán fue muy importante porque significó un gran cambio y disminución, pero que con eso no terminó la violencia política. Luego hubo un acuerdo de paz, aún hay rezagos de violencia armada en algunas zonas del país y el PCP-SL sobrevive en organizaciones como el Movadef. En Ayacucho-Provincia, se enfatizó el rol de las rondas en el proceso de lucha contra la subversión, y, más que el fin, se reiteró la permanencia de remanentes del PCP-SL en la zona del Vraem.

Es claro sin embargo que en ambos casos el final del conflicto esté más claramente asociado a acciones vinculadas con el PCP-SL (la captura de Abimael Guzmán y el acuerdo de paz) que a acciones concernientes a la captura de Fujimori o al fujimorismo. Ello da cuenta del éxito de la instauración de lo que hemos denominado la memoria hegemónica.[21]

Creemos que esta sensación de un conflicto inconcluso, ya sea militar, política o simbólicamente, algo en lo que coinciden tanto profesores como alumnos, acaba por influir en el modo en que se

---

21. Al respecto es interesante la pregunta que se plantea Mijail Mitrovic acerca de por qué Movadef es una organización ilegal y el fujimorismo no (2012a), y añade que esto sienta las bases para darle al fujimorismo legitimidad histórica (2012b). Pensamos que esta organización del pasado y sus significados fueron arduamente construidos desde el fujimorismo. Recordemos los reportajes, documentales, acciones cívicas, desfiles y demás actos que Alberto Fujimori desarrolló personalmente para construirse como héroe de la pacificación y, por lo tanto, dejar una huella en la memoria popular, que en vez de entenderlo como parte del conflicto armado lo comprende como quien le da término. Véase como ejemplo el emblemático documental *Al final del túnel*, producido y dirigido, se dice en pantalla, por el propio Alberto Fujimori. Se puede revisar en esta dirección: <https://www.youtube.com/watch?v=kWySNberDaI&spfreload=10>.

enfrentan al tema. No es lo mismo tratar un problema que ha quedado definitivamente atrás que otro que aún es actual. En este sentido, se trata tanto de reflexionar sobre el pasado reciente como de hacer y conversar sobre la política "contrainsurgente". En este sentido, poseer información y, más aún, usarla en clases puede ser sentido más como una amenaza o un riesgo. Y las amenazas se evitan; acá y en cualquier lado. En Chile, por ejemplo, el 55% de los profesores del curso de Historia el año 2006 no enseñó como materia el periodo correspondiente a la dictadura de 1973 a 1990 (Toledo 2013).

c. *La construcción de memorias: lo local y lo nacional*

Es interesante analizar los hechos que los profesores incluyeron en las líneas de tiempo sobre la violencia. En ellas, notamos que se mezclan los conocimientos que se han adquirido a través de la experiencia personal con los que se toman de los "grandes relatos" sobre la guerra y la pacificación, provistos en su mayoría por los medios de comunicación.[22]

En relación con los hechos que los profesores recordaron y asignaron en calidad de "locales", se comparten hitos que resaltan las tendencias del conflicto, aunque en distintos contextos, el ayacuchano y el limeño. De este modo, en ambos colegios mencionaron matanzas de autoridades por parte del PCP-SL (ministro de Defensa en Lima y subprefecto provincial en Ayacucho), la intervención de las universidades nacionales por parte del Ejército (la toma de la Universidad Nacional Mayor de San Marcos [UNMSM] y la persecución de alumnos y profesores de la Universidad Nacional de San Cristóbal de Huamanga [UNSCH]) y las matanzas perpetradas por militares y

22. Sobre el tema, véase Degregori 2015 para el caso del Perú, Lorenz 2006 para el caso de Argentina y Martínez et ál. 2013 sobre reflexiones acerca del caso chileno y español.

grupos paramilitares (la matanza de Barrios Altos, en Lima; el asesinato en masa en el distrito de Accomarca, en Ayacucho). También se identificaron situaciones más generales, tales como "apagones, voladuras de torres y quema de buses", "vinculación de la huelga de los maestros con el terrorismo" en Lima-Este, mientras en Ayacucho-Provincia se añadió la "violación por parte de militares".

Estos últimos eventos representan procesos más que hitos, ya que dan cuenta del estado de ánimo de una época y de ciertas continuidades del conflicto armado. Asesinatos, masacres y detenciones sucedieron durante todo el periodo, no una vez, sino recurrentemente, y por tanto de algún modo lo definen.

Con relación a los eventos "nacionales", los profesores en Lima-Este y Ayacucho-Provincia coinciden en tres: los penales (El Frontón), el asalto de la cárcel de Huamanga, el atentado en Tarata y la captura de Guzmán.[23] En el colegio de Lima-Este, se refieren en su mayoría a sucesos ocurridos en Lima, con algunas reiteraciones predecibles: los casos de Barrios Altos, La Cantuta y los penales, y solo se mencionan dos acontecimientos ocurridos fuera de la capital (el asesinato de periodistas en la comunidad campesina de Uchuraccay y el ataque al penal de Huamanga).[24] En Ayacucho-Provincia, tales acontecimientos no dejan de señalar hitos muy conocidos de la

23. "Tarata" refiere al atentado perpetrado por el PCP-SL en 1992 en la calle de dicho nombre: la explosión de una bomba en pleno corazón residencial y comercial de Lima. Asimismo, la "Captura de Guzmán" alude a la detención de Abimael Guzmán Reynoso, autodenominado el presidente Gonzalo, líder de la organización subversiva y terrorista PCP-SL.

24. Barrios Altos y La Cantuta aluden a dos eventos perpetrados en 1991 y 1992 respectivamente, por el comando del Ejército peruano conocido como Colina, de gran resonancia en medios de comunicación. "Los penales" (desde Lima) se refiere a la matanza perpetrada por agentes estatales de aproximadamente trescientos reclusos en los establecimientos penitenciarios de El Frontón, Lurigancho y Santa Bárbara.

historia de la violencia política, como los casos de El Frontón, Tarata o la captura de Abimael Guzmán; pero dos eventos nacionales se refieren a hechos ocurridos en Ayacucho (el asalto del PCP-SL a la cárcel de Huamanga y la muerte de Edith Lagos).[25] La captura y muerte de la joven senderista Edith Lagos aparece como hito nacional en Ayacucho-Provincia, algo que no fue mencionado en Lima-Este.

En relación con las continuidades de la violencia, en Lima se señala: la criminalización de la protesta, que se expresa en que se "vincula al sindicato [de docentes] con el terrorismo"; asimismo, en Ayacucho-Provincia se incide con mayor énfasis en aquellas situaciones que no les permitieron poder vivir en un clima de seguridad y paz, expresado en tarjetas como: "toques de queda y retención de personas por no contar con su libreta electoral" o "migración", que alude al desplazamiento forzado.

En general, podemos decir que los profesores están bastante informados sobre los acontecimientos básicos del periodo de violencia política y dan cuenta de los principales "hitos" del conflicto. Hay también cierto localismo en sus selecciones de temas, lo cual es, por otro lado, esperable. En Lima-Este predominan acontecimientos sucedidos en la década de 1990, mientras en Ayacucho-Provincia los de los años ochenta son mayoría. Asimismo, en Lima son considerables los sucesos que tienen que ver con la vida universitaria, mientras

25. El asalto a la cárcel de Huamanga fue un atentado del PCP-SL cometido el 2 de marzo de 1982, en el que murieron dos policías y diez subversivos. El asalto permitió escapar a setenta senderistas, y fue significativo porque generó como reacción una de las primeras acciones públicas de violación de derechos humanos cometidas por la policía, que ejecutó extrajudicialmente a presuntos senderistas detenidos en el Hospital de Huamanga (véase CVR 2003). Por otro lado, Edith Lagos fue una joven senderista ayacuchana que murió a los 19 años en un enfrentamiento con una patrulla antisubversiva del Ejército en Umaca, Andahuaylas. Su entierro fue un evento que congregó una masiva asistencia del pueblo ayacuchano, identificado con su juventud, su lucha y carisma (véase Caro 2012, Guerrero 2006, CVR 2003.)

en Ayacucho son mayoría los que tienen que ver con la represión estatal. Se constata que los docentes de Ayacucho-Provincia han vivido de modo más próximo la guerra. Si en Lima-Este se recuerdan los efectos o el entorno de violencia ("apagones", "miedo"), en la provincia de Ayacucho se recuerdan hechos de violencia ("masacres", "migraciones" "destrucción de hogares") que dan cuenta de distintos efectos en las trayectorias personales y familiares.

1.2 Las experiencias como fuentes del saber docente: "Yo he vivido la violencia"

Hemos visto en el acápite anterior una aproximación a los principales eventos que los docentes asocian con el periodo de violencia; cómo ellos la organizan y reflexionan a partir de dicha información, con sus vacíos y sesgos. Ahora nos preguntamos por el origen de este conocimiento, cuáles son las principales fuentes que lo nutren, los puntos de vista y si acaso este tipo de fuentes intervienen en el modo en que organizan y dan valor a lo que conocen.

Esta sección tiene como fuente principal las entrevistas realizadas a docentes en cuatro colegios, y por tanto se distinguen los testimonios según sean de un colegio ubicado en Lima-Metropolitana, Lima-Este, en Ayacucho-Capital o Ayacucho-Provincia.

Tenemos que tanto en Ayacucho como en Lima, pese a la existencia de información diversa —producida a lo largo de la última década tanto por el Estado como por la sociedad civil, o incluso la información diseñada específicamente para los profesores (los libros de texto de historia y formación ciudadana)—, la principal fuente del saber docente son las experiencias personales o los testimonios compartidos.[26]

---

26. En esta sección nos centramos en analizar las experiencias directas o indirectas como fuentes de información; sin embargo, en la sección de tratamiento se vio que la mayoría de docentes prefieren no mencionar sus memorias durante la

Muchos maestros y maestras han sido contemporáneos a los hechos, lo que los coloca en esa amplia y a la vez difusa condición de testigos, con mayor o menor proximidad a la violencia extrema y directa. Atravesada esta condición además por factores como el lugar de nacimiento y de residencia, el género, la edad, las experiencias de formación —escuelas, institutos, universidades— y las especialidades de formación, así como las trayectorias laborales o políticas. Por ello los profesores con los que trabajamos fueron un grupo variado que dio cuenta de una gama de trayectorias y por tanto de posiciones e interpretaciones sobre el conflicto. Las propias vivencias, las de familiares, amigos o vecinos sustentan y nutren sus memorias.

a. El recuerdo próximo

A través de las conversaciones constatamos que maestros y maestras han vivido experiencias cercanas de violencia durante los años ochenta y noventa; recuerdos presentes tanto en Lima como en Ayacucho.

El colegio ubicado en una de las provincias ayacuchanas de mayor impacto de la violencia es sin duda la zona donde las narraciones son más desgarradoras y los recuerdos describen la invasión de la violencia en la vida cotidiana. Pero como veremos, la guerra azotó también la capital ayacuchana y luego a la ciudad de Lima; así, las memorias de los profesores en Lima muestran también cercanas, personales e intensas experiencias con la violencia.

A continuación presentamos qué rasgos caracterizan el recuerdo en cada colegio, su cercanía con la violencia y la disposición a hablar sobre dichos recuerdos.

---

enseñanza del conflicto. Más bien los docentes priorizan el uso de películas y en menor medida señalan los libros de texto, el informe de la CVR, Internet y los medios de comunicación para la enseñanza acerca del conflicto armado.

En el colegio de Ayacucho-Provincia, la violencia es extrema, y a pesar de que ella se remonta a la década de 1980, es decir, hace aproximadamente treinta años, la memoria es vívida y el dolor es presente. Los testimonios narran cómo era la vida en ese entonces, de constante miedo, cuando las noches eran el momento de mayor vulnerabilidad, temor y despliegue de violencia. La propia vivienda aparece como un espacio inseguro, transgredido y saqueado.

> Bueno sí, hay mucho que uno ha vivido. Por ejemplo, yo estaba, ni siquiera dormía en mi casa, porque nos perseguían mucho de estar al lado de ellos nosotros, y que nosotros no permitíamos o no permitía. Yo, el que habla, estar ahí y dormía tal vez en otra casa, hasta en las cuevas, donde teníamos que cuidarnos bastante, pasábamos hambre, miseria, tantas cosas, hasta sin comer hemos estado allí, porque no podíamos llegar a nuestro domicilio del trabajo que nosotros hemos estado.
>
> Fabián, profesor del colegio Ayacucho-Provincia

En estos testimonios, el PCP-SL aparece como un actor despiadado, y la impotencia de "no poder hacer nada" frente a terribles actos de violencia es recurrentemente mencionada, lo que convierte esos recuerdos en una pesadilla, y no solo por lo vivido, sino porque no pudieron evitarlo, por la impotencia. Hay una culpa porque la propia sobrevivencia supuso en cierta medida permitirlo, como dice un maestro, vivir "cerrando el ojo":[27]

---

27. La culpa parece una herencia con la que conviven los testigos de la guerra. En la sección anterior, se mencionó que algunos docentes en Lima compartieron su remordimiento al no haber tenido el valor de ir a visitar a sus amigos detenidos. Es un tema de larga discusión filosófica, ética y testimonial. Han sido textos importantes para entender lo esencial de esta paradoja *La trilogía de Aushwitz*, de Primo Levy (2016); *Más allá de la expiación y la culpa*, de Jean Amery (2001); *Los límites del perdón*, de Simón Wiesenthal (1998); o desde la novela testimonial de poderoso impacto, *La trilogía de la noche*, de Elie Wiesel (2013), entre muchos otros.

> Uno es la impotencia, lo indefenso que uno se siente. Por ejemplo, yo tengo una experiencia, hablo de la década del ochenta, en el 83, 84. Cuando yo trabajaba en la comunidad de Pujas, los terroristas llegaban y tocaban la campana para reunir a la gente, para hacer injusticias. Lo que ellos llaman la justicia popular. Era obligado, miedo, terror, cuando el terrorista llegaba y tocaba la campana.
>
> Juan, profesor del colegio Ayacucho-Provincia

> A veces la psicología que nos ha hecho daño, por ejemplo, por acá, por allá muertos eran, *tenías que pasar como dicen cerrando el ojo*. Qué vas a hacer.
>
> Sandro, profesor del colegio Ayacucho-Provincia

La mención a las fuerzas del orden en esta zona es como la referencia a un actor externo, ajeno y poco efectivo, como dice Esteban: "Se han acantonado acá, y nos exigía también resguardar al pueblo en sistema de vigías. Nosotros teníamos que salir con nuestros machetes, nos proporcionaban machetes, cables, que sé yo [...] teníamos que ir en turno a la base militar" (director del colegio Ayacucho-Provincia). Se trata de un escenario complejo de inseguridad en donde los lugareños asumían roles impuestos, sin garantías, sin reconocimiento.

Los recuerdos en esta zona son muy intensos, y muchos de ellos son compartidos al poco tiempo de iniciada la entrevista, reconociendo además la necesidad de hablar, de dar a conocer sus experiencias, sus historias, lo que sucedió en este lugar.[28]

De muy distinta manera discurren las entrevistas en Huamanga, y los discursos de los docentes son por momentos difíciles de

---

28. Llama la atención que esta disposición mostrada durante las entrevistas en el colegio de Ayacucho-Provincia, es decir, en una interacción más íntima, de uno a uno, sin público, haya fluido mejor el compartir que en el escenario de los talleres.

aprehender. Prima un discurso más hermético frente al tema. Parece no solo que algunos no quieren compartir las experiencias con extrañas —lo que es completamente comprensible y previsible—, sino que algunos parecen minimizar que el espacio urbano ayacuchano haya sido escenario central de la violencia.

> Muchas cosas han venido a hablar acá, ahora incluso hablan mucho de rezagos, ¿de qué rezagos hablan? ¡Ya no son los mismos! [...]. Yo digo ya es mejor olvidar, yo veo cómo a la gente les hacen llorar, a veces también será teatro, tonterías.
>
> Violeta, profesora del colegio Ayacucho-Capital

Sin embargo, el dolor se percibe durante las entrevistas en la mirada perdida, en el movimiento nervioso de las manos, en el tono parco de la voz, pero en este colegio primó como tendencia evitar compartir, eludir recordar en voz alta. ¿Desconfianza y temor de hablar estos temas con extraños? ¿Minimización de lo que sucedió como una suerte de estrategia para liberarse del estigma del ayacuchano como senderista? No está claro, pero sin duda en este colegio algunos docentes evitaron ser entrevistados, y algunos entrevistados prefirieron esquivar algunas preguntas.[29]

Además, en varios de los testimonios hay una demanda pragmática porque se resuelvan problemas apremiantes como la pobreza y la falta de educación, y porque se piense a Ayacucho y los ayacuchanos con otros y nuevos referentes. En esta mirada, la violencia aparece como un estorbo, como un tema del pasado.

---

29. Si bien este discurso de silencio y olvido apareció como predominante en el colegio visitado en Huamanga, como veremos más adelante, en este mismo colegio conviven otras miradas que también demandan espacios de escucha.

Los recuerdos de los profesores en Lima son variados; algunos tienen menos cercanía personal, pero dan cuenta de una ciudad sitiada por amenazas constantes —coche-bomba, apagones, redadas, paros armados, toque de queda—, en donde se vivía en constante miedo e inseguridad y la restricción del libre tránsito era la norma.

Por otro lado, también se identifican experiencias personales de docentes en Lima, que se asemejan, en intensidad y cercanía, a lo vivido en Ayacucho. Al respecto, una profesora nos comenta que ella conocía a uno de los periodistas muertos en Uchuraccay: "Retto. Yo vivo en la unidad, él vive en la unidad también. [...] Entonces yo tengo un sueño o una premonición, lo vi muerto a él a machetazos" (Carmen, profesora del colegio Lima-Metropolitana).

Entre los profesores entrevistados en Lima-Metropolitana y en Lima-Este se encuentran similitudes en las condiciones generales de inseguridad en la que se vivía; sin embargo, en Lima-Este, zona que veinte años atrás era un área menos integrada a la ciudad, se narran experiencias de "zonas tomadas" por el PCP-SL y con total ausencia del Estado. Estas situaciones que dan cuenta de un sentimiento de desprotección y abandono del Estado se asemejan más a los testimonios recogidos en la provincia de Ayacucho que en la zona de Lima-Metropolitana.

> Yo vengo a este distrito en 1991, y ahí sí hubo problemas con Sendero, infiltración e influencia, ingresaban al colegio. Una vez ingresaron e hicieron a todos los alumnos y a los profesores formar, y porque un profesor se opuso casi lo matan, hubo bastante miedo [...]. Como 15, armados, la portera le suplicó que no lo maten al profesor delante de los niños.
>
> Directora del colegio Lima-Este

> Bueno, yo mucho me acuerdo porque en la zona en la que yo vivía recién se empezaba a poblar. No teníamos más que luz provisional en las casas y en las calles no había. Todo era oscuro. Ya llegaba a las seis, siete de la noche, mujeres, señoras con su bolsa de mercado y salían de noche a gritar en las calles arengas. Arengas sobre su presidente. Y yo

> veía que en esas bolsas de mercado tenían armas, o sea uno tenía miedo de salir de noche, de que los cojan, ¿no? Y justo mataron, pues, ese año, al dirigente Juan Pablo Segundo, una madrugada. Yo vivo casi cerca, entonces, eso me ha impactado mucho.
>
> Carmela, profesora del colegio Lima-Este

Los testimonios recogidos muestran que si bien hay diferencias en las experiencias entre docentes, en cuanto a la cercanía y exposición a la violencia, tanto docentes en Ayacucho como en Lima han vivido experiencias muy cercanas de miedo y horror durante aquellos años.

b. El recuerdo como estudiante o profesor

Muchos de los recuerdos de los profesores con los que trabajamos tienen su origen o se vinculan a un contexto educativo, ya sea como estudiantes o maestros de escuela en la secundaria, o como estudiantes en universidades o institutos.

> De estudiante [fue] duro, súper duro, y cuando empecé a trabajar [como docente] mucho más duro. El maestro, digamos, ha sido el judío de la Segunda Guerra Mundial porque ambos lados nos buscaban, en fin, no podías estar tranquilo.
>
> Martín, profesor del colegio Ayacucho-Provincia

Ya la Comisión de la Verdad y Reconciliación (CVR 2003) y otros autores (Degregori 2015, Sandoval 2004, Vargas 2009) han descrito la fuerte relación entre el sistema educativo y el proyecto político violento del PCP-SL. Es comprensible entonces que el espacio educativo haya sido uno de los contextos fundantes de la memoria de nuestros profesores.

Durante aquellos años, las universidades se volvieron en espacios de disputa. Por un lado, fue una base importante para el proselitismo del PCP-SL y, por el otro, las fuerzas del orden vieron en la universidad el epicentro de las operaciones de la subversión y en sus estudiantes y profesores a los principales sospechosos.

> Esa vida para recordar era terrible. Sí, hasta a mí me buscaron. A la gente estudiante no querían, personas de Sendero no nos dejaban estudiar. Nos decía el que estudia va hacer su "tarea" decía, ¿y cuál era la tarea?, es caminar con ellos, a fuerzas te sacaban, y tenías que hacer una tarea de caminar un mes o quince días o hasta tres meses, dos meses.
>
> Sandro, profesor del colegio Ayacucho-Provincia

Este testimonio da cuenta del acoso del PCP-SL a los estudiantes y de cómo muchos de ellos se veían forzados a colaborar para luego ser sujetos de persecución de las fuerzas del orden. Por ello, los maestros y sus jóvenes estudiantes eran vistos como potenciales colaboradores, es decir, podían ser levados por los militares o reclutados forzadamente por el PCP-SL; o peor aún, podían ser vistos como sospechosos de ambos bandos, sea como traidores o soplones.

Ser estudiante, principalmente de educación superior, generaba una marca de "peligroso" para las fuerzas de seguridad del Estado e inclusive para la prensa. Los estudiantes por tanto vivieron este estigma de modo muy intenso, y más aún los que vivieron en regiones más afectadas por la violencia y los que asumieron algún cargo como dirigentes estudiantiles.

> Ah, eso que le decía, que todo el mundo era peligroso, sospechoso y peligroso. Ser dirigente en esa época, pues peor. Y entonces eso me sindicaba a mí [como dirigente estudiantil]. ¿Cuántas veces no me han amenazado, me han desaprobado de todo?
>
> Andrés, profesor del colegio Lima-Este

El problema es que el sistema educativo fue copado por el PCP-SL, y las fuerzas del orden, lejos de defenderlos, tomaron por senderistas a estudiantes y docentes de las instituciones educativas públicas. Como nos narra este profesor:

> Por los militares. En vez de que nos dean la garantía, el apoyo, que nos consideren como aliados, o como socios, nos tomaron al otro lado, oiga usted. Basta que tú seas profesor, eres terrorista. Oiga usted, ¿cuántos profesores han muerto asesinados injustamente?
>
> Martín, profesor del colegio Ayacucho-Provincia

Muchos maestros y estudiantes se unieron a las filas de PCP-SL desde un inicio; pero muchos inocentes fueron detenidos, torturados o muertos también por las fuerzas del orden. Incluso, algunos de los sobrevivientes a estas experiencias solo se sintieron atraídos a las filas del PCP-SL a causa del abuso militar.

Pero las comunidades rurales y sus escuelas eran también espacios peligrosos en donde el PCP-SL y las fuerzas del orden disponían, aprovechando del aislamiento y la ausencia del Estado. Martín nos cuenta el inicio de su carrera en la docencia y cómo su familia se opuso a que trabajara en la comunidad rural asignada. Como menciona el docente, en ese entonces solo "el hecho de estar en el campo era peligroso", y efectivamente, al poco tiempo de iniciado su primer trabajo llegó al colegio una amenaza del PCP-SL. El director le mostró una carta acompañada de una dinamita, con un mensaje que otorgaba 24 horas al director y sus docentes para dejar la escuela. Salieron huyendo, y, por seguridad, fueron reasignados a otra localidad en donde la violencia era menor, pero no ausente. El profesor nos cuenta que en el lugar a donde fue destinado: "La única garantía era que la gente no nos conocía, ¿no? Eso era nuestro escudo". Pero al año siguiente tuvo que volver nuevamente al colegio donde recibió amenazas, mientras el exdirector sí consiguió una reasignación en una zona más urbana. Esta situación de violencia y desamparo terminó por expulsar a muchos de sus pueblos, hacia otras zonas más seguras.

Así, muchos maestros y maestras salieron de sus comunidades rurales huyendo a la ciudad, y los que pudieron se fueron a Huamanga o, mejor aún, a Lima; pero muchos otros se quedaron en las zonas, sobreviviendo a la violencia y haciendo lo posible por proteger a sus estudiantes.

Y es que la violencia se hizo cotidiana, especialmente en las zonas rurales de la sierra sur durante los años ochenta: "Y así pasamos, bueno, la vida pues. Pasaron peores cosas, una cosa, otra cosa, pero hasta cierto punto ya nos habíamos habituado, así como se dice, a vivir a salto de mata" (Martín, profesor del colegio Ayacucho-Provincia). Más adelante se sintió también en Lima la violencia cercana, sobre todo en las zonas entonces periféricas a los distritos tradicionales: "Una vez ingresaron e hicieron a todos los alumnos y a los profesores formar, y porque un profesor se opuso casi lo matan, hubo bastante miedo" (directora del colegio Lima-Este).

c. *El recuerdo como desplazado*

Los profesores contaron las duras condiciones de desplazamiento forzado que vivieron muchas familias. La migración se dio en el interior de las regiones, hacia pueblos más seguros, más grandes, más urbanos, e idealmente hasta Lima. Testimonios como el siguiente abundan entre los docentes entrevistados.

> El 82 y 83 trabajé [como maestro] en la comunidad de Puccas. Ahí la situación era insoportable porque tanto la subversión de Sendero como las fuerzas del orden del Estado no te dejaba trabajar, o sea, uno estaba en medio de las dos fuerzas en conflicto, y me he tenido que ir a Lima.
>
> Juan, profesor del colegio Ayacucho-Provincia

Las condiciones eran extremas, en búsqueda de un espacio seguro para vivir, pero a la vez desprovisto de las condiciones necesarias para ello. Sobreviviendo, entonces, en medio del terror. "Dejamos la casa lleno de víveres, lleno de cosas, ni siquiera una taza para tomar o agua hemos llevado" (Martín, profesor del colegio Ayacucho-Provincia).

En el caso de los profesores de Lima, que hoy forman parte de la gran metrópoli de diez millones de personas, varios nos muestran que sus recuerdos se fundan en una experiencia temprana, familiar, de desarraigo. "Como había una convulsión social allá, como había mucha muerte, entonces todos nuestros ayacuchanos se vinieron hacia Lima, como que yo me encuentro acá" (Cirilo, profesor del colegio Lima-Metropolitana).

En ambos colegios visitados en Lima se encuentran docentes provenientes de Ayacucho, Puno, Huancavelica, Ica y Lima provincia, todos ellos migrantes forzosos, cuyas familias tuvieron que dejar sus pueblos huyendo, desplazados por la violencia. Estos profesores, a su vez, compartieron experiencias muy cercanas e intensas, similares a las narradas por los profesores en Ayacucho, antes de migrar.

> Yo he vivido la violencia en un lugar de donde soy de origen [...]. En la noche, por ejemplo, la población qué hacía, ya estaba por ocultar el sol, todos con sus frazadas, como en el campo, su cama a veces de cuero de carnero y todos con sus frazadas salir fuera de sus casas a dormir a dos, a trescientos metros, a veces hasta a un kilómetro de distancia fuera de casa, por temor de que en la noche llegaban, en la noche llegaban las Fuerzas Armadas y el grupo armado, a pedir ayuda, más que nada alimentos. Y esas cosas hemos vivido en el campo.
>
> Jaime, profesor del colegio Lima-Este, nacido en Huancavelica

> De repente el terrorismo, es lo que más se ha vivido, en provincias también hubo. Yo tuve la oportunidad de estar ahí. He visto los atentados que hubo justamente en mi distrito. [...] En mi pueblo murieron, creo, tres policías y dos civiles [...]. Sí, yo estuve en mi pueblo ese día.
>
> Edwin, profesor del colegio Lima-Metropolitana, nacido en Puno

Asimismo, un profesor de Lima, hijo de padre y madre ayacuchanos, nos cuenta su experiencia en una comisaria al ir a sacar un certificado domiciliario. Primero el policía pidió revisar su mochila, y encontró una revista de Lenin que le había dado algún amigo de la universidad. Entonces le dijo: "Seguramente tú debes tener padre ayacuchano", y él decidió mentir, negar el origen de sus padres para protegerse. Al final lo soltaron, y él cree que porque "estaba callado, no le argumentaba nada". Sin embargo, el profesor recuerda nítidamente esta experiencia con impotencia:

> Miedo e indignación porque a todo provinciano no le pueden sentenciar como terrorista. Entonces, yo creo que a todos los provincianos les tomaban en esa forma. A un provinciano que le toman en esa forma ya es una marginación. Diciendo como que ellos sí son.
>
> Cirilo, profesor del colegio Lima-Metropolitana

La violencia activó así tradicionales patrones de discriminación, creando y justificando nuevas situaciones de abuso y violencia.

d. El recuerdo compartido[30]

Hasta ahora, mucho de lo compartido y analizado da cuenta de los profesores mayores de 40 años de edad, que fueron la mayoría de

30. En este caso, con "recuerdo compartido" de los profesores nos referimos a aquellos conocimientos o representaciones sobre el pasado que tienen las generaciones que no vivieron los hechos de violencia o sujetos contemporáneos a los hechos que no la sufrieron directamente, pero que comparten parte de este contenido y también espacios de socialización y trabajo con la generación anterior o con sus pares directamente afectados. Se trata, pues, de un marco social y cultural compartido por más de una generación y que hace común a todos cierto repertorio de representaciones, imágenes y discursos sobre el pasado. Esto tiene más que ver con lo trabajado por la posmemoria o la llamada memoria cultural y menos con la forma tradicional de referirse a la memoria histórica o, como señalaba Halbwachs, memoria prestada o Huyssen como memoria institucional, que enfatizan los esfuerzos estatales por preservar mediante despliegues monumentales o educativos una historia oficial trascendente. Para

los entrevistados y participantes de talleres. Sin embargo, también hay algunos profesores más jóvenes, con experiencias más indirectas, pero no menos intensas, pues han construido sus propias memorias principalmente sobre la base de las experiencias y narraciones de las generaciones anteriores, familias, amigos, vecinos, los colegas y de la propia historia del colegio.

Esto es claro en el colegio Ayacucho-Provincia, el único de los visitados donde encontramos profesores menores de 35 años. En este caso, las historias discurren de modo subterráneo, no abierto, pero acaban por formar una serie de historia oficiosa de lo que se vivió en la localidad y en el propio colegio.

La información que reconocen como legítima es principalmente la vivencial, y es el testimonio el de mayor autoridad sobre lo que "realmente pasó". Por ello, estos profesores jóvenes reciben al parecer de modo poco crítico esta información, quizá por falta de elementos de contraste o por congraciarse con los profesores antiguos, que suelen ser figuras reconocidas tanto en el colegio como dentro de la localidad. Esto es importante para comprender que la amplia y detallada información que manejan también tiene vacíos y desconexiones entre el nivel local y el nivel nacional.

Pero el "recuerdo compartido" no es exclusividad de los jóvenes. Profesores mayores también son testigos indirectos de las historias de otros docentes, de sus padres, familiares y vecinos. Aunque faltan espacios para compartir estas experiencias, algunas de estas logran comunicarse y, desde entonces, forman parte también del conjunto de memorias y saberes. El testimonio tiene un valor fundamental.

---

una presentación somera de este tema y esta distinción véase Juan Mario Solís. *Los tiempos de la memoria en las agendas políticas de Argentina y Chile*. Buenos Aires: Eudeba, 2016.

> Acá había una profesora que trabajaba, pero ya no, está en el especial, ella, su padre era alcalde de un sitio de allá de Ayacucho, y su hermano, su único hermano, fue a decir a su papá que se cuidara porque había un grupo que lo quería matar. Entonces él va y ella cuenta, me dio mucha pena y tristeza de que si ellos hubieran ido hubieran matado a toda su familia. Lo mataron a su padre, la cosa más horrible, a machetazos, y a su hermano le cortaron la lengua, también lo descuartizaron. [...] Sendero, porque a ella le habían mandado una carta, porque él era hacendado tenía, ya había repartido su ganado todo, porque le pedían los cupos, pero ellos querían eliminar algo que le doliera más, le mataron a su único hijo. Y después vemos que ese resentimiento de ella, o sea la familia se queda enferma.
>
> Carmen, profesora del colegio Lima-Metropolitana

Asimismo, los descendientes de los desplazados han experimentado la violencia a través de los ojos de sus padres o abuelos:

> Y el temor era que en cualquier momento, especialmente el gobernador, el alcalde, el teniente alcalde, los que eran autoridades del distrito, vivían bajo ese temor de en cualquier momento ser tomados a la fuerza, asaltados, principalmente en la noche o de madrugada, y llevárselos. Los niños, los jóvenes también vivían con ese temor, de en cualquier momento ser llevados del pueblo, porque esa era la táctica, ¿no? [...] Y eso es lo que yo he percibido en la década del ochenta, en este caso en un pueblo de Huarochirí al cual pertenecía mi mamá.
>
> Raúl, profesor del colegio Lima-Este

Las memorias de los maestros por tanto son cercanas; la mayoría de ellos han sido testigos directos, y los más jóvenes a través de las experiencias familiares. Esta condición de proximidad del magisterio con la violencia sufrida durante el conflicto armado —y como veremos más adelante también de índole ideológica— es indispensable para comprender las dificultades del tratamiento del tema en el aula.

2. Las miradas desde los estudiantes: recuerdos heredados, saberes y fuentes

> Siempre en los familiares hay alguien que se pone triste por algún familiar, como por ejemplo mi abuelita, que recuerda los antepasados, cómo fue, cómo asesinaron a su esposo tal vez, se sienten tristes al hablar sobre el terrorismo".
>
> Alumno del colegio Ayacucho-Capital

Los profesores manejan una gran variedad de recuerdos sobre el periodo de conflicto armado. Comparten silencios, vacíos y temores sobre el recuerdo de estos hechos, ¿pero qué sucede con sus compañeros en el aula, los alumnos? En algunos aspectos básicos sus conocimientos y sensaciones no son tan diferentes; comparten espacios de vida, fuentes de información, y sus familias han vivido la violencia de aquellos años. Pero también hay marcadas diferencias generacionales y diversidad entre los propios estudiantes.

¿Cuáles son los principales recuerdos, sensaciones, imágenes o significados que los estudiantes tienen sobre los años del conflicto armado? En este acápite veremos que, a diferencia de lo que suelen decir los medios de comunicación, el pasado reciente no es ajeno a ellos. Conocen sobre él y tienen un modo de contarlo. Su narrativa depende de las fuentes de que disponen para poder expresarla.

2.1 *La línea de tiempo: una mirada inicial a lo que conocen o enfatizan los estudiantes*

Para aproximarnos inicialmente a qué cosas conocían los estudiantes, cuáles cosas enfatizaban o qué cosas olvidaban y cómo las organizaban en un discurso de la historia reciente, usamos la dinámica de la línea de tiempo.[31] Lo que observamos en primer lugar fue que los

31. Esta dinámica está explicada en el anexo metodológico, y su intención es similar a la trabajada con los profesores, comentada en la sección anterior.

estudiantes evocan fechas y eventos claves, tanto en los colegios de Lima como en los de Ayacucho. Lograron armar una línea temporal con un inicio, hechos principales y un final de la violencia, pero mostraron diferencias, vacíos e indefiniciones que dicen mucho sobre su memoria de esos años.

a. Sobre el inicio y ¿el fin? del conflicto armado interno

Sobre el inicio del periodo de violencia política, en los colegio Ayacucho-Capital y Lima-Este los estudiantes, al igual que los profesores, identifican la quema de las ánforas electorales en el distrito de Chuschi en Ayacucho como la acción que dio inicio a la violencia armada (mayo de 1980). Esta visión coincide con la de historiadores y líderes de opinión, que señalan a este hecho como el inicio del conflicto armado interno (CVR 2003, Gorriti 1990, entre muchos otros). Sin embargo, los estudiantes también proporcionaron información que discrepa de manera evidente con las narrativas hegemónicas y oficiales de mayor vigencia, lo que nos permite reflexionar sobre los modos en los que se moldea la memoria en generaciones posteriores a las que vivieron los hechos.

En el caso del colegio Ayacucho-Provincia, las respuestas de los estudiantes a la pregunta "¿cuándo se inició la violencia?" fueron inicialmente desconcertantes. Aun cuando identificaron hechos de la violencia de los años ochenta, señalaban también los años sesenta y setenta como el origen de este periodo:

> Ya en la primera sesión, Tomás dejó escrito: "Nuestros padres o sea no estudiaban, pensando que los matarían". Al preguntarle por los años a los que se refería, dijo de manera contundente "sesenta". Algunos rieron. Stefani dijo: "¡Síííí, es sesenta! Alonzo: sesentas". La facilitadora preguntó: "¿Más o menos con qué evento?". Leysi queda en silencio,

> luego dice en voz bajita: "Buscando la igualdad, de lo económico, terrenales".
>
> Registro etnográfico del taller, colegio Ayacucho-Provincia[32]

Lo que comprobamos luego, al insistir sobre el tema y al entrevistar a los estudiantes por separado, era que para ellos el inicio de la violencia está asociado a las luchas por la tierra y la educación que se dieron en su provincia hacia los años sesenta. Ese periodo de luchas y violencia todavía circula en la memoria de los padres, se transmite a los hijos y se traslapa con las memorias de la violencia de los años ochenta. El significado de todas estas luchas está relacionado con lo que entienden como reivindicaciones sociales: educación y tierra en los años sesenta y búsqueda de igualdad en los años ochenta, que es como —en parte— entienden los fines del PCP-SL, asunto que retomaremos en el capítulo 3, dedicado a analizar la cultura política.

Es importante destacar que esta mirada de continuidad no era compartida por algunos maestros. Incluso uno de ellos mostró molestia respecto de comparar a los luchadores sociales de los años sesenta con los senderistas.

> Es que justamente ahí es cuando uno no aclara, cuando no le explica y no se le habla a los muchachos; a cualquier persona le pueden creer, pueden creer incluso que puede ser el mismo movimiento o mismo partido político que han hecho. No es así. [...] Inclusive ha habido varios dirigentes líderes que habían luchado por la recuperación de las tierras y habían sido asesinados por Sendero. [...] Quizás como dirigente conozco de las épocas de estudiante, cómo fue y conozco un poco también este movimiento de Sendero y cómo han actuado, quiénes eran.
>
> Juan, profesor del colegio Ayacucho-Provincia

32. Llamamos "etnografía de taller" a la descripción detallada que se realizó de las sesiones de los talleres mediante la observación participante. Para más información, véase el anexo metodológico.

El profesor no acepta la comparación, y le ofende; declara conocer bien el tema en tanto dirigente de dicha época, por tanto es enfático en señalar que eran movimientos distintos en actores, objetivos y medios; y el PCP-SL más bien actuó reprimiendo a los dirigentes y autoridades locales. El PCP-SL no planteaba el acceso a derechos ciudadanos dentro del sistema democrático, sino que trataba de imponer un nuevo poder, incluso en contra de la autoridad que legítimamente regía en las comunidades (Degregori 2011).

El colegio de Lima-Metropolitana también mostró una característica interesante: les fue muy difícil identificar el inicio del periodo de violencia. Mencionaron el hecho emblemático "oficial", la quema de ánforas en Chuschi (escrito por ellos como: "la llegada del terrorismo al pueblo de Chuspi" [sic]), y todos estuvieron de acuerdo en que fue el tiempo de los padres y de los abuelos, pero no lograron ponerse de acuerdo sobre cuándo este hecho ocurrió. Para algunos fue alrededor del gobierno de Velasco Alvarado, para otros fue "en la guerra fría" (a la que ubicaron en los años sesenta). Otros ubicaron el inicio de la violencia en la década de 1990. Creemos que esto muestra que no han tenido información suficiente al respecto, y algo quizá más relevante, que la manera en que organizan el tiempo parece difusa, poco anclada en cronologías, hechos, procesos, personajes o instituciones. Pareciera que para ellos esa época es, al mismo tiempo, lejana y cercana, pero sobre todo brumosa, indefinible; que la vivieron sus padres —y por las experiencias que ellos nos narraron, con mucha intensidad—, pero sus orígenes y sus causas se pierden en un tiempo que no tiene fronteras muy claras.

En cuanto al final del periodo de violencia política hay cierto consenso en todos los colegios con respecto a que hay un declive con la captura de Abimael Guzmán, líder del PCP-SL, pero todos los estudiantes en todos los colegios compartieron la idea de que realmente no había un final de ese periodo. Tienden a incluir como parte de él a las acciones violentas que en el presente se registran en zonas del país como el Vraem, o las protestas sociales que se extienden en varias regiones del país.

Es interesante notar que el hecho de ver la violencia como inconclusa, o que esta se inicia en 1960, rompe con el esquema narrativo hegemónico. Los jóvenes parecen recurrir a otras fuentes y ser capaces de hacer con ellas una elaboración propia de ese periodo. Además, nos plantean preguntas sobre cómo, desde dónde y con qué énfasis se produce la memoria, contribuyendo a una reflexión sobre el tiempo comprendido como una construcción social diversa. Por ello, es valiosa la reflexión de Ginzburg (2000) respecto del tiempo y la necesidad de distanciamiento para la construcción de la historia como un proceso que cambia según grupos sociales y generaciones; y sobre la posibilidad de intentar modos menos conservadores de enseñar la historia y la memoria que muestren la compleja relación entre ambas (LaCapra 2009).

En relación con lo anterior, apreciamos también que las narrativas de los estudiantes identifican continuidades en el tiempo asociadas a la inconformidad de los ciudadanos en nuestro país que aún no gozan de total reconocimiento, y que protestan por respeto o acceso a derechos. Los estudiantes observan un fondo común que se expresa tanto en el pasado (las luchas por la tierra y educación) como en el presente (las huelgas y protestas): las desigualdades que aún perduran en el país, que llegan a desembocar en conflictos y disturbios. El pasado de esas inequidades se prolonga hasta el presente, actuando como un elemento que explica nuestra realidad actual y prevé cierto futuro que no está exento de violencia, es decir, es un pasado que sigue vigente (Aróstegui 1989).

b. Los hechos y su relevancia

Luego de analizar el inicio y el fin del periodo de violencia como marcos para la línea de tiempo, se pidió a los estudiantes que señalaran los hechos relacionados con ese periodo, distinguiéndolos entre hechos de "escala nacional o regional".

Lo primero que llama la atención de este ejercicio es la gran diferencia en cuanto a la cantidad de tarjetas elaboradas.[33] Los colegios de Lima fueron muy profusos, sobre todo el de Lima-Este, cuyo aporte en hitos y hechos identificados fue más del doble que el de los otros colegios consultados, tanto para la discusión regional como la nacional. Todo lo contrario ocurrió en los colegios de Ayacucho, sobre todo en la capital, en donde los eventos regionales reportados son mínimos y predominan los nacionales. Este tipo de información es muy distinta a la que vimos en la sección anterior, cuando los docentes en Lima reportaron más los eventos nacionales, mientras los docentes en Ayacucho señalaron más eventos personales y locales.

En el colegio de Lima-Este los estudiantes se beneficiaron, por varias promociones, de la activa y notablemente creativa acción de un profesor del área de Historia, Economía y Geografía, que trabaja con sus estudiantes el tema del conflicto armado recurriendo a lecturas, trabajos grupales, exposiciones y propuestas artísticas. También habían trabajado el tema en primaria, con otra profesora, aun cuando no es parte obligatoria del currículo en ese nivel, y habían tocado el tema en el área de Cívica con otra profesora, lo que da cuenta de una apertura institucional al tema. El resultado es claro; sobre todo el profesor de Historia, Economía y Geografía parece haber influido de modo considerable en brindar a los estudiantes más herramientas para elaborar críticamente este periodo de nuestra historia, como veremos en el capítulo 3, sobre cultura política.

En este ejercicio, también llamó la atención que, salvo por el colegio de Ayacucho-Provincia, el número de tarjetas referidas a

33. Si bien varias se repiten, la cantidad de fichas da cuenta del nivel de involucramiento y participación de los jóvenes en relación con el tema.

Cuadro 2
NÚMERO DE TARJETAS POR COLEGIO SEGÚN TIPO DE EVENTO

COLEGIO	EVENTOS REGIONALES	EVENTOS NACIONALES	TOTAL
Ayacucho-Provincia	12	12	24
Ayacucho-Capital	7	21	28
Lima-Este	37	54	91
Lima-Metropolitana	20	27	47

eventos nacionales supera siempre a las regionales. En el caso de los colegios de Ayacucho es especialmente llamativo que no haya una cantidad más considerable de hechos regionales, ya que Ayacucho es la región donde se concentra un gran número de hechos emblemáticos relacionados con esos años.[34] Para entender este poco manejo de la información sobre la historia de su propia región, se les preguntó sobre eventos específicos: Uchuraccay, la matanza de la población en Accomarca, Cayara, el caso Cabitos. Con excepción del caso de los periodistas asesinados en Uchuraccay, considerado un hecho emblemático de violencia a escala nacional, los estudiantes desconocían los otros casos mencionados. Fue también significativo el desconocimiento de los eventos locales en el caso del colegio Ayacucho-Provincia: solo uno de los estudiantes mencionó una matanza muy conocida por ser emblemática para la CVR y el movimiento de derechos humanos, ocurrida en su misma localidad, en la que militares asesinaron a más de sesenta pobladores en 1985. Una alumna más había escuchado sobre esta, y todos los demás dijeron desconocerla:

---

34. Ayacucho es la región que tiene la mayor cantidad de historias representativas de la violencia en el *Informe final* (CVR 2003).

> Un investigador les pregunta: "Pero lo que pasó en [localidad de Ayacucho-Provincia], ¿cuántos de ustedes saben?". Odet y Tomás levantan la mano. El resto queda en silencio y no levanta la mano. Néstor: No sabemos. Stefani [con voz lo suficientemente fuerte, como haciendo un pedido]: ¡Cuéntanos!
>
> Registro etnográfico del taller, colegio Ayacucho-Provincia

Este desbalance en el manejo de la información evoca preguntas muy relevantes al momento de pensar qué y cómo enseñar sobre ese periodo: ¿qué se incluye y qué no?, ¿qué es relevante y con qué criterio?, ¿qué hechos tienen mayor visibilidad y por qué?, ¿qué hechos *deberían* tener mayor visibilidad y por qué? Este no es un problema solo de los colegios peruanos; la discusión sobre qué temas deben incluirse en la enseñanza siempre es asunto de debate, incluso en países con políticas abiertas a la educación sobre memoria, como Chile o Argentina (para el caso chileno véase Manzi 2006 y para el Argentino, Lorenz 2006). Como muestran recientes estudios, los alumnos recuerdan ciertos hitos, fuertemente fijados por una historia oficial, sobre todo grandes acontecimientos relacionados con el quiebre institucional (como golpes de estado). Pero pese a esta política pública favorable, en estos países los estudiantes tampoco tienen un conocimiento muy detallado fuera de los grandes hitos y las grandes interpretaciones; ni reciben, necesariamente, buena información sobre causas o sobre eventos más locales o "provinciales".[35]

35. Como en el caso señalado por Manzi (2006) para Chile, donde no se incluye en el currículo escolar, de modo sorprendente, el periodo del gobierno popular, pero sí el golpe militar de 1973 que le dio fin. Es decir, se da énfasis a la historia trágica o de la represión, pero no se da cuenta del contexto político y social en que se inscribió —y que en parte explica esta respuesta represiva militar—. O para el caso de las historias locales "saltadas" en beneficio de las narrativas y hechos nacionales o icónicos, véase la reflexión que hace Debattista (2004) sobre el currículo de la provincia de Neuquén, en Argentina, y sus carencias.

Como lo piden los alumnos del colegio Ayacucho-Provincia, la enseñanza de la historia de la violencia debe prestar especial atención a los eventos regionales y locales. Esa proximidad permitiría establecer las conexiones entre tales hechos, las experiencias familiares y la experiencia más amplia del periodo del conflicto como un acontecimiento nacional que, en distinta intensidad, fue vivido por todos los ciudadanos del país.

Por otro lado, salvo por la continuidad de la desigualdad y su relación con la violencia, en todos los colegios queda clara una estructuración temporal desprovista de nexos entre los hechos, lo que hace evidente una ausencia de relaciones causales.[36] Esto se ha observado también en estudios en escuelas de otros lugares de la región que trabajan con la llamada historia reciente (Dussel y Pereyra 2006). Según estos estudios, esta mirada que no conduce a reflexiones sobre causas y efectos tiene que ver tanto con una tradición positivista de enseñanza de la historia en la escuela como con una inhibición al momento de enseñar esos hechos, al tratarse de temas considerados como sensibles (Debattista 2004). A esto se suma que las dos horas que oficialmente se designan al tratamiento del tema en el aula no son suficientes para abordarlo de manera amplia y profunda, ni siquiera para llegar a cubrir los eventos emblemáticos nacionales de la historia de la violencia.

En relación con lo anterior, podemos notar también que muchas de las tarjetas llenadas por los estudiantes al elaborar su línea de

---

36. Tenemos que señalar, no obstante, que nuestra propia metodología puede haber privilegiado este modo de narrar, al incluir de modo central la construcción precisamente de una línea de tiempo. Sin embargo, creemos que esta posible influencia se matiza lo suficiente como para aportar información interesante, al incorporar otros momentos de trabajo en el taller y en las entrevistas, que preguntaban a los estudiantes cuestiones relacionadas a su entorno y los actores vinculados a los hechos recordados. Para mayor información, véase el anexo metodológico.

tiempo son generalmente descripciones en las que no se identifican acciones determinadas o eventos emblemáticos. La mayoría de las tarjetas alude a la descripción de sensaciones de inseguridad y miedo, o aquello que lo provocaba, como "Constante amenaza", "Destrucción", "Coches-bomba", "Muerte de gente inocente", etc. Más allá de que esta forma poco concreta de evocar los hechos de violencia pueda estar expresando falta de información, es interesante notar que el ejercicio evidenció claramente que la memoria de estos estudiantes contiene ampliamente estas sensaciones. Si bien pueden no haber tenido la posibilidad de recibir información concreta o debatir sobre hechos o eventos emblemáticos, fechas y personajes, es claro que esos años se han marcado en su memoria a través de la empatía con las dificultades de aquellos que vivieron esa época (sus padres o abuelos), que reconocen y han interiorizado la sensación de inseguridad continua o de dolor, y saben que a pesar de que en la capital esa situación era cotidiana, es en los pueblos andinos que hubo exponencialmente más violencia, injusticia y temor.

2.2 Las fuentes y su disponibilidad

Entendemos a la transmisión intergeneracional de la memoria como un acto activo, transformativo e intersubjetivo. Como precisa Jelin, para poder transmitir los sentidos del pasado hay al menos dos requisitos; el primero es que aquellos que reciben la información puedan identificarse con ella y sentirse parte de esa historia, haciendo que ambas generaciones (las que vivieron las experiencias y las que las escuchan y las hacen suyas) sean parte de un "nosotros"; pero, al mismo tiempo, que esta generación posterior tenga también espacios propios de procesamiento, elaboración y significación de esas vivencias (Jelin 2001). Al llevar estas historias al espacio educativo hay que tener en cuenta que estas narrativas familiares particulares, reinterpretadas y resignificadas por los jóvenes, serán cuestionadoras de aquello que se quiere impartir oficialmente.

La educación escolar en este contexto no tiene por qué ser entendida solo como el modo en el que se transmiten los discursos de manera clara y unívoca, sino la posibilidad de encontrar formas de enseñar "a aprender a analizar los discursos que están disponibles y circulan entre nosotros, cuáles nos invisten, cómo estamos inscriptos por lo dominante, y también cómo estamos fuera de ello, y somos otro que lo dominante" (Lather 1991, citado por Dussel y Pereyra 2006: 272). Es decir, puede ayudar a que los jóvenes logren identificar los discursos que conforman las memorias hegemónicas que están a su alrededor y conforman la suya misma, que puedan compararlas con las memorias propias y familiares, subterráneas (al decir de Pollak 2006), y logren una interpretación propia de lo que sucedió. En relación con estas reflexiones, es importante señalar que los estudiantes con los que trabajamos en este estudio mostraron que con los pocos elementos con los que contaban y con la poca presencia del tema en la escuela, lograban realizar este ejercicio, aunque siempre, desde luego, limitado.[37]

La violencia ha marcado a las familias con distinta intensidad; estas diferencias no necesariamente tienen que ver con la ubicación de cada colegio. Parece que el papel de la familia en la transmisión de la memoria en los lugares más afectados es más importante —como en el colegio Ayacucho-Provincia—, pero muchos padres que ahora habitan en Lima son migrantes forzados o desplazados por la violencia, con lo que las experiencias familiares de los jóvenes

37. Tal vez, ante la poca enseñanza del CAI dentro de un enfoque tradicional —con un modelo transmisionista y un discurso unívoco sobre el CAI— los estudiantes han logrado articular información de distintas fuentes, propiciando la circulación de otras interpretaciones o la construcción de elaboraciones propias.

de Lima son también intensas. Además de la familia, los medios de comunicación son otra fuente sustancial de la memoria en estos jóvenes. En los colegios de Lima y Ayacucho-Capital los medios conforman de manera activa el conocimiento y la construcción de los sentidos y lenguaje del pasado en estos jóvenes. Solo en Ayacucho-Provincia, por la escasez de medios de comunicación (periódicos, noticieros, Internet), estos tenían una mínima injerencia. Otro componente importante de la transmisión de memorias se encuentra en la ficción artística. En el caso de estos estudiantes, el cine se mostró como elemento movilizador de memorias valioso, capaz de fijar visiones y generar inquietudes y preguntas; y salvo por el colegio Lima-Este, es evidente el bajo protagonismo que tiene la escuela para la transmisión, discusión y elaboración de memorias.

a. El hogar y la familia: espacio legítimo de transmisión de recuerdos y significados del CAI

En el caso de los estudiantes, las memorias de los padres y abuelos conforman y modelan las memorias de los hijos con mayor legitimidad. Los recuerdos se transmiten intergeneracionalmente al hablar en el hogar sobre los sucesos vividos durante esos años. La transmisión es eficaz en tanto los jóvenes son receptores atentos, que interrogan y escuchan, y los padres y abuelos son narradores que, ante estas muestras de interés, hacen un esfuerzo por elaborar y hablar con ellos sobre sus vivencias.

Las memorias de los jóvenes se conforman a partir sobre todo de su propia curiosidad. Son ellos los que buscan información sobre algo del pasado que sienten que es importante en el presente y que los mayores resguardan. Pero no todo se transmite. Los jóvenes reconocen que los sentimientos que se expresan en los relatos de sus ascendientes dan cuenta de que algo se silencia, de que hay algo inexpresable que a ellos les toca tratar de comprender, e incluso elaborar y transmitir a otras personas. Como se ha tratado desde los estudios sobre posmemoria,[38] los jóvenes que heredan memorias de conflictos armados se enfrentan al reto de interpretar y elaborar aquello que no han vivido, pero que actúa en ellos por ser hechos que trascienden la vida de sus padres y abuelos, que se vuelcan hacia ellos y que conforma su identidad. Aquello "que no se ha sufrido en carne propia, pero que, paradójicamente, constituye y moldea el presente del sujeto" (Quílez 2014: 64).

Los eventos que narraban eran difíciles. Solo como ejemplo, en el colegio Ayacucho-Provincia, tres de los estudiantes perdieron a sus abuelos, dos asesinados por el PCP-SL (Yadira y Juliño) y otro por el Ejército (Tarik); uno perdió a la hermana de su madre, asesinada por el PCP-SL (Danilo); y los padres de dos estudiantes tuvieron que desplazarse a la ciudad en busca de refugio (Paul, Danilo). Los jóvenes nos narraron que los padres y abuelos tenían dificultad para hablar del tema con sus hijos o nietos, pero en esa tarea de indagar, escuchar, interpretar sentimientos y omisiones, y expresar ellos mismos esas memorias, haciéndolas suyas, es interesante notar que en las sesiones se mostraron abiertos a transmitir al grupo las experiencias de sus ascendientes, hablando de ello con sensibilidad, respeto y responsabilidad. No evidenciaron reserva para compartir lo que la violencia significó para sus familias. Nos mostraban que se sabían legítimos para expresar los recuerdos familiares, que eran al mismo tiempo ajenos, pero propios, en un sentido afectivo.[39]

38. Término de Marianne Hirsch que se refiere a las memorias heredadas, que si bien se usa para analizar los productos culturales realizados por los hijos de sobrevivientes cuyas vidas están dominadas por las memorias de quienes los precedieron (Quilez 2014), nos ayuda a comprender cómo se transmite la experiencia del trauma a generaciones posteriores a los conflictos armados, y cómo estas requieren de un lenguaje propio para elaborar y expresar lo vivido por sus predecesores.

39. Con el ejemplo de la Segunda Guerra Mundial, Pollak nos da pautas que ayudan a comprender por qué se rompen silencios con el tiempo. Las generaciones

Ese pasado con experiencias familiares intensas de violencia tiene igualmente presencia en los estudiantes de los dos colegios en Lima, donde las familias tienen una marcada relación con provincias. Los diez estudiantes que participaron de los talleres del colegio Lima-Este nacieron en Lima, sin embargo, solo dos de ellos tienen padres limeños; los otros ocho tienen padres que provienen de provincias. En el caso de los estudiantes del colegio Lima-Metropolitana, la mitad de los jóvenes nacieron en Lima y la otra mitad en provincias, y siete de ellos tienen padres nacidos en provincias.[40] Las características del grupo entrevistado se condice con la presencia alta de población migrante en ambos distritos, donde se asentaron poblaciones desplazadas que huían de la violencia en los años ochenta.

La historia del conflicto que conocen estos jóvenes está basada en esas experiencias de desplazamiento y de asentamiento en la capital. Además, los espacios urbanos en los que viven fueron zonas en las que la presencia del PCP-SL y las acciones antisubversivas de las fuerzas de seguridad del Estado fueron comunes. Esto se puede notar en la siguiente cita:

> Alonzo, del colegio de Lima-Metropolitana, nos cuenta que su madre y sus tíos vivieron esos años cuando tenían su edad, junto con sus abuelos. Su abuelo fue dirigente de un barrio en el distrito del colegio, y a su tío también le gustaba la política. Su abuelo le ha contado que en ese barrio los guardias entraban a las casas. Estela también conocía

---

que vivieron directamente la violencia tienen diversas razones para callar: motivos políticos, culpas o para tratar de que los hijos no asimilen las dolorosas vivencias de sus padres, es decir, "querer evitar a los hijos crecer en el recuerdo de las heridas de sus padres". Pero el paso del tiempo también da motivos políticos y familiares que favorecen la transmisión; los contextos de crisis y la posibilidad de la muerte motiva así a los protagonistas a hablar y a los hijos a saber más sobre esas "memorias subterráneas", llegando a hacer "de la investigación de sus orígenes, los orígenes de su investigación" (Pollak 2006: 21-22).

40. Para mayor detalle véase perfil de los estudiantes en el anexo metodológico.

> este tipo de hechos, y añadió que los guardias mataban a los inocentes porque los confundían con terroristas. Ella sabe sobre ello porque le han contado su mamá y su tío, que era del ejército. Ambos le contaban sobre Abimael y los terroristas, sobre cómo la gente temía salir a la calle en esos tiempos.
>
> Registro etnográfico del taller, colegio Lima-Metropolitana

En general, la transmisión parece ser un acto espontáneo; se habla del tema de manera circunstancial, sin que haya un espacio calculado para ello. La transmisión emerge en circunstancias poco previstas; los recuerdos, los hechos y sensaciones se exponen cuando se anuncian en la televisión hechos de violencia (conflictos sociales, enfrentamientos o asesinatos en el Vraem), con la noticia de la exhumación de alguna fosa común, cuando en una fecha especial se recuerda a quien ya no está presente, asesinado en esos años, o al ver una película que alude a la violencia. En esos momentos se abre una ventana para la transmisión que tanto los jóvenes como los padres aprovechan para, respectivamente, consultar y expresar. En algunas familias parece ser un tema tratado con cierta naturalidad, como sugiere Malena, del colegio Ayacucho-Capital, en la siguiente cita, aunque es interesante resaltar que la mención de "ya es un tema que podemos tratar" o de "ya podemos hablar" denota que ha habido un momento en que ello no era posible:

> Bueno, creo que el terrorismo ya es un tema que podemos tratar, preguntar libremente porque ya es un tema conocido, como casi constante, no constante, que cuando nace el tema nos comentan, pero no es una novedad ya hablar del terrorismo, ya podemos hablar.
>
> Registro etnográfico del taller, colegio Ayacucho-Capital

Los recuerdos se usan muchas veces como advertencia, para que los hijos e hijas tengan cuidado de no ser tentados por proyectos políticos que propongan la violencia como salida a los problemas sociales, y también son un modo de transmitir que el Estado también es capaz de atentar contra sus ciudadanos. Ambos puntos serán tratados con más profundidad en el siguiente capítulo 3, de cultura política, pero es importante resaltar que, con esta transmisión testimonial intrafamiliar, la memoria pasa a ser un derecho, que permite expresar lo que se vivió, su significado personal y social, a una nueva generación; hace posible también conocer lo que pasó a una generación que escudriña como puede, y cada vez que puede, ese pasado, y que sirve para reconocer los peligros de apuestas políticas radicales del pasado y resaltar las injusticias persistentes del presente.

Limitando esta importante transmisión intergeneracional e intrafamiliar de memorias, se encuentra la dificultad que encuentran los estudiantes para historizarlas, es decir, para inscribirlas en narraciones más comprensivas y de largo plazo. Son todavía "memorias subterráneas" (Pollak 2006), "memorias sueltas" (Stern 2002), a pesar de su riqueza y complejidad, basada en la experiencia vivida, y de estar llenas de contenido y valor para quienes las experimentaron. Por ahora quedan sin encontrar o potenciar todos sus significados dentro de un contexto histórico y de una actitud crítica más rigurosa frente de estos recuerdos. También, aún quedan sin ser reconocidas como experiencias compartidas por el colectivo nacional; no adquieren un estatus de mayor prestigio. La escuela podría (¿debería?) ser el lugar donde adquirirlas, al gozar del privilegio que da la socialización, el compartir y el participar.

Entre los jóvenes de los cuatro colegios podemos identificar que la transmisión intrafamiliar imprime tres rasgos a estas memorias del CAI: a) son memorias íntimas, emocionalmente cargadas, que dan información de lo que pasó, sobre los hechos y las sensaciones de cómo se vivieron esos años; b) son memorias que contienen información de las tramas complejas acerca de cómo se desarrolló la violencia en sus localidades, en las que se nota la confusión, los cambios de posturas, la desconfianza y la incertidumbre; c) las memorias de la generación anterior, que no solo ayudan a dar significado al pasado, también sirven para legitimar una idea o un argumento que actúa en el presente. Para ello, se apela a la autoridad del testimonio, es decir, la de ser testigo de la violencia. A continuación buscamos reflexionar sobre estos rasgos de la memoria de un modo más extenso.

b. La autoridad del testimonio-testigo en la legitimidad de la memoria

Los jóvenes dicen confiar más en la memoria de los padres para saber de ese pasado, no solo por la familiaridad, sino que apelan al valor de la memoria basado en la autoridad del testimonio y del testigo. Es interesante tener en cuenta que la legitimidad de los testimonios de posviolencia no necesariamente está en revelar hechos concretos, verificables, "verdaderos", sino en que sirven para dar cuenta de un pasado que es relevante para el presente, un pasado que sus emisores piensan que debería ser reconocido por otros para lograr que sus vivencias tengan algún tipo de sentido, trascendencia o consecuencia en un colectivo mayor. Por tanto, para quienes enuncian y para quienes escuchan, lo más importante no es necesariamente la verdad concreta de los hechos, sino el significado de lo que se está relatando para la persona que da el testimonio, para su comunidad y su entorno.[41] La transmisión intergeneracional familiar puede ser restringida, pero el fin de perdurar los recuerdos y su significado se aplica incluso en estos casos.

41. Véase más en Beberly 1996, 2012 sobre la función colectiva que cumple el testimonio de Rigoberta Menchú y su veracidad más allá de la verdad en ese sentido; también LaCapra 2009: 33: "Aun con sus falsificaciones, represiones, desplazamientos y negaciones, la memoria puede llegar a ser informativa —no en términos de una representación empírica exacta de su objeto sino como la recepción y asimilación a menudo acompañada de angustia de ese objeto tanto por los participantes en el acontecimiento como por quienes nacieron después".

Es así como Tomás, apoyado por otros compañeros del colegio Ayacucho-Provincia, frente a la pregunta ¿en qué fuentes confían más?, responde: "En los antepasados, porque lo vivieron". Algo similar pasa con Gianfranco, del colegio Lima-Metropolitana, aun cuando habla de la seriedad de algunos medios, dice creerles más a sus familiares porque vivieron esa experiencia.

Con esa autoridad buscan también legitimar una idea o un argumento sobre la violencia. Es el caso de Tarik, quien apela a la memoria de sus padres para argumentar que fueron las fuerzas del orden las que más muerte y violencia causaron, más que el PCP-SL, a contracorriente de lo que argumentan sus compañeros y la misma CVR, que concluye que fue el PCP-SL el que ocasionó más muertes:

> Ah, lo que me comentaron mis familiares, que vivieron eso, es que el terrorismo no fue quien mató más, sino que los policías; que el terrorismo está a favor del pueblo porque mi abuela sufrió eso, y que cuando venían los terroristas… O sea, yo soy de Huancavelica, ¿no?, o sea, de una comunidad, y cuando venían ahí que las personas de esa comunidad a los terroristas mayormente lo apoyaban porque buscaban la igualdad del país. En cambio, cuando venían los policías, mmm… los policías mayormente querían algo, mmm… o sea buscaban su economía, algo por ahí.
>
> Registro etnográfico del taller, colegio Ayacucho-Capital

c. *Memorias íntimas, memorias emocionales*

Yadira, del colegio Ayacucho-Capital, describe lo que le contaron sus padres de esos años:

> El terrorismo era muy violento, uno de ellos que sufrió fue mi abuelito, que justo en la calle, ellos querían cambiar el Gobierno, que todos los productos sean gratis, tenían creo por grupos, se distribuían así. Una noche entraron en la casa de mi abuelito, mi papá tenía ocho años,

mi abuelito era alcalde de su comunidad, de Cangallo [provincia de Ayacucho], en la noche entraron todo ese grupo, tenían un jefe que comandaba el grupo, y sin temor le dispararon a mi abuelito, en frente de su familia, de mi papá. [Cada vez que su padre habla del tema, revive ese instante, y se pone a llorar]. En ese momento es cuando le tocas el corazón. Siempre por ese lado se pone triste. [...] da un poquito de miedo hablarle de esto a mi papá, porque se siente mal.

Registro etnográfico del taller, colegio Ayacucho-Capital

Para Yadira, esa experiencia tiene un doble contenido emocional: la pérdida violenta de su abuelo, al que no pudo conocer, y la vivencia en el presente del dolor que inflige ese recuerdo en su padre y de la que ella es testigo. Este rasgo puede notarse también en esta cita etnográfica de la primera sesión del taller con los estudiantes del colegio Ayacucho-Provincia:

Tomás: Mi abuelita me cuenta porque no conozco a ningún abuelo.

Investigador: ¿Y qué decía?

Tomás [ya con la voz más fuerte]: No, yo le preguntaba cómo fue esa época, ¿no?, cómo fue la devastación del terrorismo.

Facilitadora: Yo quisiera saber si para los abuelos era fácil hablar del tema ¿o de repente era algo difícil?

Tomás [casi inmediatamente y con voz segura]: Hay una timidez, hay un miedo a hablar de ese tema, pero como yo le insistía me contaba.

Investigador II: ¿Qué le preguntabas?

Tomás: Cómo... o sea, cuál era el sufrimiento de ella cuando estaba presente en ese momento, cuando había la gran violencia, ¿no?

Stefani: Siempre hay esas curiosidades para que te informes un poquito más, cómo fue así los antepasados, los momentos que pasaron ellos, bueno, también pasaron unos muy tristes, ¿no?, melancólicos, así.

Registro etnográfico del taller, colegio Ayacucho-Capital

Como se precisa en este diálogo, es el interés de Tomás el que activa la narración de su abuela. Él indaga, insiste, identifica los sentimientos que ella evoca, hace suya esa memoria heredada, y transmite todo ello a un colectivo. Sin embargo, en ambos casos, aun cuando esas memorias tienen esa carga afectiva y emocional en padres y abuelos, ni Yadira ni Tomás dudaron en compartir con nosotros esa experiencia en la primera sesión del taller, Tomás "con voz segura" y Yadira:

> Al hablar lo hizo de pie, tranquila, y como realmente dispuesta a hacerlo; el clima en general fue de escucha, los chicos y chicas guardaron silencio mientras Yadira hablaba sobre estos eventos tan duros. Algunos la miraban directamente, otros no, pero no se percibía que alguno de los presentes se incomodara o desease no escucharla.
>
> Registro etnográfico del taller, colegio Ayacucho-Provincia

d. La proximidad de la violencia y la evidencia de su complejidad

De las intervenciones de los estudiantes se desprende, además de esa intimidad, la profundidad del conocimiento de tramas de la violencia que muestran la complejidad de vivir en una situación de guerra. A pesar de que manejaban poca información sobre hechos concretos o emblemáticos, podían reconocer, por ejemplo, la incertidumbre que causaba la dificultad de identificar a los actores de la violencia en un contexto de fuego cruzado, o las estrategias que exigía ese ambiente para poder sobrevivir, como nos lo cuentan dos estudiantes de dos colegios distintos:

> Los asesinatos no solo fueron por parte de los terroristas, como ya se dijo, que los militares hicieron las fosas comunes, los terroristas mataban pensando que eran militares, pensaban que era gente que apoyaban a los militares, y los militares mataban pensando que eran terroristas. Y la gente a veces, lo que escuchaba y me contaba mi mamá, dice que cuando entraba un militar tenían que decir que eran militares, que apoyaban a

ellos, y cuando entraban los terroristas, estando un militar ahí, tenían que fingir que era un familiar, para que no les hagan nada. Cubrir a los dos para que a la gente no le pasa nada, porque los dos hacían asesinato.

Malena, alumna, colegio Ayacucho-Capital

Las personas, así antiguamente, no sabían de quién a su parte estaban, de lo que dicen de los sinchis [sonriendo como nerviosa por no acordarse bien el nombre], o sea de los militares no sabían si estabas de parte de ellos, o también parte de los terrucos, los comunistas, y si los terroristas se enteraban a que una persona estaba del parte del sinchis, militares, lo mataban, y también los militares se enteraban que si una persona está parte del terrorista ya también los mataban, o sea estaban así, y ya no había ninguna solución.[42]

Stefani, alumna, colegio Ayacucho-Provincia

Rosaura, del colegio Lima-Este, refiere que ella había escuchado el testimonio de su mamá, que era ayacuchana:

En aquella época, de regreso de la chacra su madre se encontraba ocasionalmente con los cuerpos de campesinos asesinados. Su abuelo se había dejado influir cuando los senderistas habían amenazado con lastimar a su familia, pero no resistió seguir teniendo afinidad con ese grupo, pues lo hicieron ver cómo obligaban a los hijos a contemplar la muerte de sus propios padres. Cuando quiso retirar su apoyo, los senderistas lo torturaron.

Registro etnográfico del taller, colegio Lima-Este

Estos contextos de inseguridad, de amenaza, de indefinición o de cambios de tendencias y afinidades en el tiempo crean en el presente condiciones difíciles para la transmisión de recuerdos por parte de

---

42. Los sinchis fue el primer comando policial "especializado" en terrorismo que enfrentó a Sendero Luminoso en Ayacucho bajo el estado de emergencia.

quienes vivieron esos tiempos. Las dificultades para sobrevivir pueden haber creado "zonas grises" (Levi 2016) en las que en algún momento hayan ocurrido traiciones, daños colaterales, filiaciones (por simpatías, por cercanías o por obligación), que han podido acarrear culpas, inseguridad, vergüenza o estigmas. Como se ha visto en estudios sobre posmemoria, en contextos similares, las siguientes generaciones escuchan, interpretan y encuentran respuestas incluso en los silencios, que sirven para comprender, interpelar e incluso encontrar estrategias para enunciar que hay situaciones inexpresables (Quilez 2014).

e. *Los medios de comunicación*

Como hemos mencionado, para los estudiantes, los medios de comunicación serían el segundo mecanismo de transmisión de memoria más importante. Aunque menos legítimo que la familia, es una fuente constante de información y de opiniones sobre los hechos y actores de ese pasado. Un ejemplo de esa constancia la da el colegio Lima-Este, donde, de las 154 tarjetas elaboradas por los estudiantes interrogados sobre las fuentes de las memorias, se registraron las siguientes:[43]

Los medios como la televisión, la radio, el periódico e Internet aparecen claramente como fuentes y recursos que amplían el acceso a la información sobre el pasado reciente. Contrasta el lugar de la escuela frente a los medios de comunicación, 24 a 61 tarjetas. Los medios actúan al parecer en dos sentidos. Por un lado transmiten discursos hegemónicos por distintas vías, de manera constante, sin que el estudiante y en general ningún ciudadano haya buscado

43. Véase el anexo sobre la metodología. Se colocaron cuatro papelógrafos con los títulos "Casa-familia", "Medios de comunicación", "Colegio", "Pares-amigos", "Otros" y se pidió a los estudiantes que pongan en tarjetas dónde habían aprendido, sabido o escuchado sobre lo que conversamos en los ejercicios anteriores (la línea de tiempo, el nombre del periodo de violencia, etc.).

Cuadro 3
NÚMERO DE TARJETAS SOBRE FUENTES SOBRE EL CAI-COLEGIO LIMA-ESTE

61 tarjetas relacionadas con los medios de comunicación
40 tarjetas relacionadas con los padres
24 tarjetas relacionadas con la escuela
29 tarjetas que señalaron otros medios
0 tarjetas que señalaran, al ser preguntados sobre ello, como fuentes a los pares o amigos

informarse sobre el tema. Es el poder que tienen los medios para consolidar grandes relatos. De alguna manera, estudiantes, profesores y cualquier persona es "víctima" o sujeto más o menos pasivo, más o menos crítico, de esta "educación" colectiva. Es justamente uno de los mecanismos por los cuales se legitima un lenguaje para hablar (o no hablar) de estos temas controvertidos.[44]

Pero, por otro lado, los medios son "buscados" por los estudiantes. Son más claramente una fuente. Los estudiantes de hoy saben que Internet sobre todo actúa como una gran enciclopedia, con las ventajas de ser ligera, sencilla y amigable. ¿Por qué los estudiantes deciden en determinado momento acudir a esta fuente casi infinita de información? No tenemos una respuesta a esto en nuestro estudio, pero seguramente además de la curiosidad, la necesidad práctica (usar información para asuntos legales) y el apremio familiar (la necesidad de indagar sobre secretos o dilemas de la familia), está también la propia escuela. Finalmente, como vimos en el capítulo 1, sobre tratamiento en el aula, la escuela resuelve gran parte de sus

44. Este tema lo ampliaremos en el siguiente capítulo III, dedicado a la cultura política.

responsabilidades para con los alumnos mandándolos a "investigar", esto es, a hacer solos sus trabajos, asignaturas y exposiciones. Y para ello los chicos recurren a Internet.[45]

Sin embargo, es importante notar los distintos niveles de acceso a la información mediática, el cual es restringido por diversos motivos. La sierra o la selva rural terminan siendo áreas en las que informarse es mucho más difícil que en las zonas urbanas o capitales de provincia, para bien o para mal. Por ello, en el colegio Ayacucho-Provincia los estudiantes, en equipos de dos, señalaron como fuentes de la memoria: 5 tarjetas para las familias, 3 para los medios y 1 para películas. Como se ha mencionado, en esta provincia raramente llegan periódicos, casi no hay señal de TV y la cobertura de Internet es muy pobre.

A pesar de que se muestran como neutrales y verdaderos, los medios de comunicación son vehículos ideológicos poderosos. El uso de imágenes, la facilidad con que penetran en los hogares a través de las pantallas de los televisores, radios, computadoras y otros artefactos multimedia, hace que sus mensajes se divulguen fácilmente. Sus imágenes de archivo y sus discursos movilizan sentimientos y se impregnan en los recuerdos; es sobre todo con ellas que los jóvenes "visualizan" el conflicto armado interno que sus padres y abuelos les han relatado:

---

45. Nos preguntamos, por ejemplo, si la gran afluencia de los estudiantes de Lima-Este a los medios de comunicación como fuente sobre el tema no tiene que ver también con una inicial motivación por parte del profesor de Historia, que es sin duda un maestro de gran talento e iniciativa. En este caso, aunque la escuela no sea la fuente principal de información sobre la violencia política, sí es el "primer motor" que invita a la búsqueda, aunque luego esta búsqueda no traiga garantizada una buena recompensa y no signifique que de regreso esa información sea elaborada en conjunto y acompañada por el maestro; pero son preguntas que aún no podemos contestar.

> Carlos en particular busca ochentas, noventas, y entre las cosas que ha encontrado y le han impactado están las imágenes de cómo quedan los cuerpos después de estallar una bomba; estas imágenes le producen pena.
>
> Registro etnográfico del taller, colegio Lima-Este

Pero si bien las imágenes son poderosas, su consumo no es pasivo. Al ver y escuchar la información que se asocia a ellas hay reflexión, en algunos más crítica que en otros; toman a los medios como una fuente inicial, sobre la cual deberán luego buscar más información por sus propios medios:

> José Luis menciona en tono dubitativo si la televisión presenta las cosas como son o quizás se dejan manipular por miedo. Viviana indica que anteriormente no había libertad de expresión. La facilitadora les pregunta entonces si confían en los medios televisivos, y hay acuerdo entre los estudiantes de que estos no siempre dicen la verdad. Rosaura sugiere que puede que haya algunos programas que reciban dinero, por ejemplo, cuando el Gobierno paga por una cortina de humo, pero de todas formas las noticias motivan a uno a buscar sus propias fuentes. Un investigador les repregunta a qué canal le creen más; hay un acuerdo común de que el canal 4 es el más creíble. Lucibel explica que es el más serio, pero no se lo cree por completo. Carlos cuenta que un día se quedó viendo todos los canales, y se dio cuenta de que todos decían más o menos lo mismo, aunque ocasionalmente el 4 y el 9 hacen más investigación.
>
> Registro etnográfico del taller, colegio Lima-Metropolitana

Fuentes valiosas de información en Lima las proporciona Internet. Los jóvenes de Lima-Este mencionaron que era una de sus fuentes principales al momento de hacer las tareas escolares. Señalaron que se enteraron de los coches-bomba y la voladura de torres mediante YouTube, pero aunque Internet da más opciones y la búsqueda de información la hacen ellos mismos, indicaron también que funciona como un punto de partida para indagar más, y la indagación más profunda y veraz, nuevamente, la hacen con sus padres, pues solo a partir de conversar con ellos "era posible sacar sus propias conclusiones" (Lucibel, colegio Lima-Este).[46] Son los padres los que los ayudan a verificar si la información está completa. Por ejemplo, Viviana mencionó que encontró como información que las Fuerzas Armadas únicamente lucharon con el PCP-SL y lo derrotaron, pero al consultar con sus padres supo que, además de combatir la subversión, las fuerzas de seguridad también cometieron abusos.

Los medios, por tanto, son una fuente frecuente de consulta, pero los jóvenes tienen una mirada crítica frente a la información que encuentran o que reciben de ellos. Para completar la información o verificar si esta es fidedigna, generalmente recurren a los padres o abuelos, que son los portadores más legítimos para saber cómo ocurrieron los hechos, escuchar sus opiniones y sentimientos, y formarse una opinión propia sobre los eventos del CAI.

f. El arte como transmisor de memoria: el cine movilizando recuerdos

En los últimos años, el arte se ha mostrado como un vehículo eficaz para la memoria. Productos culturales, como obras de teatro, películas o expresioness literarias, generan interés y al mismo tiempo producen elaboraciones en quienes los consumen. La producción y el impacto que han causado películas, obras de teatro y literarias o ensayos dan cuenta de que más allá de un discurso oficial es evidente una

46. Es posible que los estudiantes de Lima-Este, al contar con mayor criterio y trabajo en la escuela, puedan tener más fuentes de contraste además de los recuerdos familiares. Esto puede ser más tangible comparándolos con los estudiantes de Lima-Metropolitana y Ayacucho-Capital, pues en Ayacucho-Provincia había un claro problema de acceso. Sin embargo, en última instancia la información es siempre contrastada y sopesada a partir de lo que se encuentra como información dentro de la familia.

necesidad intensa de enunciar y de conocer las experiencias subjetivas a través de lenguajes artísticos que sirven para compartir o comparar vivencias, preguntas y sentimientos marcados por la guerra.[47]

Aunque nuestra metodología no contempló en un inicio al arte como una fuente de información para los jóvenes, fue interesante que mencionaran al cine como referente importante para formarse una idea de cómo fue la época del CAI. La lista de películas que mencionan haber visto sobre la violencia es larga. Las más mencionadas fueron *La boca del lobo* y *Paloma de papel*. Estas películas generalmente se compran en mercados locales y se ven en el hogar, convirtiéndose en un vehículo efectivo para la transmisión intrafamiliar de recuerdos, como se señala a continuación:

> Una vez, cuando su papá vino a su casa, ella vio con él *Paloma de papel*, y su papá le contó que a él también intentaron matarlo porque era alcalde de Pampamarca. Su papá se escondió en la casa de una profesora, porque los senderistas no se atrevían a entrar a las casas de los profesores, ya que estos convocaban al ejército.[48]
>
> Registro etnográfico del taller, colegio Lima- Metropolitana

47. Para una reflexión inicial acerca de la progresiva importancia que va adquiriendo el mundo cultural para ampliar o tensionar los sentidos hegemónicos de la historia de la violencia política, véase el balance sobre cine documental aportado por Malek 2016. Para el cine de ficción y otras expresiones artísticas, véase por ejemplo Vich 2015. Vale la pena revisar la importante producción de reseñas y críticas generadas por películas muy importantes, incluso en el ámbito internacional, como *La teta asustada*, *NN* o *Magallanes*, o la pieza teatral *La cautiva*. La literatura ya tiene varios esfuerzos de revisión, como en Ubilluz 2009. En los últimos años además memorias "controversiales" han tenido un inusitado impacto público, más allá del círculo tradicional de la academia, como los libros de Gavilán 2012, Agüero 2015 y Cisneros 2015.

48. Esta cita da cuenta de memorias que se apartan del estereotipo del profesor como senderista. Maestros y maestras cumplieron una diversidad de roles durante el CAI.

Queda claro que lo que buscan en las películas es más que entretenimiento; persiguen en esas imágenes un efecto de verdad, acceso a lo que consideran una historia real; es lo que se desprende de la conversación con los jóvenes del colegio Ayacucho-Provincia:

> Facilitadora: Hay otro cartel que dice que ustedes se han enterado por las películas, ¿no?
>
> Alonzo: Mediante película nosotros queríamos ver, de repente para saber cómo ha pasado esa época, de repente que nosotros para saber más, o cómo es, esa época cómo vivían, qué tipo de maldad o qué tipo de... o sea de maldad. De repente por esas condiciones mirando nos enteramos que los terrucos, o el tiempo del terrorismo, ya un poco así de sufrimiento, como decían así como un infierno.
>
> Registro etnográfico del taller, colegio Ayacucho-Provincia

Pero el uso de un recurso tan poderoso para enseñar contenidos sobre el CAI tiene que ser cauteloso. En otros contextos posviolencia política el cine ha sido una herramienta pedagógica importante. Una experiencia notable es la que relata Lorenz sobre una película que se ha vuelto emblemática en el sistema educativo argentino para evocar los tiempos de la dictadura, *La noche de los lápices*. En su crítica Lorenz analiza la fuerza que tiene este recurso para la conmemoración, así como los riesgos de utilizarlos sin evocar contextos históricos que cuestionen dicotomías entre buenos y malos, y sin una visión crítica, que logre empatía, pero que esta no se estanque en la reactivación del dolor, sino que sirva para ejercicios analíticos que puedan hacer más comprensible esa época y el presente (Lorenz 2006).

Podemos entonces concluir que los recuerdos propios, compartidos y heredados son las fuentes principales de información sobre el CAI. Los profesores han sido en su mayoría testigos de la violencia, y otorgan al testimonio una autoridad superior frente a otras fuentes. Esto es especialmente evidente en aquellas zonas donde la violencia fue más cruenta. Los estudiantes manejan múltiples fuentes, pero muy pocos tienen a la escuela como referente. Para todos ellos la familia es la fuente más legítima con la que toda información proveniente de otra fuente debe ser contrastada. Todos estos recuerdos han influido en la cultura política actual de ambos actores; las vivencias sirven de marco de referencia para interpretar y juzgar los eventos políticos del presente. A este tema, cultura política, dedicaremos el siguiente capítulo.

Capítulo 3

Una mirada a la cultura política

> [...] sí estamos en democracia, pero en la sociedad no se da; porque la sociedad lo conforman pobres y ricos, y a veces solamente se prevalecen las opiniones de los ricos, mas no de los pobres [...].
>
> Alumna del colegio Ayacucho-Capital

En el capítulo anterior dimos cuenta de las memorias de profesores y estudiantes sobre el pasado reciente de violencia en Perú. Vimos que a contrapelo de lo que dicen el sentido común y los medios de comunicación, la memoria de los estudiantes sobre esos años ni es un vacío ni refleja simplemente ignorancia, sino que es más bien un conjunto de saberes diversos y complejos de diversas fuentes. Existen memorias, sobre todo familiares, que son transmitidas y recreadas, y que llegan a la escuela más que salir de ella. Por su parte los profesores nos mostraron que son poseedores tanto de experiencias y recuerdos como de conocimientos muy variados sobre el conflicto, pero que se encuentran en la incómoda situación de ser los portadores de un saber que sienten como "intransferible". Son en buena parte testigos mudos, cautos.

Este tercer capítulo quiere describir qué valores relacionados con la vida pública hay en esas memorias, esos énfasis, esos actores y esos lenguajes usados y recordados por estudiantes y profesores.

Creemos que nos ayuda, en esta indagación, pensar dichos valores en relación con la cultura política que portan nuestros actores. Emplearemos una definición bastante amplia de cultura política, que nos permita aproximarnos a este mundo complejo de modo flexible. Siguiendo al clásico estudio de Almond y Verba (1970), entenderemos por cultura política las actitudes de los individuos ante el sistema político, frente sus diferentes partes y ante su propio papel en este sistema. Nos parece útil también el énfasis que dan Thompson, Wildavsky y Wildavsky (1990) al utillaje compartido por los grupos, el cual señala que las culturas políticas describen generalmente a personas que comparten valores, creencias y preferencias, legalizando diferentes formas de vida.

Por lo tanto, nos interesa pensar cómo se aproximan y qué creen los estudiantes respecto de lo público, en este caso, un mundo de posconflicto; sobre todo, cómo se distinguen por la forma diferente en que perciben a los actores que tomaron parte de este periodo, a las causas que pueden identificar, al Estado, la institucionalidad, la ciudadanía, el cambio social, la violencia y la justicia, y la relación que hacen del pasado con el presente. En el caso de los maestros y maestras, en tanto actores y testigos durante el conflicto, el énfasis es otro. Se analizan los discursos imperantes en el magisterio y la vigencia (o no) de la "idea crítica" que marcó la generación en los años ochenta.[1] De este modo, se indaga sobre el uso del lenguaje para nombrar el periodo, la explicación del surgimiento de la violencia y el rol del magisterio durante el conflicto. Estas percepciones, en un mundo posconflicto, son una ventana de oportunidad para indagar sobre lo público, el Estado, la democracia y la visión de la violencia

---

1. La "idea crítica" responde a un término acuñado por Portocarrero y Oliart en su libro ya clásico *El Perú desde la escuela* (1989) para dar cuenta de un discurso predominante en el magisterio peruano, de corte marxista, durante la década de 1980.

como medio válido de resolución de conflictos y del rol docente en la formación ciudadana de sus estudiantes.

1. Sobre la cultura política de los profesores

> Yo creo que muchos han tenido sus ideas comunistas también. La mayoría de docentes tienen miedo de que se les vincule el comunismo con el terrorismo, entonces, como ahí se habla de la igualdad social, entonces yo creo que va por ese camino.
>
> Carmela, profesora del colegio Lima-Este

El magisterio peruano tiene una tradición de activa participación política. La historia de conformación de su sindicato, el Sindicato Unitario de Trabajadores en la Educación del Perú (Sutep) da cuenta de dicho activismo (Pezo, Ballón y Peirano 1981).

Las militancias en el interior del magisterio, si bien diversas, se han caracterizado en los últimos cuarenta años por una predominancia de partidos de izquierda e izquierda radical en su sindicato y un discurso predominante que Portocarrero y Oliart (1989) caracterizaron como "la idea crítica".

No es el objetivo desarrollar aquí el conjunto de este discurso, pero para el presente análisis es importante destacar sus principales características. La idea crítica surge a partir de bases marxistas que permiten reinterpretar la historia peruana de opresión y fracasos, y ofrece una salida liberadora. Por un lado, explica las relaciones de opresión e injusticia del país poniendo el énfasis en lo económico y en las diferencias de clase; y por el otro, propone una solución a la dominación a través de la lucha colectiva. Bajo dicho marco, la combatividad es exaltada y la violencia es entendida como una "medida de fuerza" válida del oprimido sobre el opresor; y el diálogo es menospreciado, en tanto el entendimiento entre clases sociales resulta impensable (Portocarrero y Oliart 1989: 118).

La mayoría de maestros que participaron en este estudio han sido estudiantes universitarios o docentes de colegio durante el florecimiento de la idea crítica. Por tanto, este marco ideológico constituye un referente cercano y vigente durante el CAI —y para algunos afectivamente próximo— que es preciso considerar.

Si bien identificamos un discurso donde prevalecen algunos elementos de la idea crítica, sin duda, los maestros no han pasado el horror en vano, han aprendido de ello y en particular rechazan la violencia como medio de resolución de conflictos, injusticias y desigualdades. Sin embargo, son muy críticos con una representación maniquea de aquellos años —lo que va a contracorriente de los sentidos comunes propagados en los medios de comunicación—, en una posición que podemos resumir como que ni Sendero fue todo odio y destrucción, ni las fuerzas del orden trajeron protección y pacificación. Es decir, la comprensión de los actores involucrados es compleja; pero incluso son más críticos con el Estado, pues reconocen que muchas de las causas estructurales que dieron origen al PCP-SL siguen estando vigentes. En otras palabras, los olvidados siguen siendo los mismos de siempre, y por eso hay muestras de temor de que la violencia pueda regresar. Además, se percibe también una transformación en su quehacer político, en la militancia partidaria y hasta en la participación sindical; en gran contraste con los años setenta, hoy son menos los que se mantienen políticamente activos, y en cambio predomina un desencanto por estos espacios y los pequeños grupos de interés que defienden.

Por tanto, encontramos un magisterio que encierra una diversidad de perspectivas y posiciones ideológicas que contrasta con el magisterio monolítico de la idea crítica de Portocarrero y Oliart (1989). Esta diversidad está presente en cada una de las instituciones educativas visitadas, y el contexto de la huelga magisterial del año 2012 permitió visibilizarla más claramente, notando que los discursos no pueden asociarse, como inicialmente pensamos, a zonas o colegios determinados.[2]

Sin embargo, en cada institución visitada encontramos al menos un grupo de maestros que tiene una vasta trayectoria política (sea como dirigentes estudiantiles, sindicales o militantes de izquierda) y un discurso articulado, de corte clasista, con un conocimiento amplio sobre la izquierda y acerca de lo que fue el PCP-SL sobre la base de su experiencia directa. Estos maestros suelen ser varones, de mayor edad y juegan un rol importante en el interior de la comunidad educativa, ya que manejan un discurso sólido validado en su rol de testigos directos de aquellos años. Estos maestros suelen ser muy buenos oradores y apropiarse del uso de la palabra, en ocasiones con la anuencia —aunque no siempre con la aprobación— del resto de docentes.[3]

Consideramos que mirar las percepciones subjetivas de los maestros y maestras sobre la violencia vivida en el país durante los años ochenta y noventa es una ventana privilegiada para entender cómo dichas experiencias han marcado la cultura política de quienes

---

2. Como se mencionó anteriormente, el inicio del estudio coincidió con una huelga magisterial importante, que si bien por un lado dificultó el desarrollo del trabajo de campo, por el otro permitió conocer las distintas tendencias y posiciones del magisterio en cada colegio.

3. En distintas ocasiones se observó la distancia o discrepancia de varios maestros con dicho discurso. Las visitas al colegio durante la huelga fueron una primera oportunidad de ver un parteaguas entre los docentes que se plegaban a la huelga y los que no; asimismo, durante los talleres con docentes, observamos que para algunos maestros (sobre todo los más jóvenes) el discurso marxista aparecía como ajeno, pero atractivo o, en todo caso, muy sólido para ser rebatido; para otros, si bien era un discurso familiar, era demasiado conocido, y, de este modo, se mostraban más bien cansados (¿indiferentes?) de darle batalla. Muy pocos discutían este discurso en público, aunque en las entrevistas mostraron su distancia o desencanto, por ejemplo, con el sindicato, claro representante de esta postura ideológica en el magisterio. De cualquier manera, el discurso clasista suele copar los espacios públicos, y por ello, a simple vista, parece más hegemónico de lo que es entre el magisterio.

tienen a cargo la formación ciudadana y el desarrollo de la conciencia histórica de sus estudiantes.

1.1 El poder del lenguaje: palabras controvertidas y sus significados

> Ceder en las palabras, aceptar el léxico del enemigo, son errores que se cometen bastante a menudo, y no siempre de manera consciente.
>
> Medios para la Paz 2005

El tema de nombrar a un periodo violento de la historia reciente encierra la enorme dificultad para resumir en un solo término la complejidad de una época dolorosa y próxima, y que por tanto recoja las múltiples miradas que conviven muchas veces contrapuestas.

Este reto para nombrar periodos de la historia no es un problema exclusivo de la historia reciente —sino del propio proceso de construcción de la historia—, y sin embargo la proximidad de los hechos evidencia más nítidamente que los relatos históricos son elaborados también por personas concretas, con intenciones y desde puntos de vista específicos, en momentos determinados.[4] Claro ejemplo de ello son los términos para caracterizar la llegada por primera vez de los españoles a América: entre el "descubrimiento" o la "conquista" de América" hay un abismo conceptual y político.

Conscientes de esta problemática, el estudio indaga por los nombres más usados entre el grupo de maestros entrevistados para aludir al periodo de la violencia que atravesó el país durante los años ochenta y noventa, es decir, se analiza el uso del lenguaje y sus significados para representar dicha época.

---

4. Asimismo, quienes escribimos este texto también tenemos un lugar de enunciación, ya señalado, que se sostiene en el *Informe final de la CVR*. Sobre el tema, véase la introducción de este libro.

En general, se encuentra que la forma de nombrar refleja las posiciones e interpretaciones de cada maestro, y estas, a la vez, revelan las distintas tendencias y usos presentes en la sociedad como parte del periodo de posconflicto. Es decir, durante las entrevistas, el uso de términos como "guerra popular", "terrorismo" o "conflicto armado interno" funcionan como claves de la posición e interpretación del maestro frente a este episodio de la historia reciente.

Por tanto, el lenguaje delata, manifiesta identidades y posiciones frente al tema, y los maestros lo saben. Sobre todo en Ayacucho, los maestros han aprendido a ser cuidadosos. Entre los recuerdos vívidos de aquellos años de violencia está el hecho de que a algunos la palabra inadecuada les costó la vida.

> Un señor [...], que estaba en el parque sentado con su esposa en estado etílico y en la noche llegaron los sinchis.[5] En ese tiempo estaban los sinchis aquí. Llega y de noche le habla. Y el único pecado que dijo: "¿Qué desea, compañero?". Suficiente la palabra de "compañero". Y le fusilaron inmediatamente.
>
> Martín, profesor del colegio Ayacucho-Provincia

Este recuerdo surge durante un taller con maestros en una provincia de Ayacucho, en donde un maestro quiere dar cuenta de la arbitrariedad y el abuso de las Fuerzas Armadas. El testimonio muestra claramente al lenguaje como marcador durante aquellos convulsionados años de violencia.

Pero el poder del lenguaje para estigmatizar no es cosa del pasado, sino que continúa y opera también en el presente. Durante el inicio

---

5. Los sinchis fue el primer comando policial "especializado" en terrorismo que enfrentó a Sendero Luminoso en Ayacucho bajo el estado de emergencia. Supuestamente entrenados por EE. UU. en la lucha contra la guerrilla, combatieron con poco éxito al PCP-SL, y se les recuerda por el abuso y violación de los derechos humanos.

del trabajo de campo en Lima, en búsqueda de instituciones educativas que quisieran participar en el estudio, la carta de presentación del proyecto fue motivo de rechazo de un director, quien exigió que en la carta, en vez de señalar "el conflicto armado interno" —como se redactó inicialmente— se señale "la época del terrorismo".[6]

De este modo, ambos episodios muestran el estigma a partir del uso de palabras concretas y la herencia de los años de violencia, cuando ciertas palabras se tornaron prohibidas, tabúes. Ejemplo de este efecto en el lenguaje es la propia palabra "sendero" —en minúscula, es decir, aquella que alude a camino—, que para muchos es evocadora de Sendero, e incluso para algunos puede llegar a ser incómoda, prefiriendo el uso de otros sinónimos —"caminos", "trochas", "atajos", "rutas"—, en especial si el uso de esta palabra supone una exposición pública.[7] Así, esta y otras palabras traen su estigma del pasado, pero sus significados trastocados operan en el presente.

Del mismo modo, el lenguaje clasista está asociado a Sendero, y por tanto hacer alusión a diferencias entre clases sociales,

---

6. A partir de esta experiencia, en la cual el lenguaje usado fue motivo de estigmatización y rechazo por parte de un colegio a participar en el estudio, el lenguaje de la carta fue revisado por el equipo, y decidimos usar un estilo "más neutro". De esta manera, en la carta final se hace referencia al "periodo de la violencia de los años ochenta y noventa", es decir, optamos por una descripción que permitiera iniciar una conversación antes que por un término que pudiera interpretarse como una parcialización y por tanto nos cerrara puertas. Por ello, para evitar generar incomodidades o anticuerpos en el entrevistado, se acordó que antes que imponer una forma de nombrar el periodo —con los sesgos y prejuicios que estos suponen— las entrevistadoras preguntarían al maestro sobre el término que ellos usan para referirse a este periodo, y este se utilizaría para el desarrollo de la entrevista.

7. Durante el proceso de esta investigación, en una reunión de trabajo en la que se discutían posibles títulos para un libro, una persona sugirió incluir "sendero" —en su acepción de "camino"— como parte del título; pero inmediatamente la misma persona se autocensuró, y dijo que la palabra era inapropiada por estar asociada a Sendero Luminoso.

explotación o dominación se ha vuelto un lenguaje sospechoso.[8] Sin embargo, este lenguaje marcó a muchos jóvenes universitarios del Perú de los años setenta, y con mayor énfasis en las facultades de ciencias sociales y educación, donde los cursos de materialismo dialéctico e histórico solían ser obligatorios (Portocarrero y Oliart 1989: 117). En efecto, el testimonio a continuación constata que muchos maestros fueron formados bajo este marco de análisis de la sociedad, o más bien por una versión simplificada de este.

> Incluso en la misma universidad había un profesor que enseñaba escuela marxista, y uno leía, después veía Sendero, también con la misma teoría, las mismas fuentes. Dudas, muchas dudas.
>
> Javier, profesor del colegio Lima-Este

En general, la formación del magisterio de aquellos años estuvo impregnada por la ideología y propaganda comunista venida de la entonces Unión Soviética a través de materiales simplificados de adoctrinamiento en lo que Degregori llamó la "revolución de los manuales" (Degregori 1990). Era lo que estaba en boga en esos años, y el lenguaje clasista se expandió rápidamente en universidades e institutos públicos de formación docente y atrajo a muchos jóvenes, idealistas, preocupados por la realidad nacional, que se iniciaban en la vida política. Muchos de ellos optaron por la militancia en partidos de izquierda.

Sendero Luminoso surge en este contexto, y reelabora el discurso marxista con influencia leninista-maoísta, donde el lenguaje es la base de su proselitismo. Así Sendero usó metáforas que representaron maniqueas imágenes de la sociedad que organizaron el mundo

---

8. Lenguaje clasista alude al análisis dicotómico marxista que explica los fenómenos sociales y económicos sobre la base de las diferencias de clase, en donde la clase de mayor poder económico, la que tiene control de los medios de producción, domina a la otra clase, que carece de dichos medios.

en dicotomías absolutas: "los buenos" y "los malos" (Biondi y Zapata 1990), y de los segundos el PCP-SL prometía liberarnos. En consecuencia, el discurso del PCP-SL forzaba a la toma de posición: "estás conmigo" o "estás contra mí", y si estás en contra te constituyes como "enemigo" y eres sujeto de violencia. Y es que la violencia fue parte constitutiva de su discurso y su práctica contra el enemigo. En relación con el uso de lenguaje, la apropiación de la frase de Mao Tse Tung "el poder nace del fusil" así lo demuestra.

Pero, como hemos visto, el lenguaje fue un arma de doble filo durante aquellos años de violencia —en tanto era el principal recurso del proselitismo del PCP-SL, pero también podía delatarte y volverse contra ti—, y sin duda continúa siéndolo en la época actual de posconflicto. Y es que el comunismo, en el mundo en general, perdió vigencia y prestigio con la disolución de la URSS, pero en el Perú la asociación del lenguaje clasista con el comunismo y con la ideología del PCP-SL lo desacreditó aún más, y hoy es motivo de desconfianza y sospecha.

Sin embargo, este lenguaje reflejaba también una identidad, una visión del mundo que expresaba una preocupación por el colectivo, por la búsqueda de la equidad y la justicia, que no era exclusividad de Sendero. No obstante, la preocupación por el bien común y la solidaridad parecen haber perdido vigencia también, y, por tanto, no es solo el lenguaje clasista, sino el lenguaje proigualdad, justicia o derechos el que aparece como mal visto. Hoy en día el discurso predominante en el Perú, en el marco del neocapitalismo, celebra el esfuerzo personal, el emprendedurismo y el individualismo, donde la pobreza es vista como el resultado de un esfuerzo individual insuficiente (Uccelli y Garcia Llorens 2016). En este marco, las luchas colectivas por el bien común aparecen como un discurso obsoleto.

Tomando en consideración este complejo contexto, a continuación analizaremos los términos más empleados por los docentes para nombrar el periodo, para lo cual es preciso no analizar las palabras *a priori*, sino buscar entender sus significados y contextos de utilización. Al respecto, se identifica que el término más popular entre los maestros es el de "terrorismo" y, que por el contrario, la expresión "conflicto armado interno", acuñada por el *Informe* de la CVR, tiene muy poca difusión y su uso es muy restringido entre docentes.

a. La generalización del terror: significados del término "terrorismo"

A partir de las conversaciones con los maestros, el terror aparece como la palabra que mejor describe a la época de violencia vivida en las décadas de 1980 y 1990 en el Perú, y el término "terrorismo" es la manera más extendida para nombrar el periodo, tanto en Lima como en Ayacucho.

Sin embargo, el término "terrorismo" tiene distintas acepciones entre los maestros. Los significados de la palabra varían de docente a docente, y en función de ello, algunos reconocen usarla, mientras otros señalan su distancia o abierto rechazo al término. Además de estas diferencias, se observa que en el interior del discurso de cada docente la palabra puede tener distintos empleos y significados, dependiendo del contexto o del interlocutor.

Iniciemos la reflexión con aquellos maestros y maestras que señalan que "terrorismo" es el término que usan y les parece adecuado para nombrar el periodo. Para estos maestros, "terrorismo" alude a la descripción de una época de terror caracterizada por el uso de la violencia. Las citas a continuación reflejan bien el discurso encontrado en los cuatro colegios estudiados.

> Creo que sí, es el más apropiado porque terrorismo se refiere a la época terrorífica; realmente hubo terror por las bombas que hacían, pues, los coches-bomba, nos dejaban sin luz, entonces era una época de alarma.
>
> Hugo, profesor del colegio Lima- Metropolitana

> El sentido de la palabra "terrorismo" yo lo entiendo como terror, sobre todo eso, nada más.
>
> Lourdes, profesora del colegio Ayacucho-Provincia

Como se puede apreciar en las citas anteriores, para estos maestros de Lima y Ayacucho, la palabra "terrorismo" no alude a actores específicos, ni a sucesos determinados, sino más bien describe una época de violencia y miedo generalizado. Es decir, no se refieren a los "actos terroristas", sino a un "periodo" en que la población se vio violentada, atemorizada y maltratada.

Este discurso presente en los cuatro colegios identifica que la violencia provino tanto de Sendero Luminoso como de las fuerzas del orden. "Para mí, esa palabra terrorismo justamente envuelve tanto a los senderistas como a los militares, que ambos causaron terror, derramaron sangre" (Isabel, profesora del colegio Ayacucho-Capital). "Entonces, claro, eso es terrorismo porque causa terror, causa miedo, zozobra en la población. Y no solamente los grupos armados, sino también el Estado, también ha causado miedo, terror…" (Jaime, profesor del colegio Lima-Este).

Dentro de este grupo de maestros se identifican otros discursos que forman parte de este abanico de posiciones variadas en el magisterio, donde "terrorismo" sí alude a los actos terroristas cometidos por Sendero Luminoso: un maestro usa el término "terrorismo" para aludir a la "subversión del orden" (Raúl, profesor del colegio Lima-Este). Otra profesora utiliza el término "terruco" en el momento que narra una terrible experiencia, cuando ella fue testigo de atroces actos de violencia cometidos por Sendero. Por otro lado, otras maestras hacen referencia al término "terruco" justamente para criticarlo como inapropiado (Carmen, profesora del colegio Lima-Metropolitana; y Shirley, profesora del colegio Ayacucho-Provincia), pero sus comentarios dan cuenta de que otros sí lo usan, y en su opinión es un término común entre sus estudiantes y los medios de comunicación:

> Los chicos también le dicen "los terrucos", entonces la prensa también trata de hacer más feo de lo que ya es la realidad; a veces la prensa tergiversa todo, lo cuenta mal, ya lo aumenta cosas. La palabra más fuerte que yo he escuchado es "terrucos", y a los policías también, que a veces le dicen "perros", eso es lo más fuerte que he escuchado en la prensa.
>
> Shirley, profesora del colegio Ayacucho-Provincia

En efecto, el empleo del término "terrorismo" en medios de comunicación se registra desde inicios de la década de 1980, y hace referencia principal y casi exclusivamente a los actos terroristas cometidos por Sendero Luminoso o el MRTA (Acevedo 2002).

Por tanto, el término "terrorismo" es polisémico, y si bien entre el magisterio alude principalmente a una época, también es usado para hacer referencia a actores y acciones "terroristas".

Sin embargo, como veremos a continuación, en el magisterio predomina una posición muy crítica hacia el discurso que presenta al Estado (fuerzas del orden) como los salvadores de la población frente al terrorismo.

b. En búsqueda de neutralidad: "No tanto terrorismo, sino otra palabra... yo le llamo época del miedo"

Otros docentes se muestran más cautelosos y hasta incómodos con la palabra "terrorismo". Aunque se reconoce que es la forma más extendida de nombrar el periodo, o justamente por eso, prefieren términos alternativos.[9] Este discurso está presente en los cuatro colegios visitados.

Los argumentos que sostienen una mirada crítica al uso del término "terrorismo" son diversos, pero podemos agruparlos principalmente en dos: aquellos docentes que prefieren aclarar el sentido en

9. Como se verá a continuación, el reparo es al uso hegemónico del término "terrorismo" entre grupos de poder y medios de comunicación.

el que se utiliza y aquellos que se sienten expresamente ofendidos y rechazan tajantemente su uso. Ambos proponen el uso de expresiones más neutrales.

Algunos docentes señalan que es un término muy general o confuso, y una docente piensan que es muy fuerte como para emplear en la escuela. "[¿Por qué no terrorismo?] Porque de repente para los jóvenes será muy fuerte la palabra" (Blanca, directora del colegio Lima-Este).

Otros maestros sostienen que el término "terrorismo" es inadecuado porque reduce la complejidad del fenómeno, ya que no expresa el carácter político de Sendero ni incluye la violencia perpetrada por el Estado.

> [¿Y el término "terrorismo" porque ya no lo usa?] Eh, porque para mí el que, terrorismo se relaciona mucho con actos ya extremos, volar una torre, ¿no? Este, matar indiscriminadamente. En cambio la violencia, este, no solamente es eso, la violencia implica parte de eso, pero también otras cosas, el punto de vista político, el punto de vista social, etc., económico. Violencia venga de donde venga. Y tiene varias dimensiones, depende quién la ejerza y cómo la ejerza. El Estado también hace violencia, Sendero también hace violencia, etc. Pero cada uno en diferentes dimensiones.
>
> Javier, profesor del colegio Lima-Este

De este modo, otros señalan que el término "terrorismo" enfatiza solo "el terror", "el mal", y por tanto no da cuenta ni de la aceptación social que tuvo Sendero Luminoso en los inicios de los años ochenta ni de la búsqueda de justicia que perseguía.

> [¿Qué piensa de ese término "terrorismo"? ¿Estaría bien usarlo en la escuela?] Yo creo que no. "Terrorismo" es como decir "terror", diríamos, el mal. Lo pondría con otra palabra. Conociendo a las personas, el grupo de Sendero que quiso cambiar algunas cosas y no lo consiguieron.

> [...] Y explicar por qué también no tuvo un buen fin y tampoco no volverlo a hacer. Es tan doloroso para tantas familias que han sido involucradas sin serlo, yo creo que solo sería eso.
>
> Shirley, profesora del colegio Ayacucho-Provincia

En el testimonio anterior, como en muchos otros, la maestra parece querer recuperar la voluntad de transformación social —sostenida en un compromiso social, sensibilidad, apuesta por la justicia, la igualad— que probablemente condujo a muchos de sus amigos y conocidos a enfilarse en el PCP-SL, y no solo una apuesta de odio insano. Por ello, buscan "neutralidad" en el lenguaje, porque se sienten cercanos y no pueden juzgarlos tan tajantemente únicamente como terroristas —en contraposición a lo que hacen los medios, de los cuales constantemente se quejan.

Como se vio anteriormente, varios profesores tuvieron o tienen vínculos estrechos con personas que ingresaron al PCP-SL, lo que creemos influye en el juzgamiento general que hacen del PCP-SL y del uso del lenguaje para referirse a ellos. Si bien los profesores entrevistados reconocen el horror cometido por el PCP-SL y deslindan con la violencia perpetrada, por otro lado, pervive una mirada condescendiente con Sendero que se expresa en la búsqueda de un lenguaje menos duro para nombrarlos y que recoja la complejidad de sus experiencias.

Todos estos discursos docentes que prefieren aclarar el sentido y proponen términos más "neutrales" (como, por ejemplo, "época del miedo", "violencia", "enfrentamiento", "violencia sociopolítica") fueron identificados en los cuatro colegios visitados en Lima y Ayacucho. Asimismo, estos maestros reconocen lo extendido que está el término "terrorismo", y que ellos mismos muchas veces lo usan —como efectivamente sucedió durante las entrevistas—, pero prefieren aclarar que lo entienden en sentido amplio y distinto al empleo del término en los medios de comunicación.

Por otro lado, se encuentran otros discursos que no solo se distancian del término, sino que lo rechazan de plano, no lo usan, y es más, al escucharlo se sienten agredidos porque les parece sesgado. Su reacción proviene de entender que "terrorismo" alude solo a las acciones de Sendero Luminoso, y por tanto desconoce, niega y, lo que es peor, esconde los crímenes cometidos por las Fuerzas Armadas. En ese sentido, es considerado inaceptable; sugieren términos alternativos y, otra vez, se apela a la necesidad de usar un lenguaje "neutro".

> Simplemente a través de los medios de comunicación señalan terrorismo, terrorismo, pero eso es lo que no me agrada. Terrorismo ha venido de ambos frentes, de ambos frentes ha venido el terrorismo, eso no hay que negarlo, pero sin embargo a veces los medios de comunicación defienden una posición, y eso no debe ser así. Tiene que ser equilibrado, transmitir información equilibrada.
>
> Jaime, profesor del colegio Lima-Este

Varios testimonios sindican a los medios de comunicación como actores decisivos en la expansión del término "terrorismo" en la población, y su significado restringido que iguala terrorismo a Sendero y desconoce las matanzas y desapariciones que realizaron las Fuerzas Armadas y policiales. Por tanto, este recelo en relación con el término expresa el fastidio con el uso hegemónico —no necesariamente con el empleo local del término— que enfatiza lo que se denomina como "memoria salvadora".[10]

La "memoria salvadora" en el Perú alude a una narrativa que le otorga todo el crédito de la victoria sobre la violencia al entonces

---

10. "Memoria salvadora" es una expresión acuñada por Stern (2002) para dar cuenta de un discurso desde el poder sobre los conflictos armados en la región latinoamericana (particularmente Chile y Argentina), y que Degregori (2009) retoma para explicar el discurso que predomina en medios de comunicación y grupos de poder de la sociedad peruana posconflicto.

presidente Alberto Fujimori —eludiendo reconocer la violación a los derechos humanos por parte de las fuerzas del orden e incluso en ocasiones justificándola—, en donde se entiende que se logró la paz sobre la base de una "patria homogeneizada alrededor del mercado y las FF. AA." (Degregori 2009). Aquel que se oponga a dicho paradigma —neoliberalismo o autoritarismo— se construye como un "enemigo" del Perú. El apelativo de "terrorista" para cualquiera que cuestiona el orden de cosas, en lo social, político o económico, tiene esta genealogía.

Sin embargo, como se ha visto anteriormente, el significado que la mayoría de maestros dan a "terrorismo" no es el que propagan los medios de comunicación y círculos del poder. Los maestros lo usan en un sentido mucho más amplio, que alude a la época del terror, cuando la violencia fue ejercida por diversos actores.

En efecto, a pesar de las discrepancias y aclaraciones de los maestros, el término "terrorismo" ha ido calando en la sociedad, y, en opinión de los maestros entrevistados, su uso es generalizado entre estudiantes y sus familias. Ejemplo de esto nos lo dio una docente en el colegio Ayacucho-Provincia, que comentó que ella prefiere utilizar la expresión "época de los ochenta" en su aula, pero que sus estudiantes inmediatamente responden "ah, señorita, ¿se refiere a la época del terrorismo?". Otro maestro en Ayacucho señala: "Es un término que usa todo el mundo; tanto los estudiantes, adultos, la familia, todos" (Juan, profesor del colegio Ayacucho-Provincia). Y como se verá más adelante, efectivamente, el grupo de estudiantes lo emplea sin reparos, aunque tiene también varios significados.

Así, los recurrentes comentarios de los distintos docentes en relación con el término "terrorismo", sea a favor o en contra, demuestran que su uso es extendido, y por eso mismo los docentes señalan la necesidad de precisar o aclarar su significado. Los docentes aparecen como críticos y a contracorriente de la tendencia dominante que proyecta una memoria salvadora.

Asimismo, los maestros conocen los distintos usos del lenguaje al referirse al periodo de la violencia, y si bien pueden por momentos expresar ideas que parecen entender al terrorismo como sinónimo de Sendero Luminoso, en otros momentos este mismo docente se puede mostrar crítico con el uso del término o emplearlo para hacer alusión a una época de miedo que incluye el horror cometido por el Estado. La siguiente cita muestra que el discurso sobre el terrorismo es polisémico y que la reflexión sobre la violencia vivida se sigue elaborando:

> Yo creo que el término "terrorismo" o "subversión" son los que más se emplean tanto en los libros, tanto en los videos, en los diarios, etc. ¿Por qué? Porque están subvirtiendo el orden, están yendo contra lo que está establecido. Injusta, o justamente, están yendo contra el orden establecido, por lo tanto son subversivos, están subvirtiendo la ley. [...] habría que analizar bien qué cosa se entiende por el término "terrorismo", que infunde temor, caos, confusión y todas las secuelas que pueden derivarse de ello, todo eso implica lo que es terrorismo. [...] El terrorismo puede venir por parte del Estado, más aún cuando es un Estado dictatorial surgido de un golpe, de una dictadura, como también por parte de los mismos grupos subversivos que se levantan en contra de un sistema, de un gobierno.
>
> Raúl, profesor del colegio Lima-Este

Indudablemente, las entrevistas fueron una ocasión para dicha reflexión, pero los maestros toman posiciones sobre el uso del lenguaje adecuado que evidencian una reflexión anterior al estudio, sobre todo aquellos que se han propuesto enseñarlo en el aula. Sin duda, las palabras usadas y los significados están fuertemente vinculados con las experiencias de cada docente, y es desde sus vivencias que utilizan el lenguaje, interpretan y explican el conflicto.

c. *Tensiones en torno a la expresión "conflicto armado interno"*

El informe de la CVR, en tanto se enmarca dentro de un proceso y metodología de justicia transicional, se rige bajo marcos jurídicos internacionales.[11] Sin embargo, estos marcos no son de conocimiento público, y la discusión sobre la expresión adquiere un carácter técnico y político difícil de seguir.[12] Por tanto, varios maestros son poco claros con respecto al sentido de este término, y en consecuencia prefieren no usarlo.

Durante las entrevistas, quedó claro que la denominación de "conflicto armado interno" no aparece espontáneamente en el discurso docente. Ninguno de los entrevistados alude a ello cuando se le plantea la pregunta abierta sobre cómo nombra al periodo de la violencia de los años ochenta y noventa; y cuando se indaga directamente acerca de su opinión sobre esta expresión hay respuestas variadas. Al igual que con el término "terrorismo", algunos docentes se muestran de acuerdo con la expresión CAI, aunque es evidente

---

11. El *Informe final de la Comisión de la Verdad y Reconciliación* (CVR) nombra al periodo de violencia como "conflicto armado interno" sobre la base del Derecho Internacional Humanitario (DIH). Según el DIH, dos fuentes jurídicas tipifican situaciones de conflictividad y alteración del orden público, y determinan si un conflicto armado es internacional o no internacional. La primera fuente, el artículo 3, común a los Convenios de Ginebra de 1949, establece que un conflicto armado no internacional (o interno) es un enfrentamiento con actores en el interior de un territorio, a lo que se agregan dos principales criterios: la intensidad de la violencia y la capacidad organizativa de los que la ejercen. La segunda fuente, el artículo 1 del Protocolo adicional II, es más restrictiva en tanto se refiere "solo a los conflictos armados entre Fuerzas Armadas estatales y Fuerzas Armadas disidentes u otros grupos armados organizados. Contrariamente al artículo 3 común, el Protocolo no se aplica a los conflictos armados que ocurren solo entre grupos armados no estatales" (CICR 2008).
12. Las respuestas de rechazo a la Comisión de la Verdad se hicieron sentir desde los inicios de su conformación y se intensificaron al poco tiempo de la presentación pública del informe. Entre las críticas estuvieron el cuestionamiento a la expresión "conflicto armado interno".

que solo una minoría —más vinculada a asociaciones de víctimas y derechos humanos— lo usa. Otros docentes en cambio se muestran más bien reticentes y desconfiados, especialmente en Ayacucho, ya que algunos perciben el *Informe de la CVR* como una narrativa desde el poder, desde Lima, y en ese sentido ajena a lo local. Sin embargo, lo cierto es que muchos no parecen siquiera familiarizados con esta denominación, y varios se muestran en desacuerdo, principalmente porque les parece "confusa" o "imprecisa".

> A veces, cuando dicen eso [conflicto armado interno], creo que es ser benevolente con lo que ha sucedido, algo como sin importancia [...].
>
> Julián, profesor del colegio Ayacucho-Capital

> [¿Qué dice usted de expresiones como "conflicto armado interno"?] Tiende a confundir. ¿Qué cosa es un conflicto armado interno? Porque si hablamos de conflicto armado interno, para mí, sería hablar de guerra civil. Si no, ¿qué es una guerra civil? Es un conflicto armado interno, no estás ahí aclarando nada. Estarías confundiendo al alumno, porque el alumno ve subversión, terrorismo, conflicto armado, guerra civil. ¿En qué estaría?
>
> Raúl, profesor del colegio Lima-Este

Si bien a una escala se puede decir que el CAI es una expresión oficial, en tanto está en el informe de la CVR que fue un mandato del Estado, en otro sentido sabemos que su poca aceptación y legitimidad han impedido que se expanda y se utilice.

La CVR ha sido rebatida por sus detractores, argumentando que la denominación de "conflicto armado interno" esconde la pretensión de otorgar un carácter de "beligerante", de "combatiente" o de "prisioneros políticos" tanto a los militantes de Sendero Luminoso como del MRTA con la intención de liberarnos de sus responsabilidades.

Aunque jurídicamente esto no es cierto, y el informe de la CVR lo señala explícitamente, el debate se vuelve muy legalista y confuso.[13]

Lo cierto es que, aunque las expresiones "terrorismo" y "conflicto armado interno" no son excluyentes, desde la narrativa de la *memoria salvadora*, se ha construido una dicotomía moral entre ellas que desconfía de cualquier denominación que no describa el periodo de violencia vivido sindicándolo como terrorismo. En palabras de Bregaglio, "como si calificar lo vivido en nuestro país como conflicto armado desmereciera la gravedad de los hechos" (Bregaglio s. f.).

Por tanto, "CAI" termina siendo el lenguaje de la CVR, y al igual que otros términos, está asociado a pequeños grupos de izquierda y derechos humanos impulsados desde Lima. Para los grupos de poder en la sociedad, se señala que el CAI quiere desconocer el actuar terrorista del PCP-SL; mientras que para muchos afectados en las zonas

---

13. El tomo I del informe de la CVR presenta las bases jurídicas de la denominación de conflicto armado interno y explica por qué evita usar el término "terrorismo": "[...] la CVR no está convencida de que este término alcance a describir con precisión el amplio rango de conductas emprendidas por dichos grupos, ni de que exista un amplio consenso jurídico internacional sobre el contenido del término. Su utilización, por el contrario, al cabo de un prolongado conflicto armado, está cargada de significados subjetivos que hacen difícil el análisis de la conducta de quienes decidieron alzarse contra el Estado y en ese rumbo cometieron violentos crímenes. Por esta razón, la CVR ha distinguido entre los actos de subversión que tuvieron como objetivo aterrorizar a la población civil y otros de distinta índole, y ha buscado utilizar el concepto de 'terrorismo' y 'terrorista' con cautela y rigurosidad." (CVR, I 2003: 43). Asimismo, rechaza el supuesto estatus beligerante señalando que: "El Derecho Internacional Humanitario, en el caso que nos compete, se limita al deber básico de prohibir que los grupos participantes en el conflicto armado hagan blanco de sus ataques a la población civil. Su aplicación no afecta en modo alguno 'la responsabilidad que incumbe a todo gobierno de mantener y restablecer el orden público en el Estado y de defender la unidad e integridad territorial del Estado por cualquier medio legítimo'" (Estatuto de Roma, 1998; artículo 8, párrafo 2, inciso g) (CVR, I 2003: 43). Paradójicamente, estas mismas citas son usadas por sus oponentes para sustentar la imparcialidad del informe de la CVR.

de mayor violencia se considera como una expresión acuñada desde Lima que desconoce la realidad local y excusa a las fuerzas del orden. ¿Cómo se vive esto desde el magisterio?

En los talleres realizados se pudieron apreciar distintas tendencias, en relación con la CVR y su informe, entre los maestros de Lima y Ayacucho. La discusión en Ayacucho-Provincia supuso dos niveles de reflexión. Por un lado, los comisionados en tanto actores y por otro, el informe de la CVR, en tanto producto de investigación sobre el periodo de violencia. En general la percepción general de los maestros en Ayacucho fue de cuestionar principalmente al producto, es decir, el informe realizado. Por un lado se pone en entredicho su validez porque los comisionados no han contrastado los hechos, porque han pagado a las personas para que declaren, y de esa manera han recogido información falsa e incompleta, porque varios no han dado su testimonio. Todo ello, en opinión de los docentes, sustenta su parcialidad e invalidez.

Por el contrario, en Lima-Este el conjunto de maestros afirma la utilidad del informe porque, como dice la profesora Dora, ha permitido "esclarecer muchos de los atropellos de los derechos humanos, matanzas, asesinatos". Asimismo, la profesora Gabriela reconoce que el informe —aunque es inconcluso y algunas personas no fueron consultadas— es producto de una investigación que recoge muchas vivencias que podemos conocer y reflexionar a partir de ellas. De este modo, varios maestros del grupo señalan usar el material como fuente para su enseñanza en las aulas.

> Nos ha sensibilizado a la realidad. Es un documento que, por lo menos, ha hecho un estudio de todos estos años de violencia, y que podemos recogerlo y reflexionar sobre ello. Y de verdad que cuando uno... yo sí les he leído historias, he sacado para la clase y los chicos hasta han llorado. O sea, se han compenetrado con la problemática, y eso es importante, porque así lo reconocemos que es un hecho y que no debe

> ocurrir, nadie quiere que se pierda nuestro hermano, nuestro padre, nuestra madre.
>
> Beatriz, profesora del colegio Lima-Este

Así, en Lima, la reflexión sobre el informe y el propio proceso de la CVR (audiencias públicas televisadas) motivan a una reflexión introspectiva y crítica sobre el rol que tuvimos todos como sociedad y la indiferencia mostrada hacia nuestros hermanos y hermanas que sufrían todo tipo de violaciones a los derechos humanos.

> Yo, verdaderamente, yo lo he escuchado por el canal [...], y me he quedado impactada, porque digo: ¿nosotros dónde estábamos, dios mío? Estábamos aquí en el Perú. No hubiéramos podido solucionar, pero hubiéramos podido hacer ciertas cosas. No sé, una presencia pacífica. Así como salimos a protestar a pedir por la paz, hubiésemos hecho tantas cosas. Pero bueno, yo creo que por algo ha llegado la Comisión de la Verdad. En parte, yo creo que es importantísimo en la sociedad.
>
> Gabriela, profesora del colegio Lima-Este

Por tanto, los docentes en Lima y Ayacucho muestran distintas miradas ante la CVR y su informe, ¿pero cuál es la percepción del término "CAI" entre los maestros?[14]

La búsqueda de "neutralidad", muy generalizada en el discurso docente, refleja la necesidad de ir a paso seguro en un tema que es de por sí muy sensible en la sociedad en general, y, como hemos visto, el lenguaje importa.

Ante la diversidad de términos y lo espinoso del tema, los docentes buscan un lenguaje seguro, y para ello prefieren ceñirse a lo que dice el Diseño Curricular Nacional (DCN).[15] En un contexto

---

14. Para ver el poco uso del informe de la CVR en el aula, véase capítulo 1.

15. El DCN 2009 es el que estaba vigente durante la investigación.

de gran estigmatización del lenguaje, seleccionar lo que propone el currículo es una manera de estar a salvo.

> En la programación está el nombre, época el terrorismo. Nos basamos en la programación. [...] Porque en la programación dice terrorismo. Entonces, sí, de alguna forma nos tenemos que adecuar a la programación del Ministerio.
>
> Alba, profesora del colegio Lima-Este

En efecto, el currículo es el documento oficial del Ministerio de Educación (Minedu). Sin embargo, qué lenguaje usar tampoco parece estar del todo claro en el Minedu. Analizando el DCN 2009, se observa que se hace mención a varios términos. Por ejemplo, dentro de los contenidos del área de Formación Ciudadana y Cívica, se señala "Violencia y conflicto interno en el Perú", y dentro de los contenidos del área de Historia, Geografía y Economía se hace mención a "Terrorismo y subversión en el Perú".

Asimismo, el libro de texto de quinto de secundaria —del área de Historia, Geografía y Economía de la editorial Santillana—, distribuido a escala nacional en los colegios públicos durante 2012, muestra también tensiones e indefiniciones. Este texto opta por nombrar el capítulo que alude al periodo de violencia como "crisis de la violencia", pero simultáneamente en el cuerpo del texto persisten otras formas de referirse al periodo, tales como "terrorismo", "violencia política" y "periodo de violencia". Por el contrario, la referencia a "conflicto armado interno" no es mencionada en los textos, y sin embargo sí se usa el *Informe final de la CVR* como fuente válida del texto. Así, pese a que el currículo y el libro otorgan legitimidad al informe de la CVR, no se emplea la expresión que dicho informe utiliza.

La diversidad de términos propuesta por Minedu (en el DCN y los libros de textos) termina siendo una muestra de indefinición más que un recurso pedagógico y político de incluir distintas miradas, ya que no se incluye un espacio para reflexionar sobre los retos de nombrar dicha época. Esta dificultad para nombrar también desde el Minedu pone en evidencia que el discurso pedagógico sobre el periodo aún está en construcción y en pugna, y que no hay una política de educación y memoria que ampare este proceso.

1.2 El surgimiento de la violencia y sus principales actores

Los docentes entrevistados señalan múltiples causas para el surgimiento de la violencia, que podemos organizar en tres: en primer lugar, la pobreza, desigualdad e injusticia, que se expresa en la falta de recursos básicos para vivir —sobre todo de la población rural— y en el enorme contraste en las condiciones de vida y poder de unos ciudadanos sobre otros; en segundo lugar, se señala la ausencia, abandono y desidia del Estado en relación con los más necesitados, que se expresa en el centralismo, la corrupción y la impunidad; y finalmente, la ideología de los grupos subversivos, que logró articular un discurso que explicaba la dominación y ofrecía un camino claro para combatirla, usando y abusando de la situación de precariedad de la población como instrumento de manipulación y proselitismo.

De estos tres argumentos, el que está más generalizado entre los docentes entrevistados en los cuatro colegios es la referencia a condiciones de pobreza e injusticia como causas fundamentales del surgimiento de Sendero y su inicial acogida entre la población. El testimonio a continuación refleja muy bien el sentir entre el magisterio.

> Las injusticias de diferente tipo, político, social, económico y todo eso, a Sendero le sirvió como caldo de cultivo para venir por ese camino. En parte ellos estaban en busca de luchar por esa injusticia, pero por el camino de la violencia. [...] si no hubiera las injusticias, no tendrían Sendero cómo plantear, quizá no hubiera recibido tanta gente.
>
> Juan, profesor del colegio Ayacucho-Provincia

Muchos maestros explican la exclusión justamente como resultado del abandono del Estado, que no provee las condiciones básicas para la población: a saber, el curar, educar, defender y cuidar a cada uno de sus ciudadanos. Justamente, la población se rebela ante el uso y abuso de autoridades que, como dice el testimonio siguiente, suelen actuar en favor de unos pocos.

> Bueno, yo creo que ahí la clave es la injusticia. No hay postas médicas, no hay colegios como deberían ser, no hay profesores, las autoridades no cumplen su labor, la ayuda del Estado es mínima, y si llega ayuda mínima es solamente para los conocidos de las autoridades.
>
> Raúl, profesor del colegio Lima-Este

Asimismo, este abandono del Estado tomó formas de desprecio, abuso y discriminación cuando sus representantes, a través de las fuerzas del orden, entraron a combatir la violencia. Los profesores señalan que el Estado no se acercó a las zonas para proteger ni defender a la población, sino, por el contrario, la estrategia fue arrasar con ella.

> Otra causa es la discriminación racial, étnica, que se ha producido. Es decir que los blanquitos, los criollos de Lima gobernando y la gente que es quechuahablante, eran considerados hasta como "tucos", como terroristas.[16] Y las Fuerzas Armadas justamente ni siquiera sabían hablar quechua, eran que han vivido en las ciudades, que han tratado de escalar posiciones, de comodidad, y entonces fueron al campo a combatir. Entonces, donde había, por ejemplo, ahí hay un sospechoso, hay un terrorista entonces, hay que arrasar a todos. Eso ha sido lo del campo, esas son las causas estructurales, sociales, la brecha entre ricos y pobres.
>
> Jaime, profesor del colegio Lima-Este

---

16. "Tuco" alude al término "terruco" o "terrorista".

> Mucha gente, por abandono del propio Estado, bueno, ha estado obligado, pero esa situación el Estado, o sea los ejecutores de la situación contrasubversiva no entendieron ahí; en vez de separar a la gente, coger la gente buena y dejar a un lado la gente mala, lo que hizo fue un picante, mezclarlo todo, y para ellos era todo igual, oiga usted. Desde ese punto de vista, le vuelvo a decir, pues, los militares no estaban preparados para esta situación, mucho menos la policía, que era más cerca a la parte civil. Robos, violaciones, matanza, todo lo que es.
>
> Martín, profesor del colegio Ayacucho-Provincia

Si bien los docentes plantean causas estructurales para el surgimiento de la violencia y son muy críticos con el rol del Estado por el abandono del campo y por su mismo papel durante el conflicto, no hay aval ni justificación de la violencia, por el contrario, la rechazan. Sin embargo, muchos declaran sentirse de acuerdo con los ideales de justicia e igualdad de Sendero. La cita a continuación resume el sentir de muchos docentes en las cuatro instituciones visitadas.

> Yo creo que la época del terrorismo, yo creo que tienen buenas ideas también, pero me parece que lo malo es que ellos no han actuado bien, creo que les faltó algún plan, donde no se podía dañar la vida de las personas.
>
> Elena, profesora del colegio Ayacucho-Capital

Finalmente, algunos docentes señalan que un aspecto fundamental para entender la multicausalidad del surgimiento de la violencia es la ideología comunista que sustentó y validó el discurso y práctica de Sendero y el MRTA, haciéndolos partícipes de un fenómeno de cambio social —promovido entonces desde la Unión Soviética y China— que trascendía el país y, por tanto, lo legitimaba. Esta es una causa mencionada en todos los colegios, aunque no por todos los docentes. Curiosamente, aquellas que mencionan a la ideología como una causa importante para entender el surgimiento de la violencia son mayoritariamente profesoras mujeres, quienes se muestran críticas con dicha ideología.

> Allí empezó todo. Fue allí donde existieron esos líderes que eran personas muy leídas. Gente que hablaba del marxismo, leninismo y maoísmo. Ellos hicieron que la gente de ese entonces leyese, y con ello vean lo que estaba pasando, pero lo que hicieron finalmente fue un genocidio, eso no fue un verdadero comunismo.
>
> Milagros, profesora del colegio Lima-Este

> Yo creo que eso ha sido, ubicarse en la parte sierra, originarse, y también creo que se han dejado llevar por los ensayos de José Carlos Mariátegui, se han dejado guiar por todas esas cosas, entonces él quería ver algo nuevo, algo cambiado, pero yo creo que se le pasó de las manos. Yo creo que él ha debido hacer sus reclamos, pero no asesinando.
>
> Shirley, profesora del colegio Ayacucho-Provincia

Además, algo vinculado a la ideología, varios docentes señalan que Sendero se aprovechó de la situación de marginación e injusticia para expandirse, y que la falta de educación de la población —que algunos expresan como ignorancia— explica la inicial adhesión, acogida y expansión de Sendero en el campo.

> Yo conozco la sierra, mucha pobreza. Entonces, viene gente que les habla, pues, de que van a mejorar, que el culpable es el Estado. Y de repente falta de información de la misma gente que vive por esas zonas bien alejadas. Y quizás sea una ideología, ¿no?, "ay, vamos a cambiar, solamente el poder está en Lima".
>
> Alba, profesora del colegio Lima-Este

Algunos docentes, principalmente en Ayacucho-Provincia, matizan el argumento de la "ignorancia" y añaden que Sendero buscó ganarse a la población tomando la justicia por sus manos, es decir, sancionando a borrachos, abigeos y autoridades corruptas. "Se hacía justicia popular" (Lizandro, profesor del colegio Ayacucho-Provincia). "Por ejemplo, decía que el alcalde era corrupto, todo eso, pum, entraban y mataban, así era esos tiempos. No querían que haiga injusticia" (Laura, profesora del colegio Ayacucho-Provincia).

Los testimonios anteriores que abogan por la idea de que Sendero atrajo a la población a través de la "justicia popular" más bien confirman lo señalado por otros docentes, que la acogida del PCP-SL se explica también por una larga tradición política autoritaria que antepone el fin a los medios.

> O sea, buscamos una autoridad violenta, radical, y no es. Tal vez por eso en su comienzo tuvo cierta acogida, porque esa es nuestra mentalidad, que viene desde tiempos antiguos, porque éramos sometidos y todo, pero no es la forma.
>
> Eva, profesora del colegio Lima-Este

Por tanto, de las causas identificadas, la alusión a la pobreza y desigualdad es la más generalizada, y esta suele estar vinculada a una fuerte crítica al rol del Estado como proveedor de condiciones a sus ciudadanos. Asimismo, varios docentes, aunque no todos, señalan la radicalización de la ideología comunista de la época como una causa importante, que usó y abusó de la población más vulnerable para expandir sus ideas.

A continuación, el análisis de actores se centra en la mirada del magisterio en relación con Sendero Luminoso y las fuerzas del orden como principales actores del conflicto. El primero, en tanto declara la guerra y se levanta en armas contra el Estado peruano; y el segundo actor, en tanto encargado de defender el orden constitucional y el Estado de derecho.

Si bien respecto de las causas se identifican discursos similares entre docentes de los distintos colegios visitados, como se verá en la siguiente sección, cuando se analiza a los principales actores del conflicto se identifica mayores diferencias entre los profesores de Lima y de Ayacucho.

a. *Sobre Sendero*

La mayoría de maestros en Lima y Ayacucho muestran una dificultad compartida para hablar sobre Sendero unidimensionalmente, es decir, como bueno o malo, ya que se le reconoce como un actor complejo. Sin embargo, se advierten claras diferencias en esta tendencia: mientras en Lima se permite una mirada crítica de Sendero y se le reconoce como terrorista, en Ayacucho predomina una percepción más condescendiente, y durante el análisis del PCP-SL se alude repetidamente a las fuerzas del orden como los principales activadores de la violencia.

A continuación presentamos la reflexión sobre este actor a partir de las entrevistas y los talleres realizados en Lima-Este y Ayacucho-Provincia.[17]

En el taller con profesores en Lima, Sendero es asociado "con el terrorismo", "con el pensamiento Gonzalo", "con el comunismo con Rusia"; y si bien se le reconoce un discurso de justicia e igualdad, también se señala que usaron medios violentos y de terror: "Querían cambiar el mundo, pero lo que estaba equivocado era la forma en que quería cambiar, ¿no?, la sociedad de forma violenta. Y eso era lo que causaba terror" (Yeny, profesora del colegio Lima-Este).

Los maestros en Lima-Este tienen una mirada crítica de Sendero, y reconocen el estrecho vínculo entre el discurso "liberador" y las prácticas de terror y de muerte, ya que señalan que la ideología de Sendero era consistente con la violencia. A eso se suma el gran

---

17. La información analizada de docentes proviene, por un lado, de una primera etapa de entrevistas individuales a docentes y luego, una segunda etapa, de un taller con docentes. Para mayor información véase el anexo metodológico.

desprecio e intolerancia del PCP-SL por todos aquellos que pensaran distinto. La discusión sobre Sendero reconoce que tuvo inicialmente buenas relaciones con la población, en el que había compañerismo y colaboración, pero que luego esta relación cambió. Y es que el PCP-SL mostró una cara mientras las comunidades colaboraban y otra cuando estas se le enfrentaron.

> Yo me pregunto, ¿y quienes les ha causado eso? Para hacer la violencia, la guerra, la matanza, ellos han querido eliminar a toda la gente y entrar. A todo aquel que no pensaba igual que ellos. No creo, no me parece. [...] Eran persistentes porque el fusil primero que nada. Iban a todo lugar con el fusil. El que se interponía ahí, mataba, barría con todo.
>
> Dora, profesora del colegio Lima-Este

> Nos consideraban ignorantes. O sea, ellos como conocedores, como superiores, como éramos ignorantes, podían hacer con nosotros lo que querían.
>
> Eva, profesora del colegio Lima-Este

> Jaime: Bueno, claro, al inicio tuvo aceptación de la población, y por ello colaboraron en alimento, hospedaje, todo eso. Pobrecitos, cómo andarán, con zapatillas rotos, zapatos rotos, sí había aceptación.
>
> Dora: Al comienzo también les quitaba a la gente que tenía más ganado, que tenía más chacras en la sierra. Les quitaba dice, y les daba a los más pobres, a los más necesitados, los repartía.
>
> Beatriz: El que más tenía, pero el problema no era ese. El problema era que dar la vida estaba en manos de ellos. O sea, ellos podían decidir entonces; ellos ahí se van al plano de la vida entonces, ahí el choque.
>
> Gabriela: Eran sectarios, ¿no? Eran como una secta, pienso yo. Querer imponer a la fuerza, imponerse a través de la violencia, sus ideas.
>
> Registro etnográfico del taller, colegio Lima-Es

Por otro lado, en Ayacucho, en palabras de los docentes, el PCP-SL está a asociado con "clandestinidad", "muerte", "torturas", "saqueos", "hostigamiento", "orfandad", "reclutamiento forzoso", "migraciones y desplazamientos", "caos", "crisis económica", "terror", "desconfianza" y "secuelas psicológicas". Si bien todas estas palabras tienen una carga negativa y aluden a acciones violentas, no se menciona el término "terrorismo". Además, durante la reflexión algunos docentes enfatizan insistentemente en que fue el ejército el mayor perpetrador, ya que era el actor llamado a defender a los ciudadanos, y terminó atacando a la población incluso peor que el PCP-SL.

> Como vuelvo a decir, Sendero se hubiera eliminado así en el peor de los casos en medio año. [...] ¿qué es lo que ha hecho la fuerza armada en su conjunto? Es como se dice pues, encender esa situación.
>
> Martín, profesor del colegio Ayacucho-Provincia

Las experiencias directas de violencia y abuso de los militares en la zona son las que terminan por reforzar el discurso que minimiza
s acciones violentas del PCP-SL. De este modo, algunos docentes
ieren desconocer que Sendero haya sido el responsable de terribles
uciones masivas en comunidades campesinas —como la sucedida
hungui—: "Lo único que sabemos a ciencia cierta que es trabajo
dero Luminoso es el caso de Lucanamarca porque de boca pro-
reconocido ellos" (Martín, profesor del colegio Ayacucho-
). Los docentes destacan que en realidad era una época de
nfusión, "no se sabía quién era quién", y señalan que los
nbién mataban en nombre de Sendero. "Hubo matanzas,
Y Sendero venía, no sabías si era Sendero o los militares,
ieron y muertitos estaban llevando, todos" (Edgardo,
e egio Ayacucho-Provincia).
 de gran confusión respecto de los actores es usada
cluso negar matanzas cometidas por Sendero, pero

el laberinto de actores no es mencionado de igual manera para dudar de las acciones violentas cometidas por el Estado. En realidad, más bien parecería que ante cualquier duda respecto del perpetrador de actos de violencia y abuso, el Estado es sindicado como el responsable. Esto es sin duda reflejo del abuso de militares en la zona que terminó empujando a la población hacia el PCP-SL para vengar los abusos del Estado, pero también es cierto que muchos pobladores de esta zona militaron en el PCP-SL. Por ello, probablemente es difícil atribuir a conocidos, vecinos o amigos semejantes actos de violencia como los que cometió Sendero. Y de alguna manera la necesidad de venganza frente el abuso de los militares aparece como un intento de comprender y justificar la violencia de sus conocidos.

> Yo tengo un compañero de estudio que se volvió un sanguinario, ¿a consecuencia de qué? A ese señor, a su hermano, a su suegro, a su hijo lo han matado. ¿Y quién lo ha matado? [el ejército] [...] Y cuando lo han matado el señor quiso buscar, y no encontró una justicia. Ah, ya, entonces actúo de esta manera.
>
> Edgardo, profesor del colegio Ayacucho-Provincia

A la situación de proximidad con el PCP-SL y las experiencias de arbitraria violencia sufrida sistemáticamente por las Fuerzas Armadas se le añade el querer reconocer aspectos positivos de la actuación del PCP-SL en la zona. En particular que, vía la "justicia popular", no había corrupción ni delincuencia común, y por tanto la población recuerda que eran tiempos de mayor seguridad y justicia.

> En aquella época de la violencia no había, como se llama, la delincuencia común, no había prostitución. [...] Los corruptos no había tampoco. Por eso hasta cierto punto, cuando usted habla, conversa en la calle ante tanta situación de corrupción, mejor que vuelva Sendero dicen.
>
> Martín, profesor del colegio Ayacucho-Provincia

Estos discursos reflejan el claro vacío dejado por el Estado y su inoperancia en determinadas zonas, en donde se percibe que actualmente la corrupción carcome los distintos niveles del Estado. Ante ello, la alta demanda de mano dura como medio de ejercer efectiva justicia (aunque no sea democrática), según algunos docentes, prevalece en el imaginario de la población.

Pero los recuerdos tienen distintas imágenes, no siempre coherentes, pues si bien algunos docentes en el colegio de Ayacucho-Provincia señalan que Sendero puede ser recordado como un opositor y enemigo de la corrupción y la injusticia, al mismo tiempo otros docentes en el mismo colegio lo recuerdan como un perpetrador despiadado: "Veías disparar a los policías, y el ver a los policías asesinados en fila, descuartizados como animales, dejado bombas por todas las calles, ver las tiendas quemadas" (Shirley); y al terror de aquellos años como una pesadilla: "La vida era terrible en esta provincia, y por eso ahora estamos un poco ya mejorando" (Sandro). "Era pues una zozobra prácticamente que se ha implantado a la sociedad, era muy difícil vivir" (Flavio).

b. Sobre el Estado

Las percepciones de los maestros de Ayacucho y Lima en relación con el Estado comparten una tendencia más clara y común: hablar del Estado es en general mucho más sencillo —que de Sendero— y la posición frente a su rol durante el conflicto es sumamente crítica, con mayor intensidad en Ayacucho.

La discusión sobre el Estado en el colegio de Lima-Este entusiasma a los participantes, quienes empiezan a dar ideas de palabras asociadas con Estado: "indiferente", "centralizado en la capital", "no respeta, también, los derechos", "mucha pobreza, injusticia, desigualdad", "buscan sus propios intereses, un Estado que busca sus propios intereses", "corrupción", "el olvido a los pueblos", "violencia", "en la sierra, la selva, el olvido", "abandono del campo", "discriminación, racismo, exclusión".

Las asociaciones del Estado con aspectos negativos son inmediatas e imparables, y conforme la discusión va entrando en el terreno propio de la época de la violencia esta connotación negativa solo se intensifica: "Desesperadamente empezó a todo el mundo a matar que era terrorista o no", "Si en un pueblo habían dos terroristas, masacraban el pueblo, a todo el pueblo", "Guerra de baja intensidad", "Dictadura", "Autoritarismo", "Masacre", "Robo del Estado, violaciones", "Fuerzas Armadas dentro de esto no eran confiables", "Era enemigo, también, del pueblo", "Las Fuerzas Armadas, también, los violaba a la gente humilde, les robaban sus animales, se los comían".

La imagen del Estado durante aquellos años es vergonzosa, pero es compartida por todos los participantes, y pareciera que una palabra, una asociación, llevara a otra y otra, y se siente como una avalancha de críticas, decepciones frente a un Estado que debió protegerlos, y sin embargo hizo todo lo contrario. Es un reclamo ciudadano por un Estado que en general no provee las condiciones básicas para su población, y que, en la situación de violencia, lejos de protegerla, la agredió.

Algunas voces surgen más tímidas: "A las finales, de todas maneras, logró acabar con el terrorismo", pero luego de esta afirmación, que es compartida por varios participantes, surge nuevamente la crítica al gobierno de Fujimori y los atropellos que perpetró contra la población, y en particular con el magisterio. Sin duda, la memoria salvadora no ha calado en la mayoría del magisterio.

> Dora: Ahí en el gobierno de Fujimori fue que nos quitaron los derechos. ¿No te acuerdas? Nos borraron derechos de los trabajadores. En el gobierno de Fujimori también quitaron nuestros derechos, congelaron nuestros ascensos. Cambiaron el régimen laboral, desde ahí viene el cambio del régimen laboral.
>
> Beatriz: Desde la Constitución del 93.

> Dora: Y quiso gobernarse tres años, tres veces creo, quería quedarse toda la vida.
>
> Beatriz: Era la constitución de la re-re-reelección.
>
> Registro etnográfico del taller, colegio Lima-Este

La visión negativa supera al logro de acabar con el terrorismo, pues algunos docentes señalan que el Estado fue el principal actor que fortaleció a Sendero.

> Los grandes gobiernos de esa época tenían esas características; por eso que Sendero Luminoso pudo hacer las suyas. Era fácil, no había, pues, un gobierno que te diga: ¡alto!, porque yo soy alguien, y te caiga y te ponga orden. Estaban, en la corrupción, cada quien por su lado, y el pueblo era quien lavaba los platos rotos.
>
> Eva, profesora del colegio Lima-Este

En Ayacucho-Provincia, la discusión sobre el Estado se desarrolla también con mayor fluidez que acerca del PCP-SL. Parece más sencillo hablar sobre el Estado, es el "otro", vino mayoritariamente de fuera, por tanto no los interpela tanto a escala personal; aunque también hay familias de docentes con miembros en las fuerzas del orden.

De esta manera, a diferencia de la discusión sobre el PCP-SL, aquí las palabras fluyen imparablemente; al Estado se le asocia con "muerte", "matanzas", "torturas" "violaciones sexuales", "hijos no reconocidos", "abuso de poder", "no respetaron la ley", "generaron crisis económica", "saqueos", "asaltos", "temor", "veían a la población con odio, como culpables", "toque de queda", "corrupción", "mal ejemplo", "levas", "falta de preparación", "falta de organización, prevención, estrategias", "peleaban soldados, no profesionales".

Al igual que lo señalado en Lima-Este, en el taller en Ayacucho-Provincia la violencia por parte del Estado indigna porque es mucho más claro que, en medio del caos que se vivía, el Estado no fue un aliado, ya que en vez de protegerlos los atacó.

> Qué bueno hubiera sido que los policías y militares vengan con una idea clara de quién es quién y a quién hay que buscarlo, oiga usted, y que hubiera llegado como un hermano que realmente nos dé la mano en ese momento de desesperación.
>
> Martín, profesor del colegio Ayacucho-Provincia

Durante las entrevistas surgen también distintas experiencias que muestran la arbitrariedad estatal como norma, no como exceso, en donde predomina el desprecio a la vida de los lugareños.

> Los terroristas sí han sido malos, pero también los policías, el ejército también ha sido bien malo, bien cruel. Llegaban a los pueblos, se llevaban a los animales, incluso si no les regalaban violaban a las hijas, si defendían a las chicas los golpeaban.
>
> Shirley, profesora del colegio Ayacucho-Provincia

Entre los maestros hay una crítica profunda al Estado, y uno de los docentes insiste en denunciarlo como el principal instigador de Sendero, que en su opinión era inicialmente un grupo menor y débil. Frases como "los militares eran los reyes" dan cuenta del rol del Ejército en la zona y de cómo el Estado tenía distintas manifestaciones (policías, militares, sinchis, servicio de inteligencia, paramilitares, rondas campesinas) y articulaciones: "el ejército trabajaba directamente con las autoridades", situación en la que los pobladores jugaban un rol no solo subordinado, sino sometido a la autoridad militar, frente a la cual se sentían desprotegidos.

> Por ejemplo, la muerte de autoridades comunales. En ese tiempo nadie quería ser autoridad. Llegaban los militares, obligaban, ya acá no hay

> teniente gobernador, acá no hay autoridad, ya usted va a ser la autoridad. Al día siguiente aparecía muerto.
>
> Arnaldo, profesor del colegio Ayacucho-Provincia

Otro de los docentes comparte en la plenaria un recuerdo de la injerencia militar en la escuela, donde estudiantes y maestros tenían que hacer rondas nocturnas de vigilancia en resguardo de eventuales ataques senderistas.

> Obligatoriamente teníamos que hacer vigía los docentes, alumnos. Una lista. En eso yo me rebelé. Si no hay condiciones de enseñar a mis alumnos, mejor me retiro. [...] Yo le dije: usted debe respetar a los profesionales, se respeta. Usted al imponernos en la noche vamos a estar de mala noche, ¿ y cómo vamos a ir a trabajar al día siguiente? ¿Cómo van a rendir mis alumnos? Usted está equivocado. Ah ¡terrorista! Yo soy de San Cristóbal. Si yo hubiese sido terrorista, ya hubiese sido, no hubiese terminado. [...] A la hora que me tocaba el turno era martes, miércoles, jueves, acá son testigo, se hacía pues la vigía. [...] Y todos los docentes de acá de la población han aceptado esa tutela.
>
> Edgardo, profesor del colegio Ayacucho-Provincia

Asimismo, se destaca la improvisación y falta de preparación del Estado para combatir a Sendero, cuando jóvenes levados, reclutas, soldados sin experiencia combatían en las zonas de emergencia. "Había leva para los jóvenes, para servir a la patria. Era pues obligado" (Edgardo, profesor del colegio Ayacucho-Provincia). Por tanto, "la gente que ha venido entre comillas profesional en la guerra ha sido neófito, y la gente que ha sido analfabeto en el arte de la guerra es lo que ha ganado la guerra" (Martín, profesor del colegio Ayacucho-Provincia). De esta manera, se destaca el rol de las rondas campesinas para hacer frente a Sendero, así como, sin embargo, el poco reconocimiento que han tenido por parte del Estado.

> Aquí en [...] hay muchos ronderos que han fallecido, y nunca se le ha dado la reparación del caso, oiga usted. [...] Mal visto todavía. Claro, ha tenido errores, no podemos decir que no ha habido errores. Sí hubo errores. Pero esa gente ha sido gente campesina que no conocía de la ley, no tenía cultura, en otras palabras. Y se organizó, ganó una guerra.
>
> Martín, profesor del colegio Ayacucho-Provincia

Por otro lado, se destaca la corrupción de entonces entre militares, quienes vivían a costa de la población: “Ellos vivían de la gente pobre. Por decir las comunidades tenían que mantener con leña, con carne, con todo. [...] Eran unos asaltantes” (Esteban, director del colegio Ayacucho-Provincia).

El malestar en su relación con el Estado es generalizado, y trasciende el conflicto, ya que se identifica que la corrupción ha descompuesto el espacio político. Los docentes señalan que en el contexto político actual “el narcotráfico está metido en todo [...]. Un asco el poder político (Esteban, director del colegio Ayacucho-Provincia). Por tanto, la desconfianza respecto del Estado prevalece, no es solo un tema del pasado.

Y sin embargo los profesores reconocen que la violencia en Ayacucho los hizo visibles. “Gracias a este conflicto armado, por ejemplo, llegaron los primeros médicos. En otras palabras, el servicio de salud se ha organizado, también en educación” (Martín, profesor del colegio Ayacucho-Provincia).

1.3 *El magisterio durante y después del conflicto*

El conflicto armado peruano es sin duda complejo. Como en todo proceso de violencia política, hay perpetradores, hay víctimas y hay inocentes. Sin embargo, no todas las víctimas fueron siempre inocentes.

Los perpetradores no fueron solo los terroristas, como se ha visto en la sección anterior; las fuerzas del orden peruanas también ejercieron violencia despiadada sobre inocentes, y estos fueron autoridades, profesores, estudiantes, campesinos, hombres y mujeres atrapados en un tiempo de locura y terror, cuando la desconfianza era razón suficiente para ejercer la violencia.

En este contexto, la interpretación de una población sitiada entre dos fuegos da cuenta de la vida de muchísimas personas. Y esta es la perspectiva en la mayoría del magisterio. En la narración de sus experiencias propias o ajenas, la gran mayoría aparece como víctimas inocentes, atrapadas entre los ataques de Sendero Luminoso o de las Fuerzas Armadas. Esta visión es generalizada entre los maestros de Ayacucho-Provincia y sus pobladores, una de las zonas más afectadas por la violencia. En este colegio se narran variadas experiencias, en las que se vieron forzados a colaborar con Sendero o con las fuerzas del orden para sobrevivir, cuando los maestros eran vistos inevitablemente como sospechosos y se encontraban en medio de dos fuegos.

> Sendero y venían militares, igual era. También golpeaban a la gente. A los docentes igual nos sometían a castigo, pero siempre tratábamos de explicarle que nosotros no somos, con ninguno, solo queremos trabajar; pero siempre someten a ese problema, nos sentíamos en el medio, entre la pared y la espada.
>
> Edmundo, profesor del colegio Ayacucho-Provincia

Sin embargo, el magisterio fue también un actor importante durante aquellos años, y varios docentes nos cuentan de amigos y conocidos que se dejaron seducir por las ideas de Sendero y otros muchos que aunque no se hicieran militantes simpatizaron con la causa.

> Es que justamente pues en el magisterio también han estado docentes con esa ideología, con esa ideología violentista, y eso es lo que han propagandizado, esa ideología para que se cometan esos delitos de esa barbarie. E incluso maestros que nada tenían que ver en ese problema han muerto por considerarlos soplones. Eso ha pasado, varios maestros

> han fallecido. [...] Un dirigente del magisterio, pero por su ideología política, que es Patria Roja, ha sido asesinado por Sendero.
>
> Jaime, profesor del colegio Lima-Este

Las narraciones que resaltan la agencia de los actores de las experiencias fueron más frecuentes en Lima, tal vez porque en Ayacucho existe una visión mucho más crítica del Estado y de los docentes como víctimas de sus acciones. En estas narraciones, sin embargo, muchos docentes comparten situaciones diversas que señalan no solo víctimas, sino también protagonistas, y describen las acciones de personas involucradas, quienes tomaron decisiones con la información y posibilidades que tenían en su momento. En Ayacucho predomina un discurso más defensivo, y pocos reconocen el vínculo entre el magisterio y Sendero. Pero, en general, el ser sobreviviente de la violencia aparece en ambas zonas como costoso; ha dejado secuelas, culpas, memorias dolorosas que no se pueden olvidar y con las que a algunos les es difícil convivir. Como dice Primo Levi (2006), el accionar en contextos de extrema sobrevivencia deja poco margen para el recuerdo heroico.

A continuación, nos centramos en recoger la mirada de los maestros frente a su rol durante y después del conflicto a partir de la histórica proximidad del magisterio a Sendero, del estigma y maltrato recibido desde el Estado a partir de esta supuesta proximidad y, en este contexto de desconfianza frente a aquel, el reto docente de formar ciudadanos.

a. La proximidad a Sendero

La existencia y características del vínculo entre el proyecto político del PCP-SL y la educación, y el magisterio en particular, ha sido abordado previamente (Degregori 2015, Vargas 2009, Sandoval 2004, CVR 2003). En las conversaciones con docentes en Lima y

Ayacucho, encontramos una fuerte presencia de Sendero entre los amigos o conocidos en la universidad.

En el testimonio a continuación, Nicanor reconoce que hubo compañeros de universidad (no "compañeros" de militancia) que optaron por sumarse a Sendero Luminoso. No eran "los otros", eran también amigos; fueron también conocidos los que optaron por "la guerra".

> Yo tengo dos compañeros de San Marcos, de Derecho, que un día los vi, y conversando con ellos me decían que se iban a la guerra. Yo no entendía, era recién joven, y a la semana no aparecieron. A las dos semanas salió que habían sido acribillados en un camión, habían estado, habían ido a la zona convulsionada.
>
> Nicanor, director del colegio Lima-Metropolitana

El profesor Salvador, de Ayacucho-Provincia, dice: "La gran mayoría de las personas, queramos o no queramos, las personas del pueblo han estado en contra o a favor del país. Habían personas que estaban a favor, había personas que estaban en contra" (profesor del colegio Ayacucho-Provincia). Además, en pueblos más pequeños, todos eran conocidos, lo que hizo el conflicto mucho más complejo.

De la misma manera, varios docentes cuentan anécdotas que revelan las estrategias proselitistas de Sendero en la universidad.

> Yo he conocido amigos que han estado en ese grupo [Sendero]. Yo tuve a un amigo que me dio incluso un casete. Me dijo escúchalo que mañana… él creía que yo era de ese grupo. Porque si decía que no, habían reacciones pues. Y yo por sobrellevarle agarré y llevé el casete a mi casa. En una grabadorita pequeña. Mi suegro me apoyaba bastante. Cuando me casé yo llegué a vivir en su casa. Él era de la Guardia Republicana. Yo cuando llego a la casa de mi suegro tenía que escuchar. Mi suegro tiene un terreno de 800 metros cuadrados, y tenía que irme a un rinconcito escondido a escuchar. Esta grabación. Era la voz de una arenga que hacía, pero escuchando, escuchando se me iba lavando el cerebro.

> Te juro. [Hace una pausa y continúa] Yo dije mejor lo apago. Lo apagué porque yo me estaba dejando llevar [...]. Este convencimiento más que nada. Mejor lo apagué. Al día siguiente se acercó y me dijo "¿qué dices? Así yo le doy a muchos compañeros, y les tomo la lección al día siguiente". Ese amigo ha caído, lo han llevado a Huancayo.
>
> César, profesor del colegio Ayacucho-Capital

El testimonio de César destaca varias dimensiones de este acercamiento: es brindado por alguien próximo, no te puedes negar, el discurso es atractivo y peligroso, el contenido se evalúa.

Asimismo, algunos docentes señalan que la estrategia actual del PCP-SL continua muy vinculada al sector, y la más reciente muestra es la intención de dividir al Sutep para recuperar presencia y fuerza política en el sindicato.

> Y Sendero hoy en día está regresando al magisterio manifestando de que "tradición, traición". Yo estoy viendo eso, de que la división es justamente de ellos. Ellos están dividiendo. [...] Tienen que oponerse por oponerse y punto con el fin de construir su partido o su ideología en el sindicato. Eso es lo que está sucediendo actualmente, ahorita estamos divididos en el magisterio.
>
> Jaime, profesor del colegio Lima-Este

Este último testimonio da cuenta, por un lado, de que el PCP-SL es reconocido como un actor político vigente y activo; y por el otro, que el Sutep se percibe aún como un espacio de pugna con Sendero, pero con un sindicato mucho más debilitado, dividido y, como veremos a continuación, para muchos desprestigiado.

b. *Estigmatización*

Los maestros señalan varias consecuencias de los años violencia; por un lado la criminalización de la protesta, la intolerancia hacia el que piensa distinto y la estigmatización. Todo ello dificulta mucho las interrelaciones, pero también enrarece el clima para el tratamiento de un tema como este en la escuela. En palabras del profesor de historia Jaime:

> La consecuencia, justamente, de esta guerra interna que hemos tenido, más de veinte años, en el país. Se ha sembrado la intolerancia en todo nivel, en todas las escuelas. No hay una cultura democrática, no sabemos deliberar desde nuestro punto de vista. No sabemos, como se dice, solucionar a través de la vía del diálogo, problemas que conflictúan para ambas partes. Cada quien quiere imponer su posición o quiere salir con la suya.
>
> Registro etnográfico del taller, colegio Lima-Este

Varios docentes mencionaron que durante la huelga magisterial de 2012 los medios de comunicación desvirtuaron los reclamos docentes diciendo que los huelguistas eran senderistas, sobre todo en Lima.[18]

En la capital, aunque varios apoyan las razones de la huelga, otros muchos muestran descontento con el sindicato en general, con la actual división y sobre todo con el manejo de Patria Roja durante todos estos años. La cita a continuación es de un docente en Lima, exdirigente estudiantil de activa participación política, quien aparece fuertemente decepcionado de su sindicato y percibe una gran responsabilidad del magisterio en el desprestigio social que tiene hoy en día.

> Yo les dije a mis colegas: "Discúlpenme, pero yo no los voy a acompañar en la huelga". "¿Por qué, eres un amarillo?". "Tengo mis razones. Pero una de las más importante es que a nosotros nos han dejado olvidados

---

18. Huelga nacional magisterial de 2012 en protesta contra la Ley de Reforma Magisterial. Supuso paros de labores en colegios a escala nacional por un periodo aproximado de cuatro meses (agosto a noviembre), aunque con acatamiento parcial de los docentes.

> [se refiere al sindicato]. Y discúlpame, yo no soy un borreguito para que algunos me estén llevando por donde mejor les crea conveniente. Mientras yo no vea una seriedad, una formalidad para realizar pasos, no cuenten con mi persona". Es más, le digo, en la última reunión le dije: "Aquí, decir profesor es sinónimo de ser burro, flojo, terrorista, entonces qué más, qué más podemos decir a la población".
>
> Jaime, profesor del colegio Lima-Este

En el colegio de Lima-Metropolitana una maestra nos dice: "Sobre el sindicato no me hables que me da alergia el sindicato", lo cual es sin duda un fastidio extremo; sin embargo, sí hay para muchos un desencanto del Sutep frente a la promesa que significó el sindicato en los años setenta.

En el colegio Ayacucho-Capital el estigma del "terrorista" es un asunto doloroso dentro de las experiencias docentes y un problema no resuelto. Se hizo mucho énfasis en la forzada migración que provocó la violencia en la zona, y cómo el estigma de senderista les impidió continuar con su vida, conseguir trabajo, estudiar, etc.

> Al ser ayacuchanos nosotros éramos marginados por la sociedad. El que habla, por ejemplo, a los inicios de la vida de juventud, cuando terminé secundaria, quise ser policía. Me presenté a la escuela Mariano Santos, en Chorrillos, para Guardia Civil, en dos oportunidades, y solo por ser ayacuchano me han marginado.
>
> Esteban, director del colegio Ayacucho-Provincia

Sin embargo, para varios docentes, seguir hablando de la época de la violencia contribuye a reforzar este prejuicio, no solo del maestro senderista, sino del ayacuchano, y por eso varios se esfuerzan en negar la existencia de secuelas de la violencia o de remanentes de Sendero. Estos docentes no quieren hablar ni que se hable más del tema, quizás como una manera de hacerlo desaparecer, una forma de evitar que se repita. Otros en cambio piensan que es bueno hablar del tema, que las nuevas generaciones conozcan lo que pasó, para evitar que vuelva a suceder, pero el temor acerca de cómo hacerlo persiste.

A pesar de estas diferencias, en Ayacucho y Lima se comparte un miedo latente a que la violencia pueda repetirse, y esto está estrechamente ligado a lo que consideran son las principales causas de la violencia. Entre los muchos vacíos que se le reclaman al Estado, hay consenso sobre el maltrato sistemático a sus docentes y al abandono de la educación pública.

c. *El reto docente de formar ciudadanos cuando se desconfía del Estado*

El maestro de la escuela pública es un funcionario estatal, y parte de su rol es formar ciudadanos, dar cuenta de la estructura del sistema político, sus principios y reglas fundamentales, y, por supuesto, de la democracia. Sin embargo, como hemos visto, los maestros se muestran sumamente críticos respecto del Estado, tanto durante el conflicto armado interno como en el contexto actual. ¿Cómo resolver esta tensión? Lo cierto es que el magisterio encarna un doble rol, y son conscientes de ello.[19]

> Sí, efectivamente, hablar de estos temas del Estado sí es posible; sin embargo, no puedes, siendo un servidor público en este caso, no puedes hablar mucho [...]. Aparentemente, para nosotros el Gobierno es transparente, democrático, todo lo demás. Es entre comillas, ¿no? Sin embargo, estamos de alguna manera vigilados.
>
> Lizandro, profesor del colegio Ayacucho-Provincia

Durante el CAI, los maestros asociaban Estado a abuso y muerte, y ahora al Estado se le vincula con corrupción y narcotráfico. La

---

19. Sobre el doble rol del magisterio, véase Vargas 2013.

desconfianza por tanto es crítica e histórica, y hay en el discurso docente una desesperanza con respecto a que esto pueda revertirse, porque el Estado aparece como de espaldas a los que más necesitan, y el magisterio, en particular, se percibe como maltratado por el Estado.

> [...] téngalo en mente una situación de que el magisterio, a pesar de que es el único instrumento del Estado que llega a todos los rincones, primero es maltratado; segundo, nunca se le ha dado el sitial que le corresponde; tercero, hay un sueldo de mendigo, oiga usted.
>
> Martín, profesor del colegio Ayacucho-Provincia

Sin embargo, los maestros no consideran problemático hablar en el aula de este Estado real —ineficiente, abusador, corrupto y desinteresado en el bien de su población—, pues los docentes aseguran que eso es parte de la experiencia de los estudiantes. Los maestros encuentran así mucho más sencillo hablar crudamente del Estado que de Sendero. Los docentes argumentan que al Estado "lo viven" los estudiantes, mientras a Sendero no lo han vivido, es más difícil explicar lo que fueron esos años "porque ellos no lo han vivido".[20]

> Beatriz: Es la vida cotidiana, también, de nuestros alumnos. Si ven que el policía, que en el micro que viaja, tire coima, ven que cuando tienen justicia ellos no se muestran, hay que nos roban en la casa o alguien golpeó a alguien. Y no ven que la policía no viene, no auxilia.
>
> Dora: Tienes que darle plata.
>
> Beatriz: Entonces, los chicos mismos dicen: "No, no podemos". Antes se decía el policía, tú tienes que recurrir al policía cuando tienes problemas.
>
> Eva: Ya no.
>
> Yeni: Más bien, la policía abusa de la gente pobre.

---

20. Asimismo, al hablar del PCP-SL operan los temores analizados en el capítulo 1: a las posibles represalias ya sea del PCP-SL o por la ley vigente de apología, o a movilizar emocionalmente a sus estudiantes o a sí mismos.

> Beatriz: Hay desconfianza. Cuando está la policía, mejor hay que retirarnos.
>
> Registro etnográfico del taller, colegio Lima-Este

> Esteban: ¿Qué cosa vemos en los noticieros? Corrupción. ¿Y qué van a aprender nuestros jóvenes?, los que vienen al ver toda la corrupción, ver hasta un poco nos roba dinero... Un asco el poder político.
>
> Registro etnográfico del taller, colegio Ayacucho-Provincia

Indagando sobre los retos de la enseñanza de nociones como democracia y del Estado como garante de derechos en este contexto, los docentes no parecen problematizarse demasiado, pues señalan que se aborda desde una "perspectiva crítica". Esto significa que la escuela no invierte demasiado tiempo en lo "ideal", sino que la reflexión se centra en cómo convivir con este Estado real y deficiente.

> Carmela: Esto del Estado, de las Fuerzas Armadas, policiales, es más fácil de hablarlo que lo otro, creo yo, porque esto lo viven los alumnos. Prendes el televisor, todo lo relacionado está en el periódico, la misma realidad, el barrio.
>
> Yeni: Usted le pregunta qué es el Estado y te dicen es corrupción.
>
> Carmela: Es más cercano y lo viven. Muy diferente a hablar de esta época del terror o Sendero Luminoso.
>
> Beatriz: Ellos tienen que hacer, ellos mismos sus teatros de su vida diaria. Y ahí sale, o sea, no podemos ocultarle la realidad. No le podemos decir que recurra al policía, porque más hay corrupción.
>
> Registro etnográfico del taller, colegio Lima-Este

El espacio de "los valores" parece ser la salida de algunos maestros para resolver la tensión con el Estado, y otros proponen reflexionar a partir de lo micro, de la vida cotidiana, para entender nociones más amplias de democracia.

> El foco de democracia baja al aula también. El aula también es el reflejo de la sociedad. Si en el aula no sabemos convivir, cómo vamos a esperar convivir en una comunidad o en una localidad. Si somos indiferentes ante los hechos que suceden en el aula, entonces llego a mi barrio, y voy a ser indiferente a los hechos que sucedan ahí. No me interesa, mientras no me afecte. Y esa es la comparación que se puede hacer, mientras nosotros decimos que el aprendizaje ya se vuelve más significativo.
>
> Eva, profesora del colegio Lima-Este

Pero en el discurso del magisterio algo ha cambiado tanto en Ayacucho como en Lima. Aunque subsisten elementos de la idea crítica en relación con las percepciones de la realidad del país y del Estado, permanece la mirada crítica de la realidad, el cuestionamiento al rol del Estado, a la pobreza y la desigualdad; incluso pervive el discurso y análisis clasista, pero la violencia ya no es más un discurso válido para resolver los problemas.[21]

> Yeni: Hay que tener cuidado con los alumnos. Son adolescentes, y están todavía confundidos. Lo que al menos yo nomás les refuerzo que deben respetar las leyes, las normas; tú puedes tener ideas diferentes, pero no debes de causar violencia, tienes que, dentro de la ley, las normas, la democracia.
>
> Registro etnográfico del taller, colegio Lima-Este

De igual manera, los maestros entrevistados reconocen la corrupción y la desigualdad que caracterizan a nuestra sociedad y

21. Sin embargo, este discurso clasista en nuestra sociedad posconflicto es un marcador estigmatizante. Así, en los medios de comunicación peruanos, si un maestro usa un lenguaje clasista para reivindicar mejores sueldos y condiciones laborales es inmediatamente sindicado como miembro del PCP-SL o, al menos, simpatizante con su ideología.

desconfían del Estado; sin embargo, se promueve el diálogo y la convivencia en paz.

> Lo más relevante es que tampoco se puede negar que hay problemas nacionales; hay pobres y ricos, hay injusticias, ¿cierto? Pero la solución a esa situación no es la violencia. Entonces la cosa es que tomen conciencia, que busquen caminos democráticos, pacíficos, para la solución de un conflicto de problemas sociales, económicos y políticos.
>
> Juan, profesor del colegio Ayacucho-Provincia

Estos y muchos otros testimonios muestran que el magisterio ha aprendido del horror vivido, y no quiere repetirlo. La tendencia radical que sustenta "que la fundación de una verdadera nación en el Perú pasa por una ruptura radical con el pasado" (Rénique 2016: 13) a través de la violencia parece haber quedado atrás en su discurso.

2. Sobre la cultura política de los estudiantes

> "¿Por quién hubiesen votado [en las elecciones presidenciales pasadas]? La respuesta unánime es que no hubieran votado. Cuando se les consulta por qué, es Alejandro quien contesta que no hubieran votado 'para no tener la culpa'".
>
> Alumno, registro etnográfico del taller, colegio Lima-Este

Han pasado 36 años desde que el PCP-SL inició la guerra contra el Estado peruano y 24 desde que fue capturado Abimael Guzmán, el líder del PCP-SL, y que, a partir de entonces, la guerra declinó de modo irreversible. Se trata de un periodo lejano temporalmente para los estudiantes de entre 15 y 16 años de edad: o no habían nacido o eran muy pequeños cuando el líder senderista —autodenominado "Presidente Gonzalo"— apareció ante las cámaras de televisión capturado, en una jaula y vestido con un traje a rayas. Inclusive sigue siendo un periodo lejano si pensamos en otro evento importante de la historia reciente, como fue la detención y juicio del expresidente Alberto Fujimori, el año 2000. Entonces estos estudiantes tenían entre 3 y 5 años.

Pese a esta distancia, lo que observamos en los talleres y entrevistas realizados con los estudiantes es que este pasado tiene influencia en el modo en que piensan sus relaciones con el mundo político. No se trata de algo que se haya dejado atrás, que se haya resuelto o que pertenezca al espacio muerto que suele ocupar la historia escolar, al lado de guerras republicanas o tratados de fronteras.

Constatamos varias cosas, entre positivas y negativas. Lejos del intento de los grupos de poder de transmitir una visión maniquea del periodo de violencia política, los estudiantes tienen memorias diversas. Estas memorias no han terminado por ser solamente conservadoras, lo cual va a contrapelo del despliegue de propaganda de los últimos años, que pone fuerte énfasis en el miedo al terrorismo, la delincuencia y la inseguridad ciudadana. La memoria de los estudiantes es en parte crítica, y en algunos casos de notable sensibilidad en relación con los temas de interés colectivo.

Pero al mismo tiempo, tras recuerdos y narraciones, comparten una profunda aversión hacia el mundo político. Como dice nuestra cita del inicio, es algo que desean mantener lejos o al margen porque genera males. Y no desean contagiarse de esa culpa, de esa responsabilidad por el mal que se produce al formar parte de esa sociedad que vota.

2.1 *Qué significa el CAI para los estudiantes: un periodo de sufrimiento, no una época de pacificación*

Para los estudiantes el CAI representó un periodo de sufrimiento, una época aciaga de la historia reciente. Vincularon estrechamente esta etapa con palabras como "terror", "caos", "crisis", "muerte", "peligro", "migración" o "desplazamiento forzado". Los estudiantes de los cuatro colegios relacionaron a este periodo con la pérdida de vidas humanas, asociando a las víctimas con la inocencia, lo que para ellos haría más graves estas pérdidas. Como dijo Lenny, del colegio Lima-Este, oponiéndose al uso de la expresión "conflicto armado": "No había sido un conflicto, sino una matanza, no hubo bandos claros, mataron inocentes".

Veremos luego que hay matices entre los cuatro colegios, pero esta constatación es importante porque no todo conflicto armado es recordado como negativo en la historia contemporánea. Hay guerras civiles que han construido identidades de orgullo o añoranza por las proezas de héroes y pueblos (el sur norteamericano, Irlanda, Serbia, entre otras). Hay guerras que son fundantes o acciones armadas que son celebradas con orgullo revolucionario.[22] En los estudiantes peruanos, en cambio, hay una imagen de la guerra que predominantemente la sanciona.

Tanto en el colegio Ayacucho-Provincia como en el colegio Lima-Este se mencionó a esta época significativamente como "un infierno", un *summum* de caos y dolor. Su aproximación a esta guerra fue fuertemente afectiva. Como hemos visto en el capítulo anterior, los recuerdos de los estudiantes les llegan sobre todo transmitidos por sus familias, lo que agrega seguramente un fuerte componente emocional a las narraciones. En estos casos, no se comunican solo hechos, sino sentimientos, miedos, explicaciones, resentimientos.

> Así lo habían referido a ella sus profesores, los medios y la familia; era un tema muy grande, y por ello todos los estudiantes lo conocían. Otro

---

22. Véase Hedges 2002 para una visión global acerca de la glorificación de la guerra, sobre todo de la guerra nacionalista; y Gálvez 2015 y Béjar 2015 para una mirada romántica de las acciones del MRTA y el MIR, respectivamente, en el Perú.

> alumno agregó que "los abuelitos de todos habían sufrido, su abuelita había venido de Ayacucho a Lima por el terrorismo, pero encontró que aquí también había [terrorismo]".
>
> Registro etnográfico del taller, colegio Lima-Este

Esto parece que los lleva a sostener una sólida negativa al ejercicio de la violencia en la política. Desde esta primera línea, que llamaremos de "enunciación pacifista", los estudiantes fueron elaborando sus interpretaciones de lo público; lo que luego fue puesto en tensión al enfrentarse a preguntas sobre el conflicto social.

2.2 *Las causas de la guerra, la relativa justificación de Sendero y la importancia de la igualdad*

En términos generales, para los estudiantes este periodo fue negativo, pero también un símbolo de que algo estaba mal, un síntoma de una sociedad injusta. En los cuatro colegios los estudiantes percibieron el CAI como algo que aunque infausto tenía un fondo razonable. De esta manera, los estudiantes estaban valorando negativamente el carácter de una sociedad capaz de generar tanta violencia.

Causas estructurales, injusticia, discriminación, abuso de poder de parte de Sendero, resentimiento y sobre todo desigualdad aparecen como razones de la guerra y, por lo tanto, como características de la sociedad. Sobre la valoración de las acciones de Sendero ante este contexto, sí hay más discrepancias y matices.

El resentimiento aparece, por ejemplo, como algo que no es solo propio de la historia del CAI, sino de otras épocas. Dice Romina, del colegio Ayacucho-Capital:

> O sea, así como una llamita que se prende más [...]. Puede ser también por el remordimiento que uno tiene por las cosas que andan pasando mal, uno quiere cambiar, pero opta por el lado más negativo.

La desigualdad es mencionada en varias oportunidades. En el colegio Ayacucho-Provincia se da esta conversación:

> Facilitadora: ¿Más o menos con qué evento? [Leysi queda en silencio, luego dicen en voz bajita]: Buscando la igualdad, de lo económicos, terrenales [sic].
>
> Alonzo: El 75.
>
> Stefani: En lo personal en el año sesenta.
>
> Tomás: [Empezó con] la política. Empezó creo con Abimael Guzmán, empieza cuando había una serie de… no había igualdad, o sea, él quería no sé de quién su idea se había copiado, quería gobernar, no así con entrar a la presidencia, sino quería gobernar a todo el Perú posiblemente…".
>
> Registro etnográfico del taller, colegio Ayacucho-Provincia

En los colegios de Lima se apreció una versión más apegada a la propaganda de la historia hegemónica, es decir, la narrativa de la memoria salvadora; es decir, un inicio del terrorismo como un hecho extraordinario que interrumpe la vida normal del país, y que es combatido por el Estado hasta devolvernos la paz. En los dos colegios de Lima (tanto el de Lima-Metropolitana como el de Lima-Este) fueron más comunes las opiniones que explican el CAI como el programa de un grupo que tenía ideas diferentes y quería imponerlas. Por ejemplo, dice Kenet, del colegio de Lima-Metropolitana, al criticar la propuesta de llamar al periodo como "la lucha contra el terrorismo": "Muestra una denominación inadecuada porque no da cuenta de todas las ideas; los terroristas eran un grupo que querían resaltar sus ideas, y otros estaban en contra de ellos".

En los cuatro colegios la mayor parte de los estudiantes coincidían en que había causas de fondo que explicaban por qué ocurrió la guerra. Son lo que llamaríamos causas estructurales o "brechas".

A ello agregaban el recurrir a cierta idea de una organización de la sociedad de clases como algo inmutable y fatalista, que siempre generará desigualdad y abuso de poder.

En el colegio Ayacucho-Capital es quizá donde se expresó con mayor claridad la primera posibilidad de interpretación que mencionamos: la justificación. Este lenguaje aparecía sobre todo en Tarik, pero era secundado por otros compañeros.

> También podría ser por tanta explotación de algunas personas, que, o sea, una persona que tiene poder controlaba a los demás como si fuera unos que no sirven, que no tendrían autoestima [Juliño]. "¿Entonces la discriminación, el racismo, pueden considerarse como las causas principales de que surgió el terrorismo?". "Sí", dicen a la vez Malena, Paul, Danilo, Romina, otros asintieron con sus cabezas. Malena agrega: "El machismo".
>
> Registro etnográfico del taller, colegio Ayacucho-Provincia

En el caso del colegio Lima-Este se habló por primera vez de modo frecuente de la ideología como una causa. Se mencionó al socialismo, a los íconos marxistas. En una breve discusión entre Carlos y Lucibel, y luego Viviana, que eran como los polos opuestos de esta dinámica:

> Carlos da un viraje a la discusión al preguntar por qué surgió Sendero. La pregunta se dirigió inicialmente a los organizadores; el facilitador la devolvió a los estudiantes señalando que la idea es que la discusión los involucrara a todos. Viviana dijo que Sendero surgió por la ideología de Mao. Carlos dijo que era Mao, Marx, Stalin y Lenin.
>
> Registro etnográfico del taller, colegio Lima-Este

En el colegio de Lima-Metropolitana se puso bastante énfasis en las diferencias de clase y la "lucha por el poder", además de la pobreza como una causa. Lo mismo en el colegio de Lima-Este, donde esta también fue mencionada como la causa principal del CAI: la búsqueda del poder, su ambición o el mal ejercicio de este poder por parte del Estado, que motivó una reacción violenta.

Un elemento que hace razonable la guerra, la actuación del PCP-SL, y permitió al algunos estudiantes entender (salvar) las acciones de los militantes de este grupo, e incluso permite rescatar algo de la imagen de Abimael Guzmán, es que algunos de los estudiantes creían que detrás de todo ello había una búsqueda de igualdad, y que es en el desvío de estas buenas intenciones que se explica el caos y terror de la guerra, y su condena actual. Por ello todos los estudiantes de los cuatro colegios coinciden en que a las causas estructurales de la violencia hay que agregarles un ejercicio de la voluntad para que exista el terrorismo: la búsqueda de la igualdad y la búsqueda de poder. Así por ejemplo, se aprecia en una conversación en el taller del colegio Ayacucho-Capital:

> Odet: Este, Abimael Guzmán, no tenía esa intención de hacer aparecer el terrorismo; es que como los empresarios mandaban a la gente que trabajen así, trabajen para ellos, no había igualdad, eso no quería que haiga este como se llama Gonzalo, no sé [sonriendo], y como no quería que haiga eso, quería matar a la gente que son empresarios, que sea una igualdad, una económico más o menos, por eso esa intención tenía, pero los que siguieron los otros de Abimael Guzmán no han hecho, no han tenido el mismo idea que tuvo Abimael Guzmán.
>
> Registro etnográfico del taller, colegio Ayacucho-Capital.

En esta cita podemos notar la complejidad de estas opiniones. Por un lado, reconocen cierta agencia de justicia social en los sujetos del PCP-SL, incluido su líder, Abimael Guzmán; pero también parecen señalar que de haber dirigido su violencia solo hacia los ricos Sendero no se habría desviado de su camino y habría estado en lo correcto. Quiere decir que pese a su inclinación social conviven con un autoritarismo fuerte, que es capaz de identificar víctimas permitidas, gente que se puede matar, para lograr cualquier bien, en este caso "la igualdad". Como diría Amartya Sen (2000 [1992]), ¿igualdad de qué?

Pero regresando a la argumentación sobre la búsqueda de la igualdad como un móvil de la violencia, vimos que fue muy acentuada en el colegio Ayacucho-Capital y en el colegio Ayacucho-Provincia, y se mantuvo en el colegio Lima-Metropolitana, aunque con menos afinidad y con desacuerdo entre los estudiantes sobre si era un móvil válido para emprender la guerra. En el colegio Lima-Este se asumió como un dato de la realidad: sabían que eso era lo que buscaban los subversivos, pero lo criticaban porque se lo considera una razón totalmente insuficiente y por las secuelas tan graves que dejó este salir en "busca de la igualdad". Por ejemplo, en un par de fragmentos de su conversación:

> Nuevamente Carlos sugiere una pregunta para el resto de estudiantes ¿Por qué Sendero tuvo seguidores? Para Lucibel buena parte de ellos estaban amenazados. Alejandro sugiere que Sendero reclutaba a los campesinos sin educación ni medios. Rosaura señala que Sendero convocaba a quienes estaban en desacuerdo con el Gobierno por las desigualdades. Para Alejandro la carestía no es suficiente razón para rebelarse. Carlos pregunta entonces "¿cómo solucionarían ustedes las desigualdades?". Los estudiantes no se animan a responder directamente, Alejandro comenta la pregunta con Lucibel, otros estudiantes esperan en silencio; parecen fastidiados pero no abiertamente enojados. Resulta claro que es una pregunta incómoda.
>
> Registro etnográfico del taller, colegio Lima-Este

Sin embargo, pese a la complejidad de la cuestión, en este colegio la opinión mayoritaria fue de sanción al PCP-SL, y que, pese a la desigualdad, no podían aprobar su violencia. Esta argumentación seguramente fue reforzada con la visita que se hizo como parte del taller a la muestra *Yuyanapaq*, donde se exhiben fotografías curadas por la CVR, las cuales muestran de modo crudo este periodo de violencia. Aunque las reacciones fueron diversas, al momento de escribir en el libro de visitas una de las alumnas con más liderazgo apuntó: "Maten a Abimael Guzmán y háganle así pagar todo el daño que causó" (colegio Lima-Este). Y acá tenemos otra vez estas opiniones contradictorias conviviendo: por un lado el rechazo a la violencia, pero en su repudio visceral a quienes la ejercieron es capaz de traducirse en una solución también violenta, como matar al culpable. Estos elementos nos permiten pensar en las profundas limitaciones de nuestra cultura política democrática, que, por cierto, no es exclusiva de los estudiantes de colegios secundarios.

Podemos aventurar como hipótesis que en el caso de Ayacucho esta búsqueda de la igualdad al parecer les permite a los estudiantes salvar las buenas intenciones de los involucrados en la guerra, les otorga una dimensión política y no solo criminal a sus acciones, y si tomamos en cuenta que sus familias tuvieron historias complejas, donde la guerra fue un gran mundo de grises y matices, una justificación como esta les posibilita una historia familiar que no sea enteramente negativa. Esto, con sus grandes diferencias, puede tener familiaridad con los procesos de la llamada posmemoria, por la que pasan otros países. En Argentina, por ejemplo, luego de un par de décadas de sostener una versión oficial de la represión (en este caso, una versión progresista), las nuevas generaciones han empezado a valorar y llamar la atención sobre la militancia política de los subversivos desaparecidos; esto es, un ejercicio por recuperarlos para la memoria menos inocentes, pero más comprensibles (Longoni 2007, Raggio 2012, entre otros).

2.3 *El lenguaje de los estudiantes para hablar del CAI*

Hablar sobre un conflicto armado no es sencillo. Lo hemos visto para el caso de los docentes. Esto porque el lenguaje está coaccionado por las relaciones de poder existentes en la posguerra, tanto en lo macro como en lo microsocial.

Se ha escrito mucho al respecto, y no solo en el Perú. La pregunta de los académicos y periodistas ha sido en muchos momentos y lugares cómo narrar para evitar ser cómplices de un abuso o perpetuar prejuicios, estereotipos y sentidos comunes excluyentes. La interrogante de quienes hacen uso del poder es más bien cómo narrar para mantener el control de los significados, y en este terreno, lo que se diga en el sistema educativo y en los medios de comunicación es importante.[23]

En el Perú, el marco para hablar de estos temas es uno de poca libertad. La historia hegemónica que han organizado los gobiernos y grupos de poder toma prestado el lenguaje global de la lucha contra el terrorismo y veladamente hace recaer la sospecha sobre quienes no se adhieren a este relato. Como se ha observado en otros lugares, lo que genera esta presión es la aparición de tabúes y eufemismos que sustituyen, a fuerza de repetición o de silencio, una aproximación más crítica hacia los procesos controvertidos (González 2009).

a. *Cómo nombrar el CAI*

En nuestra dinámica de trabajo con los estudiantes, les pedimos, luego de completar la línea de tiempo, ponerle un título a toda la información o "darle un nombre" al periodo. Con ellos buscábamos así indagar acerca de las valoraciones que ofrecían sobre lo descrito y cuáles podían ser las limitaciones o tensiones para hacer memoria.

Ante la pregunta "¿cómo les parece adecuado nombrar esos años?", más que usar una sola palabra los estudiantes emplean frases con las que intentan expresar los sentimientos y valores que vinculan con ese periodo. La palabra más utilizada fue "terrorismo". Su significado es variable según los conocimientos generales o vivencias

---

23. Para esfuerzos de reflexión y pensamiento sobre el uso del lenguaje, véase Medios por la Paz 2005, Spillman y Spillman 1991 y Sabucedo, Rodríguez, Fernández 2002, entre muchos otros.

familiares que ha tenido cada estudiante y en relación con el contexto en que cada estudiante lo está usando. Lo emplean en su sentido más hegemónico, solo para referirse al PCP-SL, pero también para aludir tanto al PCP-SL como a las FF. AA., identificando que hubo crímenes por parte de ambos actores; pero su sentido más compartido es para referirse al tiempo del CAI como un periodo de la historia reciente en el que el terror era una sensación continua y generalizada. Se asocia así "terrorismo" a un tiempo de "miedo en la sociedad":

> "Una época de terror", dice Malena, del colegio Ayacucho-Capital; una "época de miedo", agrega Tarik. Un tiempo donde se dieron "los hechos más desastrosos", menciona Romina; "las pérdidas de familiares", "la muerte a los inocentes", nos dice Juliño; la "pérdida de vidas humanas", "la migración", nos vuelve a decir Tarik; "el peor conflicto del Perú", agrega Paul. Según Romina, "terrorismo" es una palabra que "engloba lo que sucedió"; Malena completa: "Sí, resume todo". Yadira confirma ese contenido, "todo engloba esa palabra, viene de dos palabras, el terror, miedo, que sigue habiendo".
>
> Registro etnográfico del taller, colegio Ayacucho-Capital

En conclusión, la palabra más usada para nombrar este periodo fue "terrorismo", que funciona para ellos como un término polisémico: "terrorismo" sirve así para nombrar una experiencia de terror, un periodo o un actor.

El colegio Ayacucho-Capital es aquel donde el uso de la palabra "terrorismo" para referirse directamente a las acciones del PCP-SL es más continuo y extendido, y su sentido es casi totalmente compartido entre los estudiantes. En cambio, en el colegio Ayacucho-Provincia encontramos reticencias para emplear esta palabra, con estudiantes que la consideraron inapropiada, pues para ellos no tomaba en cuenta los aspectos que consideran "positivos" de la violencia senderista, como la pretensión de igualitarismo de esta organización.

Cuando se les consultó por otros términos utilizados para nombrar este periodo, fue evidente que estos les generan conexiones con actores y que les resultan complicados de emplear, pues no los reconocen como usuales:

> Alejandro explicó que "guerra popular" era el término que utilizaban los senderistas, y Carlos discutió que también era utilizado por los medios [de comunicación]. Los estudiantes concordaron que "conflicto armado interno" era una definición que utilizaban los profesores, [Javier] en Historia y [Milagros] en Cívica.[24] Alejandro no estaba convencido con el término porque sonaba a un conflicto que sucedió en el país. Carlos consideraba que por lo mismo era un término adecuado. Lenny se opuso tajantemente: no había sido un conflicto, sino una matanza; no hubo bandos claros, mataron inocentes. Rosaura tampoco estaba convencida porque "conflicto armado interno" le sonaba únicamente a intervención de las Fuerzas Armadas.
>
> Registro etnográfico del taller, colegio Lima-Este

Es importante por tanto tener en cuenta la continua resignificación de las palabras, prestar atención al contexto y quién está haciendo uso de ellas para comprender sus opiniones con mayor certeza.

b. Cómo nombrar a los actores

Una versión ambigua del discurso de los dos demonios parecía predominar entre los estudiantes de los cuatro colegios. Lo expresa Néstor,

---

24. Es interesante notar cómo para los estudiantes CAI es una denominación asociada al discurso de los docentes, aunque estos señalen que lo usan poco o casi nada. Esto puede dar cuenta quizá de una asociación errada de los estudiantes, de que los profesores no nos mencionaron este uso por alguna razón o simplemente de que los profesores son diferentes. Es probable que los del colegio de Lima-Este tengan en cuenta este vocabulario, pues mostraron una mayor capacitación, lecturas y apego por una versión desde los derechos humanos. En todo caso, nos advierte a nosotros sobre la necesidad de tratar con cuidado recuerdos y opiniones.

del colegio de Lima-Metropolitana: "[prefiero el nombre] 'balance de poder' porque se refiere al enfrentamiento de las ideas de los policías y el Gobierno contra las de los terroristas; este enfrentamiento tenía como centro al pueblo, que no apoyaba a ninguno de los dos".

Como se sabe, es una explicación común en América Latina y otras regiones para referirse a un conflicto entre dos fuerzas, las subversivas y las estatales, que dejan a la sociedad en medio, como una víctima que es además inocente ("entre dos fuegos", se decía en el Perú en décadas pasadas). Es un discurso que han empleado profusamente las ONG de derechos humanos y también los académicos, y, como hemos visto, también varios docentes.[25]

Sin embargo, en el caso de los escolares de estos cuatro colegios, la fuente no parecía provenir de estas instituciones, sino de sus familias, que cuentan historias en las que han abusado de ellos desde todos los lados del conflicto.

En este sentido, los estudiantes, tanto los de Lima como los de Ayacucho, no encontraron ninguna dificultad para compartir en el espacio del taller episodios de lo vivido por sus familias, con el fin de describir lo que entienden por terroristas y acciones terroristas llevadas a cabo por Sendero Luminoso. Tampoco se percibió en esos momentos que al describir las experiencias se generara una situación de estrés en ellos. Todo fue contado con tranquilidad, como si efectivamente el terrorismo se hubiera naturalizado y asignar esas culpas a Sendero no representara un dilema.[26] Y esto ni siquiera entre los estudiantes más radicales y de "izquierda", como Carlos, en el colegio Lima-Este, y Tarik en el colegio Ayacucho-Capital.

---

25. Para una discusión inicial de este tema en el Perú, véase Agüero 2015, Gavilán 2012 y Theidon 2004.

26. Ello, contrariamente al temor que señalan sus docentes de que hablar del tema movilizará emocionalmente a los estudiantes de un modo que no puedan contenerlos.

Sin embargo, aunque el rótulo "terrorista" facilita elaborar un discurso con un solo sujeto del mal, los estudiantes, en un segundo momento, reflexionando algo más detenidamente, tampoco mostraron mucho problema para mencionar los abusos cometidos por los agentes de seguridad del Estado. Los ejemplos son numerosos, y se dan en todos los colegios sin excepción: "A mi parecer no solo los terroristas causaron las muertes, sino también los militares. Los militares hicieron las fosas comunes, mataron más que los terroristas, aun hoy en día se siguen encontrando esas fosas" (Malena, colegio Ayacucho-Capital). Lo mismo en el colegio Ayacucho-Provincia: "O sea, en esa época había dos tipos de, este… los terrucos mataban a las personas humildes, así igualito los soldados también mataban" (Alonzo, colegio Ayacucho-Provincia).

> Sobre los términos que consideraban adecuados Darío, apoya el de "auto-destrucción peruana" porque fue una época en que los peruanos se destruían. Viviana apoya la noción de "sufrimiento y opresión" porque la gente tenía miedo de salir a la calle. Lenny se muestra más de acuerdo con "dolor y sufrimiento" porque los familiares sufrían. Alejandro prefiere "golpe contra los asesinos" porque el Gobierno venció al terrorismo. Pero Viviana estaba en desacuerdo porque lo que se hizo fue pagar con la misma moneda, lo que resulta injusto, porque las Fuerzas Armadas cometieron abusos. Carlos prefiere "época de terrorismo" porque la población estaba aterrorizada del Estado y los terroristas.
>
> Registro etnográfico del taller, colegio Lima-Este

Es interesante notar que fue muy poco común que los estudiantes nombraran a Sendero por su nombre. No tenemos certeza del porqué de este hecho, pero es posible que además de enunciar con ello la reprobación a este grupo armado también fuera por temor a ser asociados con este o que hayan heredado ese temor de sus familiares.

En general, en todos los colegios, aun cuando la palabra "terrorismo" parece asociarse más claramente con el PCP-SL, la comprensión de ese pasado de terror y violencia es más amplia e involucra también a las FF. AA. Por ello, el conocimiento que tienen los estudiantes de la violencia es crítico respecto de la representación hegemónica que se les ha venido ofreciendo sobre el pasado reciente, y que ha buscado quitarle responsabilidad a las fuerzas de seguridad y al Estado mismo.

c. *Cómo elaborar el relato*

Para los estudiantes elaborar un relato sobre la violencia es problemático por la fragmentación de sus historias familiares y por una evidente falta de referentes comunicacionales, ya sea que provengan de la escuela, sus parientes o la opinión pública local y nacional en los cuales enmarcar su punto de vista, enriquecerlo o ponerlo a prueba. Pero, por otro lado, no tienen problemas de contenido respecto de incluir como actores responsables de crímenes tanto a los "terroristas" como a los agentes de seguridad del Estado. Su vocabulario no es muy amplio, e incluye como rótulo central la palabra "terrorismo" y sus variantes, la cual puede actuar como corsé, pues limita el abanico de interpretaciones que se pueden hacer por algo que está definido al inicio y desde el nombre. Pero como estamos describiendo a lo largo de este libro, las palabras logran abrirse paso, sobre todo a partir de componentes emocionales.

d. *Rescatando la experiencia y la complejidad para relatar*

Pese a los límites que marca el lenguaje, los estudiantes logran articular un relato complejo, diverso, más allá del discurso hegemónico.[27] Emplean las palabras legitimadas, como "terrorismo" o "pacificación", pero evalúan duramente al Estado. Le dan importancia a las

---

27. O articularon en nuestro taller, ayudándose entre ellos y motivándose por las dinámicas. Véase un desarrollo mayor sobre la metodología en los anexos.

causas, pero condenan al PCP-SL. Y pese a la crítica, encuentran que la labor estatal tiene legitimidad. Y sobre las víctimas, hay un principio de empatía e identificación. Todo esto se desarrollará a continuación, en esta sección.

Los estudiantes asignan responsabilidades a los actores de la guerra, y no tienen visiones ingenuas del CAI. No han dividido el mundo entre buenos y malos. Aunque el sistema de educación pública muestre débiles intentos por tratar este tema, lo que no se ha interrumpido es la adquisición de conocimientos por múltiples vías. Puede haber desarrollos insuficientes, pero no hay "mentes vacías". Por un lado, los conocimientos que tienen, sobre todo respecto de las narraciones generales de la historia, son precarios y fragmentarios, pero, por otro lado, son cercanos a la historia local y familiar, a la experiencia más próxima y emocional del conflicto. Esto los lleva a no tener visiones maniqueas de la guerra.

Sin embargo, se puede constatar también que aunque critican de modo tajante los crímenes cometidos por subversivos y agentes de seguridad del Estado, se puede identificar una mayor conciencia respecto de la legitimidad básica del Estado para defenderse y acabar con el terrorismo. Esto es mucho más marcado en Lima y, sobre todo, en el colegio Lima-Este, donde Alejandro, por ejemplo, toma como símbolo el rescate de la embajada de Japón, secuestrada por el MRTA, como un ejemplo del modo en que se vence al terrorismo, y enfatiza que se haya capturado la bandera de los terroristas como una gran victoria.

En los cuatro colegios, cuando se pidió a los estudiantes que marcaran qué eventos les parecían más importantes, todos señalaron la captura de Abimael Guzmán, lo que trae implícita la consagración de la función estatal de ganar esta guerra y una posición contraria al triunfo de Sendero. Igualmente, como se vio en el capítulo anterior, cuando se les pregunta sobre el fin del CAI, en los cuatro colegios coinciden en que "este aún no ha terminado", como un signo de que las cosas siguen mal o que el Estado aún no es capaz de vencer algo que debería terminar. De hecho, solo una estudiante dijo que era positivo que la guerra no haya terminado porque así podíamos recordar los sufrimientos que generó. Sin embargo, este argumento fue rebatido por sus compañeras, quienes señalaron que para no olvidar no era necesario que la guerra siguiera.

Si no es tan simple la historia como habitada solo por buenos y malos, la imagen de este periodo para los estudiantes está más cercana a lo complicado, a lo complejo, pero también al caos, a la difuminación de los roles, a la percepción de la degradación de la función del Estado como garante de los derechos y su asunción como un abusador más. Prevalece cierta narración que evoca un periodo de confusión, sobre todo entre los estudiantes del colegio Ayacucho-Provincia, similar a lo encontrado entre sus docentes:

> Los militares mataban a las personas pensando que ellos eran terroristas, y los terroristas igual, pensando que eran militares.
>
> Romina, colegio Ayacucho-Capital

> Las personas, así antiguamente, no sabían de quién a su parte estaban... y si los terroristas se enteraban a que una persona estaba del parte del sinchis, militares, lo mataban, y también los militares se enteraban que si una persona está parte del terrorista ya también los mataban, o sea estaban así, y ya no había ninguna solución.
>
> Stefani, colegio Ayacucho-Provincia

En asociación con el periodo como una época de terror generalizado, se encuentra la mención continua a la inocencia de las víctimas. Como dice Lenny (colegio Lima-Este), citada al inicio de este capítulo, ella no está de acuerdo con el término "conflicto" porque parece quitar énfasis al centro del problema de aquellos años: las víctimas inocentes; "terrorismo" sería un término más apropiado al expresar los sentimientos que la población no armada experimento durante ese periodo: era un contexto donde no hubo bandos claros, no hubo un conflicto, sino matanzas, personas inocentes que sufrieron el terror y fueron las víctimas de la violencia. Malena, del colegio Ayacucho-Capital, nos da otro ejemplo de cómo los estudiantes se enfocan sobre todo en la inocencia de las víctimas.

> Puedo considerarla una época de terror, los terroristas tenían sus propios pensamientos, no debía haber delincuencia, lacras de la sociedad, y con esa ideología mataban a las personas, causaban terror, como dicen mis compañeros, así también mataron inocentes, gente que no había hecho nada, incluso los niños coche-bomba, o los que quedaron huérfanos, niños inocentes.
>
> Malena, colegio Ayacucho-Capital

Aun cuando algunos de los estudiantes reconocen positivamente el ideario igualitario en la insurgencia del PCP-SL, como hemos visto en el caso de Ayacucho-Provincia, la empatía con las víctimas es un sentido generalizado. Los términos como "revolución", "conflicto armado" o "guerra popular" son reconocidos como parciales e incompletos de sentido por no poner el dolor y el sufrimiento de las víctimas inocentes en el centro de la escena.

Nos preguntamos si a partir de esta identificación y empatía con las víctimas será posible seguir la pista a sus inquietudes, e intentar construir con los estudiantes el significado de esas vivencias personales o familiares en su contexto histórico; es decir, dar lugar a las experiencias personales en la historia y hacer de la escuela un espacio de elaboración de ese pasado sobre esa base sensitiva. El encuentro de ambos procesos, de esa empatía emocional que moviliza, y la historización de la experiencia que significa y elabora debe dar lugar a lo que LaCapra (2009) llama "empatía crítica", que permite cierta distancia con la experiencia propia, pero a la vez la suficiente proximidad para significar y dar valor a esas historias en la Historia.

Por último, hemos visto que el lenguaje que empleamos, sobre todo el nombre o los énfasis para hablar de la historia reciente, influyen poderosamente en la comprensión y significación de los hechos y en las consecuencias que se pueden colegir para el presente. Un ejemplo para el caso argentino lo da Raggio, cuando muestra que se ha ido imponiendo entre los alumnos versiones en las que la historia de la dictadura y la represión tiende a asimilarse a la historia de las violaciones de los derechos humanos: "Lo que se dice en la escuela tiene que ver más con un posicionamiento ético-político que con la comprensión de un proceso histórico" (Raggio 2012: 3). En el caso del Perú, donde no se ha impuesto una versión de derechos humanos, sino sobre todo una épica de pacificación estatal en la que las violaciones de derechos humanos son poco visibilizadas (a partir de los medios de comunicación sobre todo), el bagaje de términos legitimados para hablar de este periodo es restringido, pero vemos también que es ampliado en sus sentidos: se lo resignifica o se lo hace ambiguo (Degregori et ál. 2015).

¿Al final, la lección, no inmediata, pero que está allí, latente en estos adolescentes es que pueden sentir que hay un único demonio, que es el terror, la violencia extrema, cualquiera sea su perpetrador? En esta competencia de la que se suele hablar, sobre las memorias hegemónicas (Degregori 2015, Stern 2013), por imponer una o dos fuentes del mal, parece que a los estudiantes les preocupa más el resultado y menos el culpable. Ponen cierto énfasis al contar en ese único infierno al que cualquiera de los demonios los puede conducir.

2.4 *El vínculo con la comunidad y la institucionalidad*

En los cuatro colegios, los estudiantes mostraron una visión de sospecha hacia todo lo público; desconfían de los políticos profesionales, de las empresas, de los medios de comunicación, de las autoridades, de las fuerzas de seguridad y de los mecanismos que regulan la vida colectiva como negociaciones, normas, instituciones, procedimientos y elecciones. Serían ejemplos de lo que Thompson, Ellis, Wildavsky y Wildavsky (1990) llaman portadores de una cultura política "fatalista", aunque veremos que no es tan sencilla esta conclusión.

Los estudiantes del colegio Ayacucho-Capital mostraron un lenguaje político muy tupido, y se expresaron con propiedad sobre las instituciones, servicios y aun programas sociales. También estaban al tanto de la coyuntura, que les llegaba sobre todo por los medios de comunicación. En comparación con los estudiantes del colegio Ayacucho-Provincia y los de Lima, había un manejo más familiar de los asuntos políticos de su localidad y del país.

En las entrevistas a los estudiantes del colegio Ayacucho-Capital, tanto Malena como Danilo se reafirmaron en su opinión sobre el carácter profundamente corrupto de lo político, casi como un foso insalvable. Esta sospecha tenía como correlato "positivo" que consideraran a Sendero Luminoso o su nueva versión el Movadef (en tanto actor político) también objeto de sus sospechas. En resumen, están convencidos de que serán engañados tarde o temprano por cualquiera de los políticos con los que se relacionen, incluyendo a los senderistas.

Su escepticismo en relación con los políticos y su hacer es explícito, por ejemplo, en cuanto a las reales diferencias en el terreno entre partidos o líderes de izquierda o de derecha. En el fondo, da lo mismo, pues gobernar es en alto grado prometer y luego mentir.

La visión que tienen los estudiantes de todos los colegios sobre el Gobierno es negativa, de lejanía; es un Gobierno indiferente, que da la espalda y hasta se esconde; un Gobierno que manda a los policías a resolver problemas políticos, que ellos sienten que son dificultades que deberían afrontar los funcionarios. Al interpretar la fotografía de una protesta social que se les presentó como parte de la dinámica en los talleres, algunos estudiantes mencionaron que el personaje escondido en la foto era el Gobierno o la alcaldesa (en Lima).[28] Sobre todo en el colegio de Lima-Metropolitana había una fuerte conciencia de que el poder se ejercía también de modo pérfido, oculto.[29]

Los estudiantes de todos los colegios también mostraron la tendencia a identificar al Gobierno/Estado como el que causa los enfrentamientos violentos y las protestas sociales. Se asumía que era por su mala gestión, por su desinterés, por su intransigencia: "[el conflicto] no cambiará porque no todos piensan igual, y sobre todo el Gobierno piensa distinto", dice Estela (discusión en el colegio Lima-Metropolitana). En el colegio Ayacucho-Provincia se enfatizó la ausencia, la carencia, el vacío estatal y la mentira, las promesas incumplidas como causantes de protestas. En el colegio Lima-Metropolitana fue lo mismo, pero, más que el vacío, fue la presencia abusiva del Estado. Así pues, ya fuera por ausencia o por presencia, el Estado era considerado un infractor de la convivencia.

En el colegio Lima-Este, aunque había una visión más matizada, en general aceptaban que teníamos un Estado que sobre todo castiga. Como respondió Lucibel ante la pregunta de su compañero acerca de cómo piensa el Estado: "No lo sé, pero sé que es drástico".

El Gobierno es ajeno y casi el negativo de la sociedad con la que se identifican los estudiantes. Es casi una mirada dual que contrapone Estado-sociedad no como armónicos o complementarios, sino como enfrentados o en competencia (por lo menos con el sector de la sociedad con el que los estudiantes se identifican, que es "el pueblo").

---

28. Vale la pena mencionar que el recojo de información en este colegio se realizó en el periodo que la alcaldesa estaba haciendo una reforma, mudando el Mercado de La Parada a otra zona de la ciudad, y que esta medida afectó la vida económica de los vecinos de la zona, entre los que se contaban sus familias.

29. Véase el anexo metodológico.

> ¿Y por qué te sientes más identificado con la población que con los policías? [a Etson]. Etson: Porque están reclamando sus derechos.
>
> Registro etnográfico del taller, colegio Ayacucho-Provincia

> Alonzo está de acuerdo con simpatizar con el pueblo, con las personas. Raquel simpatiza con el pueblo porque este no tiene la misma capacidad que el Estado para pelear; además no tiene buenos abogados. Giuliano sugiere que se debe a que uno es ciudadano y porque nos perjudicamos. ¿Se sienten parte del pueblo? La mayoría responde que sí. "Porque ahí vivimos", explica Néstor.
>
> Registro etnográfico del taller, colegio Lima-Metropolitana

El Estado tampoco es diligente para cumplir con sus funciones y abandona a los pobres. Y en este caso, los pobres son las familias de los propios estudiantes; así pues, la condena no es solo teórica, sino personal.

La actitud del Gobierno es explicada por una organización social donde priman los intereses de los grupos de dominantes. Es decir, el Estado/Gobierno no es concebido como un espacio neutral que administra con justicia los intereses colectivos, sino como un instrumento de los poderosos. A continuación una sección de la discusión en el colegio de Lima-Metropolitana donde se establece una asociación entre el CAI y el desalojo por parte de las fuerzas policiales del mercado Mayorista N1, conocido como "La Parada", donde muchas de las familias de estos estudiantes e incluso algunos de los propios estudiantes trabajan:

> Margarita está de acuerdo [en que hay una relación entre el CAI y el desalojo de La Parada], pues "hay muerte y lucha". Estela también encuentra una similitud en que se confrontan los que tienen poder y los que no. Raquel halla una similitud en las diferencias políticas. Margarita considera que también coinciden en el abuso a las personas sin educación. "Así como hubo saqueo, los policías abusaron; aprovechaban

> los terroristas y los policías", comenta Kenet. Raquel considera que hay un parecido porque Susana Villarán interviene y abusa de quienes no tienen educación. Para Estela, Susana se dejó llevar por las empresas que le pagan mucho dinero, según le contó un amigo que se encuentra en la academia preuniversitaria Aduni.
>
> Registro etnográfico del taller, colegio Lima-Metropolitana

Más allá del Gobierno, la actividad política es juzgada como sucia y corrupta. En esto hay unanimidad.

> ¿Y ustedes harían política? La mayoría hace que no con la cabeza, todos quedan en silencio.
>
> Malena: Si pudiera definir la política en una palabra, sería corrupción. ¿Es lo que piensan todos?
>
> Romina: Sí.
>
> Tarik: La mayoría sí.
>
> Romina: Por todos los presidentes que han pasado hasta nuestros días siempre hubo corrupción, no hubo conciencia. ¿Y hay algún político que se salve? No, no [todos a la vez]".
>
> Registro etnográfico del taller, colegio Ayacucho-Capital

> ¿Y ustedes creen que la corrupción y el terrorismo son iguales? Néstor opina que sí. Explica que la corrupción viene de las empresas y el Gobierno; y el terrorismo viene más de quienes no están de acuerdo con el Gobierno.
>
> Registro etnográfico del taller, colegio Lima-Metropolitana

Ante tantas características negativas del Gobierno, el Estado y la política, no queda sino preguntarse cómo pueden imaginar los estudiantes, ya próximos a iniciar su vida como ciudadanos, su vinculación con estos ámbitos. Las posibilidades son diversas, y van desde el nihilismo, pasando por el cinismo y llegando hasta la adaptación. ¿Hay un espacio para la actuación creativa?

2.5 *La no violencia, el diálogo y sus paradojas*

Pese a la visión descarnada de lo público que mostraron los estudiantes de los cuatro colegios y a la sensación casi fatalista de que las cosas son difíciles de cambiar, sus respuestas en torno a cómo superar esta situación se mantuvieron dentro de lo que se puede considerar acciones humanitarias, medidas reformistas o el terco recurso al diálogo para encarar los conflictos y problemas. Es decir, salidas sistémicas. En esto quizá sí podemos encontrar un cambio notable respecto de generaciones anteriores en Ayacucho, donde la idea crítica, como la describieron Portocarrero y Oliart hace ya dos décadas, o la tradición radical en la propuesta de Rénique, corresponde a la generación de sus maestros (Portocarrero y Oliart 1989, Rénique 2015).

Los jóvenes no plantearon darle la vuelta a la tortilla, el pachacutí, ni la revolución socialista. En todo caso, saben que se necesita más que capacitaciones, y debe recurrirse a medidas muy profundas para cambiar la situación de desigualdad, pero no tienen a la mano un discurso automático, altamente ideologizado, como era el que proponían los manuales marxistas. Ahora saben que se necesita radicalidad, pero no saben cuál ni cómo.

En el colegio Ayacucho-Capital, uno de los estudiantes sostenía con coherencia a lo largo del taller y de la entrevista una prédica por momentos casi justificadora de Sendero Luminoso, encontrándole puntos positivos a su actuación, rescatando los motivos justos que invocaban, como la igualdad, la lucha contra la pobreza y la explotación. Sostenía también que quizá Sendero estuvo mal porque se desvió de un recto camino, y no por su proyecto en sí mismo. Pese a este discurso más politizado, Tarik tampoco sabe qué hacer:

> Tarik: ¿Y qué podría hacer para cambiar la situación? Haría charlas, diálogos; eso ayudaría poco, porque para hacer que cambie esto, o sea, tendría que ser algo más grande, pero un comienzo sería hacer charlas, diálogos, pedir ayuda a las instituciones, que nos diera ideas más o

> menos qué podríamos hacer. [...] Las cinco formas para resolver esto, la principal sería haciendo donaciones o apoyando a buscar trabajo, porque hay personas que incluso tienen empresas, ¿no? Y debería dar un trabajo a estas personas, buscar apoyo por parte del Estado también; un grupo de personas puede ir a solicitar a apoyo para una localidad.
>
> Registro etnográfico del taller, colegio Ayacucho-Capital

Como vemos, no hay claridad respecto de qué soluciones proponer a un diagnóstico de injusticia social que han descrito de modo tan duro. Conviven apelaciones a una mayor intervención estatal y a mejorar la capacidad de incidencia sobre las autoridades, y respuestas más en la línea del emprendedurismo, tan de moda, como el entrenamiento para mejorar uno mismo (capacitación o *coaching*), la donación o la mayor inversión privada que amplíe el mercado laboral y por esta vía las oportunidades.

En el colegio Ayacucho-Provincia ocurre algo similar. Sin embargo, son conscientes de que el diálogo tiene un límite práctico, que en determinadas circunstancias va a hacer difícil evitar la violencia. Pero nos da la sensación, tanto en el caso del colegio Ayacucho-Provincia como en el del resto de colegios, que este recurso a la violencia es "a su pesar", y no como se concebía en décadas pasadas, "como un bien". En Lima no es tan diferente. En el colegio Lima-Metropolitana consideran que el recurso a la violencia de parte de los que protestan se produce por la imposibilidad de ponerse de acuerdo; se siente que conocen el método de "mecer" que pueden usar las autoridades. Pese a eso, no consideran a los policías como enemigos, pero sí quizá como piezas de un juego mayor.

Pero volviendo a lo netamente político, el valor del diálogo parece haberse impuesto, así como cierto reflejo de los mecanismos de solución de conflictos, como las mesas multisectoriales que se organizan desde el Gobierno para enfrentar los recrudecimientos de los conflictos sociales, por lo menos a una escala superficial:

Yadira: Una forma sería el acuerdo del Gobierno, y este también podría solucionar de manera un poco más civilizada, un poco equilibrada.

Tarik: El diálogo, el acuerdo entre la sociedad y el Gobierno, también sería respetar los derechos de cada persona, y que no haya más corrupción, y oportunidades de trabajo.

Juliño: Llegar a un acuerdo con la población.

Facilitadora: Y eso qué implicaría.

Juliño: Implicaría hacer como una charla con el Estado.

Un diálogo, aumenta Yadira.

Tarik: Respetar las opiniones de cada persona y así acoplarlas y resolver [...].

Malena: En ese del acuerdo, debe haber un diálogo neutral, una persona que no necesariamente ya esté de acuerdo con el Estado, sino que para ambas partes busque una solución [...].

Danilo: Un mediador puede ser, una persona que se sienta capaz de hablar de ese problema y en beneficio de los dos.

Registro etnográfico del taller, colegio Ayacucho-Capital

¿Y por qué te sientes más identificado con la población que con los policías?

Etson: Porque están reclamando sus derechos; pero acá hay una parte que están quemando algo, y eso no debe suceder, deben resolver sus problemas dialogando.

Registro etnográfico del taller, colegio Ayacucho-Capital

Esta apuesta por el diálogo es aún más marcada en Lima, tanto en este colegio de Lima-Metropolitana como en el colegio de Lima-Este. En este colegio, como lo comprobamos en las entrevistas, había un cierre de filas duro en torno del diálogo como única vía posible para dirimir los conflictos.

En el colegio de Lima-Metropolitana esta fe estaba siendo puesta a prueba con la incursión policial en el Mercado Mayorista de La Parada, que ellos vivieron como una invasión y un atropello. Pese a esto, que evidentemente los afectaba personalmente, discreparon de la violencia que se vivió y lamentaron que el Estado mandara policías como "si todos fuéramos delincuentes", pero también lamentaron que se haya golpeado a los policías. Como dijo Néstor, un joven de este barrio limeño: deberían haber conversado con nosotros hasta el final, dar alternativas. Pero lo que hicieron fue lo de siempre, "llevarse las cosas a otro lado, quitarnos lo que tenemos".[30]

Otra vez, vale pena observar que si bien los estudiantes objetan la violencia que la población ejerció sobre los policías en este evento de desalojo del mercado de La Parada, su mención aparece como minusvalorada. Pareciera que les cuesta reconocer el nivel de violencia tan feroz que se ejerció sobre los agentes de seguridad y los caballos que los acompañaban en el ejercicio de sus funciones. Esto quizá puede entenderse, de modo sencillo, porque estando tan involucrados en el hecho, siendo sus familias tan próximas al evento, les resulte difícil asumir la propia responsabilidad. Pero, por otro lado, también es razonable suponer, relacionando estas opiniones con otras expuestas en este capítulo, que pueden estar expresando cierta escala de situaciones o de personas susceptibles de ser más fácilmente o más legítimamente sujetos de la violencia. Como vemos, aunque los estudiantes desean

30. Como se ha mencionado, cuando el taller se realizó, estaba fresca en la memoria de los estudiantes el desalojo del Mercado Mayorista n.° 1 de Lima, conocido como La Parada. Esta acción, muy violenta, incluyó a centenares de policías que rodearon la zona buscando retirar a los comerciantes resistentes en algunos locales. La resistencia de estos a su vez fue agresiva, y atacaron con fuerza desmedida a los policías y sus caballos. Una de las dinámicas del taller con los estudiantes consistía en interpretar fotografías, una de las cuales representaba una protesta social a punto de desencadenar en violencia. Esto motivó sobre todo en el colegio de Lima-Metropolitana respuestas muy críticas al Estado y sus instituciones. Mientras que para gran parte de la ciudadanía el desalojo era necesario, por motivos de orden, seguridad, ordenamiento y planificación urbana y salubridad, para ellos, que vivían cerca y que se relacionaban al mercado mediante sus familias de modo estrecho, sobre todo como trabajadores, todo este proceso se vivió como una agresión externa y una ratificación de su exclusión.

firmemente mantenerse en una línea de argumentación pacifista, contraria a la violencia, la realidad tensa y conflictiva, además de sus propias valoraciones, los llevan a estas paradojas.

Tampoco los estudiantes limeños saben qué hacer, más allá de que son necesarias reformas mínimas, básicas, para vivir bien. Así de simple, así de profundo: "En cambio el problema de la pobreza que tiene que ver con todos, en las calles y en las noticias, puede ser apaciguado por pequeñas caridades" (Lucibel, alumna del colegio Lima-Este).

Hay también una esperanza débil en la capacidad de empatía de las clases dirigentes, que se expresa en un deseo de que se "pongan en los zapatos de la gente", que "vivan lo que viven los pobres" y "que sepan lo que es sufrir la humillación" (registro etnográfico de estudiantes, colegio Ayacucho-Capital).

2.6 *El sentido de la democracia cuando la pobreza es una realidad*

Los estudiantes tienen en general ideas poco encarnadas sobre la democracia. Conocen las definiciones escolares como "gobierno del pueblo" o "participación de todos", pero por sus comentarios vemos que la relacionan con varios aspectos de su experiencia, no todas positivas; una experiencia que no los remite a ninguna tradición democrática ni a instituciones democráticas activas que puedan observar cerca de ellos.

En el colegio Ayacucho-Capital parecen hacer una distinción, por ejemplo, entre democracia instrumental y la democracia social, al estilo del discurso socialista:

> ¿Y la democracia les parece bien?
>
> Tarik: Sí.

> ¿Y cómo entienden la democracia?
>
> Tarik: En la democracia participaría toda la sociedad, que somos nosotros.
>
> Romina: Un gobierno del pueblo [...].
>
> ¿O sea, ahorita estamos en democracia?
>
> Tarik: No, ah, sí, sí, estamos ahorita, sí.
>
> Romina: Sí estamos en democracia, pero en la sociedad no se da; porque la sociedad lo conforman pobres y ricos, y a veces solamente se prevalecen las opiniones de los ricos, mas no de los pobres. Bueno, para las elecciones se hacen los buenitos y todo, nos convencen y nosotros votamos democráticamente eligiendo a nuestros presidentes, pero cuando ellos están en el gobierno todo cambia.
>
> Registro etnográfico del taller, colegio Ayacucho-Capital

Los estudiantes observan que la pobreza es de larga duración, casi inamovible, y que genera desigualdad. Esta desigualdad no se condice con la idea de democracia entendida como "todos iguales", pero en realidad muestran una variedad de usos, pues la democracia también puede ser concebida por los estudiantes como el marco para el desarrollo del individualismo:

> Daniela también había escuchado en clases de historia que los terroristas tenían una ideología de igualdad para todos, en contra de la democracia, en que cada uno tiene lo que trabaja, y por eso hay clases sociales. Las clases sociales están bien porque cada uno tiene lo que merece, el Estado solo se encarga de la economía.
>
> Registro etnográfico del taller, colegio Lima-Metropolitana

También asocian pobreza con zona rural, sierra y mundo campesino; esto en todos los colegios, incluso en el de Ayacucho-Provincia. En los colegios de Lima es aún más fuerte esta relación, pese a que la gran mayoría son hijos de migrantes de primera generación en la ciudad.

En Ayacucho en general se asignan las responsabilidades de la pobreza sobre todo a las autoridades; pero en Lima estas se reparten con las familias, que no saben aprovechar sus oportunidades o las desperdician por malas decisiones. En particular asocian pobreza con los migrantes. Néstor, en Lima-Metropolitana, haciendo una buena síntesis de lo que ha sido comentado en todos los colegios, presenta una especie de "ruta de la pobreza" bastante clara:

> La situación que representa la fotografía de la niña sucede en la capital ahora, por ejemplo, en La Parada y los conos. Los personajes son personas que buscan un mejor futuro, por lo que migran a la capital e invaden cerros y propiedades privadas, de las cuales luego son desalojados. La fotografía muestra a una madre que lleva a su hija al trabajo sin saber que corre peligro [...].[31]

Respecto de los procesos electorales, están muy desprestigiados. Se asume que son momentos para ejecutar el clientelismo y el populismo; canjear votos por promesas que no se cumplirán. Y esto sería más fácil de realizar en el campo, pues la población es más ingenua (visión compartida en todos los colegios, incluido el propio colegio Ayacucho-Provincia). El voto puede llegar a ser no solo una farsa, sino un vehículo que compromete negativamente con el resultado de la elección, que se sabe que va a ser decepcionante:

> ¿Por quién hubiesen votado [en las elecciones presidenciales pasadas]? La respuesta unánime es que no hubieran votado. Cuando se les consulta por qué, es Alejandro quien contesta que no hubieran votado para no tener la culpa.
>
> Registro etnográfico del taller, colegio Lima-Este

---

31. Sobre el uso de fotografías en los talleres con estudiantes, véase el anexo metodológico

Es interesante que los golpes de Estado sean discutidos en el colegio Ayacucho-Capital no como algo necesariamente malo: "Depende de quién lo lleva a cabo", dice Romina. Se le teme porque ocasiona violencia, porque interrumpe procesos (Tarik) y porque al final será manejado por los poderosos (Yadira). Pero no hay una negativa doctrinaria o, por decirlo así, una defensa "constitucional" del Estado de derecho.

El gran límite es la violencia. Los estudiantes que participaron de este taller nos mostraron visiones crudas y negativas del Gobierno, y creen que la injusticia reina en la sociedad. Consideran que esta injusticia originó el CAI y que también organiza las relaciones políticas en la actualidad; pero, a diferencia de sus antecesores, confían en sus propios medios para superarse individualmente, sin renunciar a su lado solidario —al menos en el discurso—, pero al parecer sin creer más de modo automático en la violencia como la partera de los cambios sociales.

No obstante, hay en ellos —sin tanta amargura ni resentimiento evidente— una marcada actitud crítica, que pasados los años, quizá ya en la universidad, podría enfrentarlos a frustraciones mayores que fortalezcan este imaginario escéptico y su impulso romántico e igualitario. Pero esta es una hipótesis. Parece que en muchos de ellos conviven un impulso por no dejar las cosas como están, por cambiarlas, pero el recuerdo del CAI actúa también como un dique, un contenedor de su rebeldía, o quizá la imagen más justa sea la de una fuerza encauzada, limitada por la vigencia de estos recuerdos de la violencia extrema.

Si hiciéramos el ejercicio siempre imperfecto de ubicar a estos estudiantes ayacuchanos en las tipologías más o menos vigentes sobre culturas políticas, siguiendo a Berger (1990), tendríamos que hacer un esfuerzo para incluirlos dentro de los "igualitaristas", aunque, porque nada es tan perfecto como quiere la teoría, con fuertes rasgos individualistas; o unos fatalistas que esperan su oportunidad, o para mejorar personalmente, o para luchar por la igualdad; mientras que los estudiantes limeños serían más liberales, aunque con fuerte compromiso social.

Es muy importante notar que los estudiantes, aunque sostienen opiniones favorables muy arraigadas sobre la justicia social y el derecho a la igualdad y a la paz, también nos muestran, como una paradoja, justificaciones para su ejercicio, asignando cierta jerarquía de "violentables" a quienes pueden aparecer como obstáculos a un bien mayor o que representan a su vez un orden injusto (como los empresarios ricos, los policías, los terroristas). Ellos, pues, no pueden ser ajenos a las debilidades de nuestra pobre cultura democrática.

En resumen, es interesante notar que pese a los largos años transcurridos, el CAI sigue ocupando un lugar importante en la memoria y el modo en que los estudiantes de los colegios de Lima y Ayacucho con los que trabajamos piensan y valoran su sociedad. El CAI pesa en su presente, y si bien se difunde intensamente —en medios de comunicación— una memoria hegemónica y salvadora, la mayoría de estudiantes sostienen opiniones más matizadas y complejas que esta.

***

Hemos descrito que los docentes y los estudiantes sí conocían y hablaban de los abusos cometidos por los agentes estatales, sin embargo, tenían dificultad para incluir estas acciones bajo el paraguas de rótulos como "terrorista". Recordemos que en el Perú no existe esta tradición de llamar "terrorismo de Estado" a las violaciones de derechos humanos cometidas por agentes estatales.[32]

32. Una breve revisión del tema en Del Pino y Agüero 2015.

En los países del Cono Sur, en Argentina especialmente, "terrorismo de Estado" es una expresión disputada para nombrar los años de la dictadura militar y la represión perpetrada por el Estado. Las miles de desapariciones forzadas condenadas internacionalmente y condensadas en la imagen icónica de la lucha de las madres de la Plaza de Mayo han permitido legitimar este uso, y es una materia tratada y nombrada como tal en la escuela (Lorenz 2006). Los procesos de violencia y memoria en ese país son distintos a los nuestros. En el Perú, la mayor cantidad de víctimas se dio en periodos democráticos y no en dictaduras, y el protagonismo del PCP-SL en hechos de violencia hace que el terrorismo de Estado pueda ser constantemente velado desde los centros de poder y los medios (Degregori 2015).

Este discurso hegemónico forma parte de un bagaje cultural relacionado a la contrasubversión como práctica de seguridad y a la pacificación como política de Estado, y aunque el uso de estos rótulos es de larga data (desde la primera legislación antiterrorista de 1981), fueron más claramente usados como estrategia del fujimorismo para legitimarse como régimen-antídoto del terror (Burt 2009). En este discurso solo es legítimo culpar de la violencia al PCP-SL, y la mención a los actos de violencia por parte de las FF. AA. es censurada o pone bajo sospecha a quien la enuncia.

Creemos que el uso hegemónico de las palabras "terrorista" y "terrorismo" facilita nombrar a uno de los actores del CAI (los subversivos) y asignarle un juicio negativo, que lo cosifica y lo hace refractario al conocimiento. Como se ha señalado para otros escenarios y épocas, es frecuente en situaciones de guerra y posguerra un uso del lenguaje que ayuda a erigir una imagen estereotipada del enemigo para construir relaciones binarias básicas (como bueno y malo) y que son potenciadas por la propaganda (Spillman y Spillman 1991). O como comenta muy brevemente Pernasetti (2005) refiriéndose justamente a estos "dos demonios" comunes en el Cono Sur de América:

se generan procesos de construcción de una verdad histórica oficial, donde el objetivo puede ser que al final quede *un* solo demonio, que asuma todas las responsabilidades de la guerra.

¿Cómo nombrar entonces a quienes no son estos agentes subversivos pero que están allí, a ojos de todos? Si no hay un nombre sancionado por la costumbre, y sobre todo que goce de legitimidad, hablar y pensar sobre el rol de las fuerzas de seguridad será más difícil, evasivo, buscará el recurso al eufemismo o podría terminar en el silencio por autocensura.

Sin embargo, pese a estos límites, el lenguaje se abre paso más allá de los discursos de la memoria salvadora fujimontesinista. Y los estudiantes parecían lograr rescatar de estas palabras encorsetadas su componente afectivo, y lo afectivo parece tener la virtud en este caso de incluir en el ejercicio de la violencia a todos, porque no importa quién la ejerza, "lo sentimos". Y el ejemplo lo ponemos en la voz de Carlos, uno de los estudiantes más próximos a un discurso pro Sendero: "Prefiero [emplear] 'época de terrorismo' porque la población estaba aterrorizada del Estado y los terroristas" (Carlos, colegio Lima-Este).

Capítulo 4

Un espacio de reflexión y compartir para docentes. Una breve intervención

> Nosotros como maestros somos los que tenemos que cambiar la mentalidad de nuestros estudiantes a futuro para reconciliar; al menos ese es mi compromiso, seguir con la cultura de paz y la democracia, y dejar esa mentalidad fundamentalista que lo único que ha hecho es llevar al país al dolor, sangre y muchas muertes, y terror para el país.
>
> Jaime, profesor del colegio Lima-Este

En este capítulo daremos cuenta del trabajo que realizamos con docentes de dos colegios, uno de Lima y otro de Ayacucho, para observar cómo funcionaba un espacio de conversación sobre el periodo de violencia política, pero en el que, a diferencia de sus espacios cotidianos, este tema no fuera tabú, y se sintieran libres de compartir opiniones, dudas y experiencias propias.

A lo largo de la discusión en los capítulos anteriores, hemos identificado diversos retos y dificultades que enfrentan los docentes para abordar el tema del conflicto armado interno en la escuela. Sin duda, una de las mayores limitantes consiste en la falta de licencia social para hablar del tema crítica y abiertamente.

No es casual entonces que un aspecto que aparece de modo repetido entre los docentes es la sensación de que lo vivido durante aquellos años no ha tenido un espacio para ser procesado. Al respecto, algunos maestros señalaron requerir de espacios para poder reflexionar sobre lo ocurrido, otros preferían no pensarlo más o no hablar de ello; pero en general, durante las entrevistas, dada la ocasión para hablar del tema, los recuerdos tendían a aparecer como memorias biográficas no procesadas, es decir, fragmentadas, cargadas de contenido emocional.[1]

La clásica distinción entre recuerdos vividos, autobiográficos y recuerdos históricos que conforman para Halbwachs (2004) la memoria colectiva nos es útil en este punto. Los primeros recuerdos, sostenidos sobre la experiencia personal del sujeto, tienen como base a los individuos con quienes se compartió la experiencia colectiva vivida, y que de no ser evocados con otros involucrados tienden a decaer. Los recuerdos históricos, por el contrario, se basan en marcos sociales de interpretación —es decir, en el sentido que cierto grupo da a un hecho o fenómeno de modo diferente a otro grupo—, y suelen elaborarse a partir de instituciones que ayudan en este almacenaje e interpretación del pasado.

Los profesores, especialmente los que de acuerdo con currículo deben abordar el tema en el aula, constituyen parte de dicho proceso de transmisión de recuerdos históricos, y generalmente señalan entender la importancia de trabajar el tema (para que la historia no se repita, por ejemplo). Sin embargo, la potencia de sus propios recuerdos autobiográficos no procesados ni actualizados podría obstaculizar dicho proceso. Sus vivencias respecto del conflicto son muchas veces traumáticas o desestructurantes por el cambio que sufrió su vida a partir de ellas. No hay neutralidad posible al hablar del conflicto, o al no

1. Véase Best 2002 para una discusión sobre la memoria biográfica.

poder hacerlo. Tienen memorias muy vivas en el recuerdo, cargadas de detalles y de sentimientos diversos, remitiéndonos a esos recuerdos que la psicología cognitiva denomina "de bombilla" o *flashbulb memories* (Anderson 2005), aquellos que se imprimieron como una foto muy detallada en la memoria por el impacto que tuvieron.

¿Cómo ser agentes de memoria con recuerdos tan intensamente vividos que no han podido ser procesados? ¿Qué significa procesar dichos recuerdos? El Estado peruano no tiene planificada una política de apoyo a los docentes que incluya soporte de salud mental para aquellos que vivieron de manera muy cercana la violencia. Los servicios de salud mental continúan siendo un costoso y escaso lujo en nuestro país. Observamos entonces que al incorporarse el tratamiento del CAI en la escuela no se consideró el grado de proximidad del magisterio al conflicto, y por lo tanto no se los entendió como sujetos con vivencias y experiencias que podían entrar en tensión con dicho encargo, no solo con respecto al cómo hacerlo sino incluso respecto de la viabilidad de poder abordar el tema en el aula.

Desde esta preocupación principal es que surgió la propuesta de realizar un taller para docentes que permitiera un espacio de diálogo y reflexión, que describiremos en el presente capítulo. Atendiendo a que los docentes no han tenido la oportunidad de contextualizar sus experiencias con respecto al CAI, lo que les hubiera dado la oportunidad de analizarlas críticamente, elaboramos una estrategia en la que pudieran compartir y contrastar sus vivencias (personales, familiares, locales) de aquella época.

Además de este fin, la propuesta de taller se sostuvo en otro hallazgo que nos interpeló de manera particular. Ante la abundancia e intensidad de vivencias del CAI de los docentes, parecía haber una suerte de desconexión de dichos recuerdos con procesos más amplios, que salieran del terreno de lo propiamente personal, familiar o local, para describir un proceso nacional. La proximidad a la violencia parecería haber generado diferentes percepciones en los profesores: por un lado, la idea de que lo que me pasó fue "lo" que sucedió, lo auténtico o más relevante; o por el contrario, que lo que me sucedió fue un "hecho aislado" desconectado de la historia del país. En ambas perspectivas hay una dificultad por relacionar de modo estrecho lo vivido en lo personal y local con un contexto histórico más amplio, y tiene sentido si atendemos al grado de proximidad de los docentes con los eventos del CAI.

En realidad, esta sensación de exclusividad del propio relato, de punto ciego respecto de las experiencias ajenas, se condice con la que muestran los testigos y las víctimas en diferentes procesos de represión, dictadura o conflicto armado (véase Sarlo 2005, Ricoeur 2013), y probablemente se intensifican ante la falta de libertad para hablar del tema que caracteriza nuestra sociedad posconflicto, ya antes señalada.

Reconociendo el complejo contexto en que los docentes peruanos se mueven para tratar el tema en sus aulas, nos preguntamos por el desafío que deben enfrentar para trabajar el CAI en las escuelas si tienen dificultades para poder pensar y representar los puentes entre biografía e historia, o entre las historias locales y las narraciones nacionales.

Wright Mills (1961) signaba a la *imaginación sociológica* como aquella cualidad mental que permitía tender puentes entre la biografía y la historia social, colectiva, más amplia, de modo que pudieran tenderse puentes creativos entre ambas, los cuales iluminen los condicionamientos a la propia vida que supone el proceso histórico en el que uno transita, y al mismo tiempo que ayuden a entender la historia global. La intensidad destructora del CAI, las experiencias próximas de los docentes en relación con él y la ausencia de espacios seguros y legítimos para hablar del tema parecerían haber bloqueado dicha cualidad mental.

Nuestra propuesta de taller con docentes apuntó también a trabajar sobre estos puentes, intentando visibilizar que se encontraban quebrados para poder iniciar su reconstrucción. De este modo, también se tomaron en cuenta algunos aportes de la literatura más reciente sobre los problemas en la transmisión de recuerdos controvertidos entre generaciones. Podemos suponer que también han actuado otros factores que impiden la internalización del conocimiento histórico o la posibilidad de darles un sentido legítimo en el presente, tales como la mitificación, la tergiversación, la censura familiar, la historización sin contenido, entre otros medios.[2] Identificamos, por tanto, una serie de temas que resultan particularmente problemáticos de tratar para los docentes.

Frente a ello, nos propusimos generar en el taller un espacio seguro para expresar estos temas y vivencias, lo que podría facilitarles continuar con su propia elaboración del pasado y a su vez colaborar con una mejor acogida de la propuesta curricular que se plantea desde el Estado.

Así, consideramos que antes de trabajar con ellos propiamente el cómo enseñar el conflicto armado interno en el aula debía haber un espacio previo para que los docentes discutieran, por ejemplo, sobre Sendero Luminoso, donde pudieran compartir versiones, dudas y preocupaciones, y problematizar así un poco más la visión negativa y crítica del Estado (que apareció bastante extendida en

2. Un ejemplo de esta dificultad lo dan las generaciones posteriores al recuerdo del holocausto en los países del Eje, como Alemania o Austria. En estos casos, el Estado tiene una política activa de memoria, pero esta acción desde arriba y formal no es garantía de que tanto en escuelas como en las familias el recuerdo conserve su carga de juicio moral. Los hijos y nietos de los que vivieron estos hechos acceden o fabrican con diversos elementos una memoria que excluye episodios, relativiza responsabilidades y, sobre todo, exculpa a sus familiares de las conclusiones más contundentes en relación con los crímenes de la Segunda Guerra Mundial (véase Welzer, Moller y Tschuggnall 2012).

las entrevistas), donde pudieran elaborar sobre el propio rol del magisterio durante el conflicto armado y, por último, donde conocieran acerca de la CVR y su informe para poder ponerla en valor como un punto de partida para trabajar el tema en el aula.

Todo esto nos llevó a pensar en una estrategia de diálogo guiado para docentes que al mismo tiempo fuera un espacio amable para reflexionar y compartir, antes que una capacitación. De ahí el alcance de nuestra propuesta, cuyo valor principal creemos es haber intentado pensar en el docente como sujeto (antes que únicamente como agente de transmisión de memoria, o antes incluso que como aquel que despliega en el aula una propuesta curricular); es decir, como persona que también tiene elaboraciones propias y en muchos casos heridas con respecto al CAI, que requieren de espacios para poder ser escuchadas, valoradas, contrastadas, acogidas y contenidas.

En las páginas que siguen presentaremos la estrategia que desarrollamos, qué fines persiguió, cuáles es su sustento pedagógico, cómo se desarrolló en Lima y Ayacucho y por último cómo la percibieron y valoraron los docentes.

1. Diseño del taller y sustento pedagógico

El taller estuvo orientado a facilitar un espacio de diálogo, discusión y reflexión entre docentes que permitiera abordar los siguientes aspectos:[3]

- Contextualizar las experiencias docentes con respecto al CAI en un proceso histórico nacional más amplio, contrastando las vivencias personales y locales con una historia nacional.

---

3. Estos aspectos fueron resultado de la primera parte de la investigación con docentes y estudiantes. Sobre el tema véase Uccelli et ál. 2013.

- Identificar el rol de las memorias de maestros y maestras en el trabajo del CAI en el aula.
- Valorar el informe de la CVR como punto de partida para analizar el CAI.
- Promover una discusión libre y crítica entre docentes sobre el PCP-SL, su acción y su ideología.
- Problematizar la visión negativa del Estado ante el CAI.
- Reflexionar con respecto al rol del magisterio ante y durante el CAI.

El taller estuvo diseñado para desarrollarse en seis horas a lo largo de dos días. Pensado para ser trabajado con un grupo pequeño de docentes, fue facilitado por dos miembros del equipo, un historiador y una psicóloga/antropóloga. Un equipo de investigación complementario realizó el registro etnográfico del taller, las entrevistas y encuestas de evaluación.[4]

La selección de los colegios fue de tipo intencional a partir de los casos (colegios) de la primera parte de nuestro trabajo (descrita en capítulos anteriores), entre aquellos que se encontraban más dispuestos a participar y en los que veíamos un clima que hacía posible implementar el taller. Los colegios seleccionados fueron el de Lima-Este y el de Ayacucho-Provincia.[5]

Para ello se contactó a los directores de cada institución educativa y se les ofreció la posibilidad de participar en el taller, y estos a su vez convocaron a los docentes. Los participantes fueron 8 docentes de un colegio de Lima-Este y 11 docentes de un colegio de Ayacucho-Provincia.

---

4. Acerca de los instrumentos de evaluación aplicados, véase el anexo metodológico.
5. Sobre las características de los participantes, véase el anexo metodológico.

El diseño del taller fue validado con dos grupos de expertos (educadores, psicólogos, antropólogos, especialistas en investigación sobre memoria, entre otros). En ambas sesiones se les mostró el diseño del taller y se realizaron algunas de las actividades con ellos. Se les pidió luego retroalimentación sobre los objetivos, la secuencia de las acciones, los tiempos previstos y las actividades. Entre una sesión de validación y la otra se hicieron una serie de ajustes y se convocó a un segundo equipo de expertos que no hubiera visto el diseño anterior.

En el cuadro 1 siguiente presentamos una síntesis de las actividades del taller asociadas a sus objetivos, y a continuación presentaremos los sustentos teóricos del diseño del taller.

1.1 *El taller como un activador y organizador de narraciones sobre el CAI*

Bruner (2008) sostiene que la cultura es esa versión compartida de lo ordinario, que se sostiene en formas institucionalizadas de intercambio y que resulta gratificante psicológicamente, satisfaciendo la necesidad humana de intersubjetividad. Sin embargo, toda cultura desarrolla también mecanismos que permiten lidiar con lo que sale de lo ordinario (como el CAI, por ejemplo); es decir, narraciones que dan cuenta de la manera como lo inesperado irrumpe en lo esperado, que dan cuenta de violaciones a la versión compartida de lo ordinario indicando la manera como dichas violaciones son resueltas. Tales narraciones son indispensables en tanto se constituyen en medios para tolerar y entender desviaciones o diferencias de lo que se considera común para el grupo.

Nuestra experiencia se organiza en torno a narrativas, pero estas no son copia de la realidad (Barlett 1930 en Bruner 1990); más bien todo elemento a ser recordado es transformado al almacenarse y al recuperarse (de ahí su definición de la memoria como un mecanismo

Cuadro 1

ACTIVIDADES DEL TALLER POR DÍAS SEGÚN OBJETIVOS

Objetivos	Actividades
Primer día	
- Brindar un espacio de reflexión sobre las experiencias y memorias docentes en relación con el CAI. - Identificar el rol de las memorias de los docentes en el trabajo del CAI en el aula.	1. Presentación del taller. 2. Acuerdo de normas de convivencia. 3. Dinámica de presentación: • Yo soy ___ un evento importante en mi historia es ______. 4. Línea de tiempo personal • Elaboración de línea de tiempo que conecte la biografía del docente con los eventos del CAI. • Identificación de actores clave del CAI. 5. Intercambio en parejas, plenaria y cierre.
- Elaborar una narrativa conjunta sobre los eventos del CAI que identifique hitos locales y nacionales a partir de los saberes previos de los docentes.	Creación de línea de tiempo colectiva sobre el CAI 6. Trabajo en grupos: identificación de eventos locales y nacionales. Identificación de inicio y fin del CAI. 7. Pegar eventos locales, nacionales y personales, y fechas de inicio y fin en una línea de tiempo conjunta. 8. Discusión y análisis de la línea de tiempo construida.

Segundo día	
- Elaborar una narrativa conjunta sobre los eventos del CAI que identifique hitos, actores y causas en el marco de los derechos humanos y una educación democrática. - Promover una reflexión sobre las continuidades que explican el CAI y que nos movilizan en el presente.	9. Introducción al segundo día. 10. Discusión sobre la línea elaborada el día anterior: ¿qué hay?, ¿qué falta? 11. Completar la línea de tiempo con eventos activadores (aquellos propuestos por el equipo de investigación en rubros que no aparecieron el día anterior).
- Valorar el informe de la CVR como punto de partida para analizar el CAI. - Brindar un espacio para la discusión libre y crítica sobre Sendero Luminoso, su acción e ideología. - Discutir sobre el rol del Estado y problematizar la visión negativa sobre aquel. - Promover una reflexión con respecto al rol de los maestros ante y durante el CAI.	12. Recoger imágenes, ideas asociadas y rol en el conflicto de los siguientes actores: Sendero Luminoso, el Estado, el magisterio, la CVR. 13. Discusión respecto de la dificultad de hablar de cada uno de ellos.
- Promover una reflexión sobre el rol de la memoria y la conmemoración en esta historia que se vincule con la idea de pasado en el presente, dignificación y ciudadanía.	14. Lima: presentación sobre memoriales. 15. Ayacucho: presentación sobre informe de la CVR. 16. Plenaria y cierre.
- Recoger opiniones de los docentes sobre el diseño, objetivos y actividades realizadas en el taller.	17. Encuesta de evaluación del taller para docentes.

que reconstruye la realidad, en Best 2002). Al mismo tiempo, perdurará en la memoria aquello que es elaborado y transformado, y de ahí el que nuestra mente elabore narraciones de la experiencia vivida para sostener en la memoria de largo plazo lo que nos es significativo (Bruner 2008).

En nuestro encuentro con los docentes detallado hasta aquí hemos visto que estos tienen experiencias muy intensas y cercanas al CAI, las cuales no necesariamente han sido transformadas en una narración de las propias vivencias. Aparecen imágenes cargadas de sentimientos, se va y se viene en el tiempo, y mucho pareciera estar siendo contado por primera vez. ¿Cómo trabajar el CAI en la escuela ayudando a los estudiantes a construir una narrativa de los sucesos si estos no resultan narrables en la propia historia de los docentes?[6]

Por ello, nuestro taller estuvo orientado a hacer visibles las propias narraciones que los docentes podían dar sobre el CAI, estructurándolas en torno al proceso histórico vivido. Pero, al mismo tiempo, como indicamos al inicio de este capítulo, la mayoría de docentes tenían dificultades para engarzar su propia historia con un proceso histórico más amplio, y en ese sentido como parte de la experiencia compartida de lo extraordinario y de su proceso de elaboración recurriendo a los bagajes narrativos colectivos.

Consideramos que la socialización de experiencias en el taller podría colaborar en poner en contexto la propia historia, para poder

---

6. El tema puede ser aún un poco más complejo. ¿Y si su narración es en sí misma un desafío al acto mismo de la elaboración y la palabra? Cabe acá recordar a Levy, Senprum, Derrida, De Man y demás autores que han puesto atención justamente en que algunos episodios de gran violencia colocan en situación crítica la propia capacidad de enunciar. Siguiendo el razonamiento de Adorno (1962), la cultura no tiene las respuestas previstas o estas ya no sirven ante ciertas situaciones de violencia extrema como el holocausto, pues la propia cultura es la base de la barbarie producida (véase para una breve descripción de este tema Del Pino y Agüero 2015).

empezar a pensar cuánto de lo personal se nutre de procesos colectivos y viceversa, pero reconociendo la importancia de crear un espacio seguro de diálogo y respetando también el espacio para aquello que fuera inenarrable.[7]

El taller empezó recogiendo las narraciones de historia personal de los docentes en relación con el CAI (actividad 4 según cuadro 1). Luego de ponerlas en común, dichas narraciones alimentaron el armado de una narrativa conjunta entre docentes (en la línea de tiempo de las actividades 6, 7 y 8). Del mismo modo, al identificar actores clave del conflicto, su rol durante este y las potenciales dificultades de hablar sobre cada uno de ellos (actividades 12 y 13), se activaron y socializaron narrativas sobre sujetos y grupos que alimentaron la narrativa acerca de los eventos y el devenir del conflicto que los docentes organizaron.

1.2 El taller como un fortalecedor de memoria colectiva entre docentes

Si bien cuando pensamos en el tema de memoria casi siempre aludimos a aquello que resulta necesario traer a la mente, la memoria refiere también a aquello que necesitamos/elegimos o no nos queda más remedio que "olvidar".[8] Los procesos de memoria colectiva son,

7. Nuestro taller tenía muy presente la necesidad no solo de generar un espacio amable para la libre expresión, sino para respetar los silencios. Los docentes no debían sentirse obligados a decir o callar, o a compartir más allá de lo que consideraran apropiado. Pensamos que aunque el docente optase por no narrar, el espacio colectivo de escucha de los otros y la activación de su propia memoria podía contribuir a su propia elaboración y a modificar la manera en que ve la realidad (pasada, presente, futura) sin necesidad de que sus recuerdos tengan que ser verbalizados públicamente.

8. Entendiendo "olvidar" no como ausencia de recuerdo o amnesia, sino como el proceso complejo y cambiante de selección provisional de algunos hechos o procesos en desmedro de otros, dentro de una narrativa específica.

pues, procesos de recuerdo y de olvido de diversas colectividades apoyados en el relato de lo vivido, pero también en otro tipo de registros del pasado y en las prácticas de ese pasado.

Como plantea Carretero con respecto a lo sucedido en un mismo tiempo o proceso, "unos grupos recuerdan (y olvidan) algunas cosas, y otros hacen eso mismo, pero con cosas muy diferentes. Por eso hay disputas por la memoria e incluso combates por el control de la memoria colectiva" (Carretero, Rosa y Gonzales 2006: 21). De allí que no hay memoria personal ni memoria colectiva estática en momento alguno de la vida, pudiéndose siempre resignificar y transformar cada memoria.

Una parte fundamental de la identidad de un grupo será el poder evocar una memoria colectiva. En sentido estricto, una memoria no es propiamente colectiva sin la relación con el grupo del que forma parte. En términos de Halbwachs (2004), los recuerdos vividos, autobiográficos, que componen la memoria colectiva se sostienen en los individuos con los que se comparte la experiencia colectiva, reforzando los vínculos con los participantes de dicha experiencia; pero al mismo tiempo, de no evocarse conjuntamente, tienden a decaer como recuerdos. De a[illegible] colectivo requiere negociar su memoria colectiva, "qué recordar, qué olvidar y cómo negociar lo que resulta glorioso o vergonzoso para todos sus componentes, o para algunos de ellos" (Carretero et ál. 2006: 21).

Recordar en comunidad, traer a la mente lo vivido, exteriorizar los recuerdos, los pensamientos y sentimientos asociados a ellos, aun con toda la complejidad y contradicción que estos traigan consigo, permitirá estrechar lazos entre individuos y sentido de colectividad, incluso a costo de tener que disputar y negociar memorias.

Nuestro taller se sostuvo en dicha premisa: que el encuentro entre docentes fuera para compartir, pero no propuestas curriculares, no estrategias didácticas ni planes de clase, sino su propia experiencia y vivencias durante el CAI en general. En tanto docentes, era necesario para poder afrontar los retos de hablar del tema en el aula. El compartir experiencias entre docentes sin duda traería riesgos que deberían ser atendidos y negociados, pero dicho riesgo es el punto de partida de cualquier proceso de educación democrática: el reto de reconocer al otro como sujeto válido con un punto de vista distinto y el análisis de múltiples perspectivas desde un enfoque de derechos humanos.[9]

La socialización de la palabra y el contar con un espacio de escucha contenedor y respetuoso fue lo que articuló nuestro taller con docentes. Además de partir de su experiencia personal, la actividad 4, que fue compartida en parejas elegidas voluntariamente, contempló que hubiera discusión en pequeños grupos en cada una de las actividades. Asimismo, la elaboración conjunta de la línea de tiempo (actividades 6, 7 y 8), en donde por grupos se identificaron acontecimientos con respecto al CAI, todos los cuales fueron incluidos en una única línea de tiempo, sirvió como un activador de memoria colectiva, reforzando el carácter común de algunos recuerdos y enfatizando la vivencia compartida históricamente. Finalmente, se recogieron imágenes sobre diversos actores sociales del conflicto (actividad 12), entre ellos del magisterio y su rol durante el CAI, lo cual apuntó de manera más explícita a enunciar la memoria colectiva como docentes.

9. Este es un desafío que enfrentan los docentes cotidianamente en el aula y para el que deben estar preparados, con mayor razón en el tratamiento de temas de historia reciente como el CAI, en el que no hay un relato que contar consensuado.

1.3 *El taller como un propiciador de conflictos cognitivos*

El taller fue desarrollado desde una mirada constructivista del aprendizaje, en la que el aprendiz interpreta la realidad proyectando sobre ella los significados que va construyendo y modifica la realidad al conocerla. Partimos de la teoría de Piaget, desde la cual el aprendizaje sucede solo cuando hay un desequilibrio o conflicto cognitivo.

Para Piaget (Inhelder y Piaget 1958), el ser humano tiende al equilibrio o adaptación, y en su continuo intercambio con el ambiente encuentra situaciones que generan conflicto cognitivo en tanto quiebran el equilibrio; el ambiente entonces actúa en el individuo, el cual se reajusta para volver a adaptarse. El aprendizaje se produce cuando hay conflicto cognitivo a partir de la activación de dos procesos complementarios: la asimilación, que es el proceso por el cual interpretamos/asimilamos la información del ambiente a partir de los esquemas conceptuales existentes, y la acomodación, que constituye la "modificación de un esquema asimilador o de una estructura, modificación causada por los elementos que se asimilan" (Piaget 1970 en Pozo 2006: 180); es decir, es el proceso por el cual adaptamos nuestras estructuras/esquemas cognitivos a partir de la interacción con el estímulo del ambiente.

Aprender supone, pues, la construcción continua de nuevos conocimientos mediante la integración, diferenciación y consolidación de las acciones, hechos, conceptos y relaciones sobre el mundo físico y social de acuerdo con estrategias culturalmente definidas (Fischer e Immordino-Yang 2002), e implica el progreso en las estructuras cognitivas y los procesos de equilibración (Inhelder y Piaget 1958).

Un punto fundamental en la teoría de aprendizaje de Piaget concierne a la toma de conciencia (del conflicto, e intentar resolverlo). Para Piaget, dicha toma de conciencia es la única garantía de aprendizaje; es decir, de no identificar el aprendiz que existe una perturbación —no caer en cuenta en el conflicto existente o simplemente ignorarlo—, no habrá acomodación ni aprendizaje alguno. La perturbación puede ser muy ligera y no conllevar a un cambio en todo el sistema de conocimientos, o puede ser integrada como un caso más de la estructura de conocimientos previamente organizada, o puede transformar todo el sistema. En cualquiera de los tres casos de toma de conciencia, tiene que hacerse explícita la existencia del conflicto cognitivo. Lo que llamamos aprender requiere de dicha toma de conciencia (véase Pozo 2006 para un desarrollo de la explicación de la toma de conciencia desde Piaget).

Para que la toma de conciencia sea posible se tienen que haber activado los saberes previos; es decir, difícilmente podremos identificar una pieza de información nueva como perturbadora si no tenemos claro en qué se distingue de lo que ya sabemos; de ello el rol central de los saberes previos en la teoría piagetana. Esta idea es además retomada por Ausubel (1976), quien en su teoría de aprendizaje significativo integra las aproximaciones de Piaget y Vygotsky para indicar que el aprendizaje tendrá una naturaleza significativa en tanto la nueva información puede incorporarse a las estructuras de conocimiento que ya posee el sujeto. El material adquirirá así significado a partir de su relación con conocimientos previos.

Nuestro diseño de taller estuvo orientado a generar continuos conflictos cognitivos en los docentes a partir de la identificación de sus saberes previos sobre el CAI. Dichos conflictos cognitivos fueron explicitados por los facilitadores del taller. Las contradicciones no se dejaron en el plano mental: se externalizaron mediante la discusión. De este modo, el taller partió de otro supuesto: que la experiencia del docente en actividades de clara orientación constructivista permitiría valorar la relevancia (o no) de este enfoque para el tratamiento del CAI con sus estudiantes.

Partimos de visibilizar lo que los docentes sabían y recordaban sobre el CAI, ayudándolos a explicitar sus sesgos. Pero, además, quisimos hacer visible para ellos la complejidad del proceso histórico vivido y el impacto del lugar desde donde se enuncian los recuerdos. Así, no nos quedamos únicamente con la línea de tiempo que ellos construyeron (actividades 6, 7 y 8), sino que además decidimos problematizarlas de dos maneras: i) explicitando cómo se entendía lo nacional y lo local con respecto al CAI y ii) proponiendo eventos o hitos sobre el CAI que no hubieran sido mencionados, y que completaran la historia vivida. Del mismo modo no nos quedamos únicamente con los actores del conflicto que proponían y el rol que indicaron que cumplían, sino que problematizamos su papel, cuestionamos si no habían cumplido un rol adicional, si no había otra posible versión. Todo ello condujo a una serie de cuestionamientos, elaboraciones, revisiones de la propia perspectiva del proceso histórico, de los propios discursos y del lugar de enunciación, es decir, desde dónde se estaba elaborando.

1.4 *El taller como un espacio para desplegar lo que se siente sobre el tema: acogiendo y conteniendo*

Finalmente, un aspecto clave que organizó nuestro diseño del taller fue el que este se constituyera como un espacio donde también tuvieran cabida no solo las memorias de los docentes y sus discrepancias, sino sus sentimientos y las dificultades para enunciarlos.

Partiendo de Ausubel (1976), a quien ya citamos más arriba, el aprendizaje es solo significativo en tanto se activan saberes previos, existiendo una implicación afectiva por relacionar los nuevos conocimientos con aprendizajes anteriores; es decir, cuando la nueva pieza de información puede relacionarse con experiencias previas y los sentimientos asociados a ellas.

Nuestra tradición escolar, por lo general, no ha sabido lidiar muy bien con el mundo de las emociones, no teniendo muy en claro el lugar que estas ocupan en el aula. Los docentes cuyas entrevistas discutimos en capítulos anteriores no quedan exentos de cuestionamientos con respecto a dónde y cómo trabajar con las emociones de sus estudiantes. De hecho, algunos de los temores que rodean el tratamiento del CAI tienen que ver con la angustia ante la posibilidad de movilizar emocionalmente a sus estudiantes y no saber luego qué hacer con ello; o incluso de movilizarse emocionalmente a sí mismos y no saber cómo contenerse.[10]

¿Cómo evocar en el aula las emociones sobre un tema que está profundamente cargado de recuerdos biográficos, en los cuales los sentimientos cumplen un rol fundamental? ¿Es posible evitarlas? ¿Es posible aprender a contenerlas? ¿Es posible, como algunos docentes han intentado, evitar las emociones —propias y de los estudiantes— sobre temas con tal capacidad de movilizar? Algunas respuestas desde las pedagogías de memoria indican que lo que hay que seguir es más bien el camino contrario.

En la propuesta para trabajar el holocausto en la escuela, Morris (2001) sostiene que hemos heredado una *tradición de evitación* para hablar de conflictos, guerras o procesos tan devastadores como el holocausto, que nos lleva a intentar consolar en lugar de confortar, a intentar resolver antes que sobrellevar, lo cual oscurece la verdadera naturaleza de los conflictos. Para Morris, esto genera una suerte de utopía no examinada centrada en el deseo de lugares más felices, lo cual es peligroso en tanto perpetúa lo que ella llama una *inocencia maligna*, es decir, la renuncia a reconocer que existe maldad, que la igualdad se obtiene a veces a expensas de libertad, que la justicia es a veces incompatible con la ley. Así, Morris plantea:

---

10. Sobre el tema, véase el capítulo 1, "Tratamiento del CAI en el aula".

> Crear espacios seguros para que la gente joven pueda aprender es el sueño. Pero por lo general las escuelas son como prisiones, son lugares de muerte, donde la muerte existe, donde hay asesinatos, donde hay vidas que son destruidas. Incluso si la escuela parece ser un lugar seguro [...] no existe un cielo en la tierra, y la escuela no es el cielo. Cuando los docentes intentan proteger a sus estudiantes del mundo de afuera, están creando, inconscientemente, más dificultades para ellos. (2001: 198-199)[11]

La enseñanza en contextos de guerra o sociedades posconflicto genera emociones y miedo muy intensos; la información tiende a ser manipulada por aquellos en el poder, y la proximidad de los eventos hace difícil tener una explicación clara del asunto. Ante ello, una salida sencilla es caer en el aula en la evitación y en propuestas utópicas cargadas de esa *inocencia maliciosa*. Por ello es que Morris planea un currículo *distópico*, opuesto a la idea de utopía, que no intenta edulcorar el proceso doloroso del conflicto ofreciendo finales felices que conduzcan a evitar los temas problemáticos, sino que más bien se afronten en toda su complejidad, alteridad, confusión y desesperación en el aula. Así, el aula se constituye como un espacio que fomenta y facilita la emergencia de todas las emociones, dudas, inquietudes y contradicciones que vive el estudiante respecto de los eventos del conflicto; un lugar en el que antes de buscar sanar se busca enunciar y explicitar para poder entender, en el que no se evitan los sentimientos negativos, sino que se expresan y confrontan. En este marco, el docente busca que los estudiantes aprendan a expresar y, por medio de esto, a lograr entender. Así, los estudiantes son confrontados con la verdadera desesperación de los eventos de la guerra, en toda su realidad. En esa propuesta, la felicidad no se alcanza por receta, no hay negación del dolor, el duelo o el sufrimiento. Se busca atender

11. La traducción es nuestra.

al otro con una identificación empática, un ejercicio que permita intentar sentir como el otro y no solo imaginarnos en su situación. Se permite que emerjan las interferencias, la otredad, la alteridad y el extrañamiento ante las distintas representaciones del conflicto.

Morris está proponiendo algo muy similar a lo que plantean Zembylas y Boler (2002) en su pedagogía de la incomodidad (*pedagogy of discomfort*), la misma que emerge en el contexto pos 11 de septiembre en Estados Unidos. Zembylas y Boler cuestionan una serie de demostraciones de "patriotismo" y solidaridad en los ciudadanos estadounidenses, particularmente el uso del argumento del "amor al país" y del patriotismo para justificar ataques a otros países. La pedagogía parte de la noción de ir más allá de la zona de comodidad de los estudiantes para representarse la realidad. Pero una premisa importante es que se requiere no solo del cuestionamiento racional y del diálogo, sino también de profundizar en la inversión emocional que está en la base. De este modo supone trascender la tradición de *evitación* de la que habla Morris, convirtiendo el aula en un espacio para la problematización epistemológica y emocional, para traer historias y el sentido de uno mismo, tanto a escala individual, como colectiva. Como enfoque central está el reconocer las emociones y definir qué es lo que uno escoge ver y lo que no. De esta forma, la pedagogía de la incomodidad enfatiza la "testificación colectiva", de modo que aprendices y maestros se entiendan a sí mismos como testigos y no como espectadores.

En el contexto actual peruano, y a partir de lo presentado sobre las memorias docentes en páginas anteriores, propuestas como estas parecen inviables. ¿Cómo fomentar que mis estudiantes compartan sus emociones sobre aquello de lo que a mí me cuesta tanto hablar, y donde no hay licencia social para hacerlo?

Sin embargo, creemos que independientemente del hecho de que los docentes decidieran o no replicar con sus estudiantes el propiciar que estos compartan en el aula sus emociones sobre el CAI, aquellos necesitaban hacerlo. Nos parecía en realidad inviable llegar a una reflexión y problematización de sus perspectivas, a conflictos cognitivos, al desarrollo de espacios de memoria colectiva, con una aproximación que evite las emociones, donde no se diera el espacio para reconocer que el tema es difícil, doloroso.

Desde esa premisa, decidimos abordar el trabajo en el taller permitiendo, fomentando, acogiendo y conteniendo toda la alteridad que pudiera surgir y las emociones que pudieran aparecer; asumiendo que no hay receta ni final feliz, oponiéndonos a la evitación, dando cabida a cualquier experiencia que quisiera ser compartida. En un contexto en el que los docentes temen hablar —por el clima de vigilancia que viven sobre el tema ya presentado en capítulos anteriores—, crear un espacio de este tipo fue un enorme reto, y finalmente un acierto.

2. Resultados y discusión

El presente estudio parte de un abordaje cualitativo, con un diseño de investigación evaluativa. El objetivo de la investigación evaluativa es poder planificar, mejorar y justificar los programas o productos evaluados a partir de los objetivos planteados; es decir, un análisis orientado a tomar decisiones sobre una práctica concreta en situaciones determinadas, la cual puede ser un programa, producto o proceso (un taller en nuestro caso), y en donde la investigación juzga el mérito y coste de la práctica a partir de los valores que priman en la situación (McMillan y Schumacher 2005).

Siguiendo el diseño del presente estudio, un diseño de investigación evaluativa, orientado hacia los objetivos, articularemos los resultados en torno al análisis de nuestro objetivo general para evaluar así los logros y alcances del taller. Desde este marco, analizamos la implementación del taller a partir de los aspectos priorizados, para luego realizar una evaluación general del diseño y sus posibilidades de ser desarrollado en otros contextos. (Véase objetivos cuadro 1)

2.1 Contextualizar las experiencias docentes

Los docentes identificaron claramente la finalidad de las actividades orientadas a contextualizar sus experiencias en torno al CAI: "Hemos visto que en las líneas hay una línea personal, hay una línea social, hay una línea histórica, y que todo tiene relación. Hay una interrelación, eso se ha visto muy claramente. Muy importante e interesante" (Eva, profesora del colegio Lima-Este).

Del mismo modo, valoraron la importancia de poder releer su propia historia a partir de procesos locales y nacionales.

> Lo que decían los colegas que solamente, prácticamente ellos hablaban de lo que ha sucedido acá. Y hacíamos una mirada como se dice, una mirada hacia abajo, mas no una mirada hacia el horizonte y poder también sacar nuestras propias conclusiones de los otros lugares y poder contrastarlos y quizás ahí tener una visión más amplia.
>
> Florencia, profesora del colegio Ayacucho-Provincia

Ahora bien, la actividad no fue acogida con el mismo entusiasmo en Lima-Este que en Ayacucho-Provincia, y su desarrollo tuvo particularidades regionales en la relación que unos y otros establecieron con la construcción colectiva de la línea y la revisión de sus vacíos o sesgos.

Entre los docentes de Lima-Este, al observar las líneas de tiempo construidas colectivamente, hubo una suerte de toma de conciencia de estar hablando sobre el CAI para Lima y desde Lima, y de haber omitido en parte de su revisión del proceso histórico a "otros" más lejanos. Dicha toma de conciencia fue muy rápida (al final de la actividad de línea de tiempo del primer día; actividades 6, 7, y 8; véase cuadro 1). Los docentes notaron que casi no había eventos o hitos del conflicto fuera de Lima, y lo verbalizaron. Para el día siguiente, incluso algunos vinieron "preparados" con listas de eventos que habían identificado en casa, más exactamente vía Internet, que permitieron completar la línea. En este extracto del registro del taller se ve reflejada esta reflexión:

> La facilitadora abre la plenaria pidiéndoles que observen la línea de tiempo que construyeron el día anterior e indiquen si quieren añadir algo más. A continuación se da el siguiente diálogo:
>
> Jaime: La Constitución del 93.
>
> Beatriz: El papel del Estado. La Comisión de la Verdad. El autogolpe. La retirada de Fujimori. Rodrigo Franco. El grupo Colina. La captura de Abimael fue el 12 de septiembre de 1992.
>
> Yeni: Ha venido preparada Beatriz [haciendo alusión a la activa participación de Beatriz, compañera que aporta nuevos hitos].
>
> Beatriz: Después nos pusimos a reflexionar sobre nuestra línea de tiempo y nos dimos cuenta que…
>
> Dora: Estábamos mal en el tiempo.
>
> Un grupo de maestras nos comenta que ha buscado en Internet para ir completando los datos. Se les nota motivadas, y han traído un listado de eventos para irlos agregando.
>
> Registro etnográfico del taller, colegio Lima-Este, segundo día

En Lima-Este, esta discusión reseñada permitió agregar varios hitos que tenían relación con su distrito —aunque no identificaron sucesos específicos, sino procesos sociales—, como el desplazamiento forzado o problemas generados por la acción de Sendero Luminoso o las fuerzas de seguridad, como toques de queda, apagones, paros armados. En el diálogo comentaron también sobre la migración, como un aspecto local, propio de su distrito: "Los migrantes de Ayacucho [...]. Ah, se dio la migración. Empezaron a venirse de allá, de la sierra, de provincias a Lima. También abandono de los niños, los niños abandonados [...]" (profesora). Sin embargo, pese al gran aumento de nuevos eventos, incluyendo locales o nacionales, solo se agregaron dos sucesos fuera de Lima: Cayara y ronderos.[12] Todas las demás tarjetas nuevas reportaron hechos o procesos que se relacionan con Lima y con experiencias personales. Se añadieron muchos temas, pero la mayoría fueron más bien procesos o problemas que eventos: jueces sin rostro 1993, paros armados, SJL-toque de queda paros armados, SJL-desplazados, SJL-apagones, SJL-toque de queda, torturas y desapariciones.

Asimismo, la intervención de la línea de tiempo del segundo día en Lima-Este (actividades 10 y 11 en el cuadro 1) fue muy fluida, muy acogida y más bien reflexiva en torno a lo que les había "faltado" a ellos incluir. Como señala Eva: "Si bien es cierto que sabíamos de los hechos, los sentíamos muy alejados de nosotros [...] cuando nos hiciste hacer nuestra propia línea de tiempo, lo relacionamos estos hechos más cercanos a nosotros".

Los docentes en Lima-Este acogieron las propuestas de eventos, hitos y actores faltantes sugeridas por los facilitadores, reflexionando

---

12. Cayara es el nombre de un distrito de la provincia de Víctor Fajardo, en la región de Ayacucho. Es conocido como "El caso Cayara", una de las masacres más notables del periodo de violencia política. Como consecuencia de un ataque terrorista del PCP-SL, una patrulla del Ejército peruano ejecutó extrajudicialmente a por lo menos 30 campesinos. Posteriormente fueron asesinados sobrevivientes y testigos, sumando al menos 39 las víctimas de este hecho. Investigados por el Congreso, por el fuero militar y por la justicia civil en su momento, los responsables fueron sistemáticamente protegidos. Hoy el caso sigue abierto, y constituye uno de los más emblemáticos tanto en relación con su ejecución brutal como con su impunidad. Asimismo, con el término"ronderos" se da cuenta del rol de autodefensa que los comuneros campesinos asumieron en diferentes etapas del conflicto armado para enfrentar a o defenderse del PCP-SL. Esta organización empezó muy temprano, en algunos lugares, entre 1982 y 1983, pero fue muy fortalecida con la alianza que se fue construyendo con el Ejército sobre todo a partir de 1987.

con avidez en torno a la construcción de un punto de vista o de un evento considerado como local o nacional, preguntándose sobre el proceso de empezar a hablar siempre en primera instancia desde el yo, con la posibilidad de quizás luego mirar un poco más ampliamente, hacia el nosotros o el ellos, es decir, lo que no se vivió directamente; y cuestionándose también sobre si se habría vivido igual el CAI en todas partes del Perú, y cómo lo verían sus estudiantes.

> Dora: En provincia, si es que vas, [la línea de tiempo] saldría más de provincia.
>
> Eva: Sí, seguro que sí.
>
> Beatriz: Y también qué edad de grupo que vas a hacer la línea. Si son personas mayores, va a salir más…
>
> Gabriela: Y de verdad que, de repente, nos tendríamos que enterar de situaciones que hasta desconocíamos. De repente, la vivencia de ellos ha sido muy distinta.
>
> Registro etnográfico del taller, colegio Lima-Este

Además, no dejaron de incluirse ellos mismos en la crítica, señalando la indiferencia de los capitalinos ante lo que sucede lejos de los centros de poder, pero además indicando el proceso más complejo de ser muchos de ellos mismos migrantes o hijos de migrantes, y por tanto de tener una cercanía muy estrecha con las provincias, y, a pesar de eso, asumir la actitud de indiferencia de quien vive en la capital. La profesora Gabriela señala:

> Pero yo creo que también manejamos nosotros cierta idiosincrasia, en el sentido como se está repitiendo acá, de que, bueno, ellos son de la sierra, otros son de la costa, el otro es de la selva, y no tiene tanta presencia, como que no le damos su valor. Entonces, pienso yo que nosotros mismos existe mucho la discriminación, aun siendo provincianos. O sea, nos volvemos limeños, nos volvemos cuzqueños, y como

> que allí, por ahí, nos olvidamos que estamos discriminando. Y a mí me parece, al menos que, de repente, eso ha pasado conmigo. Por ejemplo, yo recuerdo poco a los ashaninkas. Sé que existen. Pero más me acuerdo de la matanza de Lucanamarca, de la matanza de Cayara. Entonces, de repente, es cierto, pero… que a veces tenemos y ni cuenta nos dábamos.
>
> Registro etnográfico del taller, colegio Lima-Este

En las entrevistas realizadas en días posteriores con participantes del taller, los docentes en Lima-Este recordaban con claridad la experiencia vivida, cómo su perspectiva y lugar de enunciación del CAI había sido problematizada, y consideraron que dicha experiencia había sido valiosa.

Al finalizar el taller, tomando en cuenta la encuesta que evaluaba el cumplimiento de los objetivos del taller y la valoración de las diversas actividades, todos los docentes del colegio de Lima-Este consideraron que el objetivo fue alcanzado de manera óptima, e incluso destacaron que lo que más apreciaron del taller fue la experiencia de contextualizar sus memorias en procesos nacionales más amplios.

> [Califica el diseño del taller como muy bueno] Porque se utilizó la estrategia de la participación a partir de las propias experiencias para identificar la problemática nacional.
>
> A partir de nuestra realidad contextualizamos todo lo ocurrido en nuestro país, donde muchas veces éramos ajenos a lo que ocurría, ocurrió y ocurre actualmente.
>
> Registro de encuestas anónimas a docentes

En el colegio Ayacucho-Provincia, esta actividad se desarrolló tomando una ruta muy distinta, y se puede decir que el objetivo fue parcialmente alcanzado. Durante la actividad de armado de línea de tiempo colectiva del primer día (actividades 6, 7, y 8 en el cuadro 1), los docentes en Ayacucho, al igual que en Lima, priorizaron eventos o hitos que eran de su localidad. Al iniciar la reflexión el segundo día, ante la propuesta de los facilitadores de observar qué era lo que faltaba en la línea de tiempo y añadir eventos o hitos, los docentes en Ayacucho-Provincia, a diferencia de los de Lima-Este, mostraron poco entusiasmo. La reflexión acerca de los vacíos en la línea de tiempo construida colectivamente fue muy breve, pero significativa, porque supuso agregar dos temas ausentes en la primera versión de la línea: por un lado, el rol de la Iglesia durante el conflicto, una mirada crítica al papel del entonces obispo de Ayacucho, Juan Luis Cipriani, como "capellán del ejército";[13] y por el otro, se mencionaron "las secuelas psicológicas y económicas de la guerra", que continúan afectando las trayectorias de personas, familias y pueblos. Ambos sucesos, sin duda, aportaron para entender la violencia vivida y sus efectos hoy en la denominada etapa posconflicto. Pero el propósito de la actividad, es decir, de hacer elaboraciones sobre vacíos y sesgos, no fue acogida.

Ante la pregunta de los facilitadores de por qué no había en la línea eventos o hitos fuera de la zona de Ayacucho, los docentes en primera instancia se refirieron a la falta de tiempo para la actividad, o al pedido de un número limitado de hitos o sucesos: "Nosotros hemos señalado algunos hechos, pero no todos, de acuerdo con la cantidad que nos ha pedido, por esa razón no estaría completo" (Esteban, director, colegio Ayacucho-Provincia).

---

13. Juan Luis Cipriani es un sacerdote miembro del Opus Dei. Fue obispo de Ayacucho durante los años de violencia (1995-1999), y se le recuerda por su cercanía al poder y por su cuestionada frase en que señala que "la Coordinadora de Derechos Humanos, esa cojudez". Actualmente, continúa siendo una figura pública en tanto arzobispo y primado de Lima desde 1999 y cardenal de la Iglesia católica desde 2001.

Luego de que los facilitadores colocaran los eventos o hitos propuestos de otras zonas distintas de Ayacucho, los docentes los leyeron, los repitieron en voz alta y no comentaron más allá de eso, como acogiendo su existencia sin mayor elaboración:

> Facilitador: ¿Qué les parece las tarjetas que hemos puesto? ¿Por qué no estaban antes?
>
> Edgardo: Es que esto se ha generado, esto de la hacienda de Allpachaca, es parte de la universidad que han destruido los militares. Es nacional. Chungui también. Y del ejército también hubo matanzas. Ashaninkas también.
>
> Registro etnográfico del taller, colegio Ayacucho-Provincia, segundo día

Como vemos en el extracto, Edgardo pareciera estar sobre todo acusando recibo de la existencia de dichos eventos más que elaborando en torno de ellos. Luego, los docentes empezaron a sugerir otros eventos de su zona durante el CAI que tampoco estaban en la línea de tiempo, enfatizando su gravedad o su olvido: "Por ejemplo, aquí un hecho que ha ocurrido aquí, por ejemplo [...], un pueblo entero quedó con niños y viudas, han sido ejecutados todos los varones, y eso la Comisión de la Verdad no habla y no ha escrito ni un artículo" (Martín, profesor, registro etnográfico del taller, colegio Ayacucho-Provincia, segundo día).

Es decir, antes que acoger una posible reflexión sobre el lugar desde donde se estaba enunciando el CAI, los docentes sentían la necesidad de exponer ante los facilitadores y entre los docentes la manera como fueron las cosas, la verdad no contada, lo que su comunidad sufrió y vivió. Los docentes en Ayacucho-Provincia reconocían no estar incluyendo hitos o eventos de otras zonas del país, como Lima, pero consideraban que esa era la historia que necesitaban contar. Ante las propuestas de los facilitadores de acontecimientos o eventos para intervenir la línea, los maestros se mostraban muy resistentes y hasta confrontacionales, señalando que los eventos añadidos eran asuntos menores. La siguiente cita da cuenta de dicha dinámica. En ella, Martín señala muy elocuentemente su impresión con respecto a un evento propuesto por los facilitadores, el asesinato de María Elena Moyano por parte del PCP-SL:

> "Lo que hay que aquí de repente rescatar de lo que tanto se habla, no están priorizadas muchas cosas. Si nosotros quisiéramos hablar, por ejemplo, solamente el caso de [nuestra] provincia [...], supera, por ejemplo, el caso de Barrios Altos, supera el caso de La Cantuta, aquí [...], la muerte de la familia [Ribera]. Como alguien decía, o como usted mismo decía, si nosotros nos ponemos a analizar de una forma más amplia y un poco más detallado de repente nuestra línea de tiempo de acá de [...]. Para nosotros, por ejemplo, la muerte de María Elena Moyano, como persona, no significa nada. Entre grupos asesinos se han dado de muerte ahí. Sendero mataba pues a la otra parte". Esta aseveración no encuentra detractores entre sus colegas, ningún maestro o maestra dice algo a este respecto –quizá callan porque es Martín el que habla o quizá porque están de acuerdo.
>
> Registro etnográfico del taller, colegio Ayacucho-Provincia, segundo día

Esta dinámica marcada por un estilo confrontacional —de al menos tres de los docentes participantes[14]— se mantuvo casi hasta el final de la actividad, en un largo y agotador debate. Sin embargo, la insistencia de los facilitadores, la continua discusión acerca de eventos en otros contextos distintos al suyo, perpetrados por el PCP-SL y el MRTA, y no solo por el Estado, que afectaron a limeños, a otras zonas de los Andes y a pobladores amazónicos, y sobre todo que los maestros más resistentes comprendieran que los facilitadores también reconocían los crímenes del Estado, en un punto de la discusión

14. Martín, Esteban y Efraín.

generó que esta cambiara ligeramente de tono. Se empezó a hablar del dolor compartido. Los docentes no abandonaron su necesidad de defender el que en Ayacucho las cosas habían sido quizás más duras que en cualquier otro lugar (y sin lugar a dudas lo fueron), pero empezaron a acoger en esta conversación generada por el taller que se incluyeran reflexiones sobre un contexto más amplio.

Así, luego del taller, reflexionando sobre el proceso vivido, Martín se refirió justamente a su comentario respecto de incluir el asesinato de María Elena Moyano por parte del PCP-SL como uno de los eventos de fuera de Ayacucho en la línea de tiempo:

> Ustedes, como ciudadanos de la ciudad, tienen otra misión, otra visión de lo que es lo que ha pasado. Como ayer decía, la muerte de la señora María Elena Moyano, sí, como persona, sí tiene valor, pero tan igual como esa vida también ha sido muchas vidas aquí que hemos perdido.
>
> Martín, profesor del colegio Ayacucho-Provincia

Es interesante el modo en que este profesor habla de una víctima de Lima en dos momentos de nuestro trabajo. Parece haber cambiado y dar, luego del taller, más importancia o más bien el mismo valor a una víctima que identifica como propia que a una ajena. Quizá el cambio es más sutil, y revela sobre todo una mejor selección de palabras para expresar lo mismo siempre: que él quiere llamar la atención sobre las víctimas propias, que su actitud responde a un viejo reflejo de reclamo al centralismo que se manifiesta hasta en quiénes deben ser recordados. Su animosidad del primer día corresponde a una defensa ante los facilitadores —representantes de la capital—, que quizá, desde su óptica, tienen el desparpajo y atrevimiento de llegar a contarle a él su propia historia. No podemos estar seguros, finalmente, de esta interpretación, pero quizá no es que Martín haya pasado de no valorar la vida lejana a valorarla, sino que haya expresado mejor su posición. Tal vez él necesitaba saber que las vidas de sus muertos entrarían también en la conversación con igual significancia, valoradas en los mismos términos, y de no ser así, él enunciaría primero el valor de las vidas de quienes él considera que habían sido ignorados.

Por tanto, en Ayacucho los docentes mostraron que entendían, sabían, enunciaban, conocían el devenir del CAI, pero las heridas profundas y la falta de reconocimiento histórico de la importancia y derechos de las regiones hacían mucho más difícil construir al *otro* como sujeto del mismo sufrimiento. Al final del taller, sin embargo, podían identificar un contexto mayor a ser pensado, sin dejar de enfatizar lo que es cierto, que lo que pasó en su tierra fue peor.

Al valorar el taller, los docentes de Ayacucho, al igual que los de Lima, evaluaron el cumplimiento de este objetivo de manera óptima.

> Los actores del taller han contextualizado sus vivencias del pasado en lo local, nacional; también supieron relacionar con el presente.
>
> [Valora el que se haya trabajado este objetivo porque] todos estos acontecimientos afectaron al magisterio nacional, lo cual se contrasta con la historia nacional.
>
> Registro de encuestas anónimas a docentes

Las diferencias que hemos mostrado entre el modo en que los profesores de Lima-Este y Ayacucho-Provincia reaccionaron ante la nueva información provista por los facilitadores a sus líneas de tiempo y en general en el desarrollo de la actividad puede deberse, en parte, al desigual acceso a Internet en la provincia de Ayacucho y en la de Lima.[15] Sin embargo, creemos, no es la más importante.

---

15. Mientras en el colegio de Ayacucho-Provincia solo cuentan con cabinas públicas, caracterizadas por una conexión muy lenta e inestable, la mayoría de docentes en Lima tiene Internet en casa o en cabinas públicas a precio accesible y rápida conexión. Durante el taller en Lima-Este fue evidente que Internet fue una de las fuentes más consultada, entre el primer y el segundo día del taller.

Mientras en Lima-Este los profesores mostraron interés y entusiasmo por lograr contar con un panorama amplio y lo más completo posible de lo sucedido, en Ayacucho-Provincia los profesores se estuvieron más interesados en que se sepa lo que había sucedido en su localidad, en su región, y otorgar a estos eventos reconocimiento, un rango de "nacional". Por tanto, las agendas y la disposición de los profesores en Lima-Este y Ayacucho-Provincia fueron muy distintas. Mientras que unos estaban ávidos por ampliar e intercambiar información, los otros querían más bien reconocimiento y legitimidad frente a lo que habían vivido, y por tanto estaban menos dispuestos a "reconocer vacíos" o que "les digan algo más" sobre lo que ha pasado, pues ellos lo habían vivido directamente.

La aparente falta de entusiasmo, los silencios y las palabras a veces desconfiadas o duras parecen evidencia de lo que otros han denominado como las batallas por la memoria (Jelin 2001). En otras palabras, la demanda de los docentes de Ayacucho, al menos de los que por edad y trayectoria ejercían el liderazgo en el grupo, era la de lograr reconocimiento y legitimidad de sus memorias frente a la de Lima.

Es desde esta demanda y posición que se pueden entender mejor algunas actitudes y palabras de docentes durante el taller en Ayacucho-Provincia, pero también se constatan profundas heridas de la guerra —y anteriores a ella— que marcan una distancia entre las regiones y los ciudadanos de nuestro país.[16] Por ello, la discusión de la

16. En este caso, al realizar nosotros los talleres, provenir de Lima y además, a ojos de los maestros, portar saberes que entendían como construidos desde este centro simbólico de poder, sin buscarlo, motivábamos una reproducción de este tipo de relación cargada de sospecha. Otros elementos como el género (nuestro equipo estaba conformado por cuatro mujeres y un varón), la generación (la edad promedio del equipo era 35 años), el origen urbano (todos de Lima) y étnico del equipo (en función del uso peruano coloquial, las mujeres de nuestro equipo eran de tez clara) también pudieron contribuir a esta falta de fluidez;

línea de tiempo mostró reacciones completamente diferentes y aun opuestas entre los docentes de Ayacucho y Lima.

Tanto en Ayacucho como en Lima, este fue un tema relevante. En Lima-Este, la distancia entre peruanos, que no aparece solo como geográfica, sino social y cultural, fue sentida como un problema que obstaculizaba el tener un conocimiento más completo de la historia. Pero quizá es importante notar que nos parece que los profesores de Lima podían hablar de este problema como uno que afectaba a la sociedad, esto es, a una externalidad. No se colocaban como víctimas de este problema, sino como observadores de sus efectos. En Ayacucho-Provincia, por el contrario, esta distancia fue el punto de partida para emitir las opiniones. Nos dio la impresión de que los profesores lo vivían como un agravio constante a sus memorias. Y en parte por ello la sospecha o la actitud defensiva era su punto de partida para participar del taller.

También es importante mencionar que la discusión generada a partir de este tema tuvo que ver no solo con el olvido de ciertos hechos, sino con el carácter de este olvido y del orden y jerarquía en que se pueden ubicar los eventos, que es finalmente un orden simbólico. Es decir, qué merece ser destacado y qué no.

En esto los maestros de ambas regiones se mostraron duros en su crítica al Estado y a los medios de comunicación, a los que identifican como los principales actores capaces de visibilizar (o no) los acontecimientos que vale la pena recordar y por tanto de seleccionar aquellos que sí pasarán a la historia.

Por contraste con lo anterior y de modo coherente, problematizaron la diferencia entre acontecimiento nacional o local, y si esto es

---

lo cual, sin embargo, fue progresivamente superado conforme la conversación permitía un claro ejercicio libre y respetuoso de la palabra, aun de las más críticas, por parte de todos los participantes. Sin embargo, vale reconocer que esta fluidez no llegó a ser tan sencilla y relajada como lo fue en Lima.

un marcador de importancia, pues desde los derechos humanos cada vida vale lo mismo.

Pareciera que estas reflexiones y opiniones de los profesores describen la importancia que tiene el lugar que ocupa el narrador para contar una historia y el valor simbólico que tienen los lugares y los sujetos de la narración. Los profesores, a su manera, fueron capaces de criticar estos sesgos. Desde Ayacucho-Provincia, la demanda fue clara, por una valoración más equitativa de la historia regional. Desde Lima-Este, se apreció un narrador que cuestiona el centralismo de su relato.

2.2 *Identificar el rol de las memorias docentes en el trabajo del CAI en el aula*

En Lima y Ayacucho, uno de los aspectos más valorados del taller fue el poder conectar con las propias memorias, no solo por sus posibles efectos en el trabajo de los docentes en el aula, sino que estos además valoraron el poder hacerlo independientemente de su rol docente.

> Nos hizo reflexionar un poco de aspectos que habíamos dejado tal vez de lado, ¿no?
>
> Gabriela, profesora del colegio Lima-Este

> El taller para mí ha sido una cosa tan grande, ¿no? Hemos tratado al menos de recordar lo que hemos vivido antes. Porque acá [...] hemos sufrido en carne propia casi toditos.
>
> John, profesor del colegio Ayacucho-Provincia

En Ayacucho-Provincia, los docentes hicieron elaboraciones alrededor de lo difícil que resulta recordar, ya que el clima de vigilancia es mayor, y los pone en riesgo de ser signados como terroristas al hacerlo. Edgardo comenta que valora el taller en tanto ofrece un espacio para poder recordar acerca del CAI.

> Pero como yo le digo, siempre como alguien dijera, hay ciertas limitaciones, porque si comentamos eso van a decir que somos ya de Movadef, somos de Sendero, entonces también está limitado. No se puede así lanzar las ideas… Es que no hay, o sea, siempre hay cierto recelo. Nosotros, por ejemplo, entre colegas, casi siempre recelo.
>
> Profesor del colegio Ayacucho-Provincia

Comentarios como el de Edgardo nos han acompañado a lo largo de todo el contacto con docentes. En ambas regiones, estos valoraban la posibilidad de recordar, pero explicitaban con gran claridad y lucidez lo difícil que es hacerlo, lo doloroso que resulta, y la tendencia al olvido, así como escribe un docente al elaborar sus impresiones en la encuesta anónima: "Al comienzo fue difícil porque recordar siempre genera sufrimiento por los momentos vividos, pero sí se logró intercambiar experiencias personales".

Con elocuencia, Eva señala el dolor asociado al recuerdo, lo difícil que es traer a la mente algunas situaciones vividas, y valora del taller prioritariamente que les permitió transitar por esos recuerdos y empezar a procesarlos:

> Nos ha hecho tomar en cuenta que los hechos que ocurren en la historia no se dejan de lado, que internamente los teníamos presente, han salido a flote y han permitido… o también hecho notar en nuestros estudiantes que también forman parte de la historia y poder reflexionar sobre ello. Y hacer que todo lo que internamente haya, como el resentimiento, sean reflexionados y a la vez sean tomados en cuenta para tratarlo y un poco superarlo, y que no quede la cicatriz. Que poco a poco se vayan disolviendo. Quizá ya las futuras generaciones lo van a tomar en menor dolor este problema.
>
> Profesora del colegio Lima-Este

Es interesante cómo Eva empieza hablando de sí misma, poniéndose como sujeto del valor de lo vivido en el taller, para llegado un punto pasar a sus estudiantes, a lo que puede compartir con ellos luego de esta experiencia. Eva habla de sentimientos muy intensos, resentimientos no procesados, que no han tenido espacio para ser reflexionados, y valora el taller principalmente como un espacio para darles cabida y empezar a sanar de modo que no los traslade a la siguiente generación.

Con la misma claridad y profundidad, la profesora Katia, de Ayacucho-Provincia, comparte lo difícil que es traer a la memoria las heridas del CAI, y por qué a veces el olvido es tentador:

> Nos hizo recordar los años anteriores. Es que recordar es volver a vivir tal vez esos momentos. Que un momento que tú hayas pasado es retroceder el tiempo. Para mí al menos fue eso. Entonces esos temas que se han tratado sería interesante, que tal vez otros están olvidados. Para mí fue interesante… porque a veces te descargas lo que tienes adentro. Había momentos en que tal vez yo no participé tanto porque uno tiene, pero tiene unos resentimientos que mejor guardarlo esos para mí… Uno a veces, cuando haya pasado esos momentos, te impacta y te recuerda. Yo tengo eso. Entonces es difícil. Por eso digo mejor no, para qué recordar. Eso. Pero todo fue interesante. Es mejor así, poco a poco que los profesores a veces se desfogan.
>
> Profesora del colegio Ayacucho-Provincia

Curiosamente, Katia y Eva utilizan la misma palabra, “resentimiento”, para señalar aquello que cuesta decir, el dolor que no se puede llegar a compartir, que impacta, que es difícil mirar. Ambas valoran el haber contado con un espacio de ese tipo para recordar, desfogar, liberarse procesando esos recuerdos.

Dado que dichas memorias están cargadas de emociones, un aspecto crucial de nuestro diseño fue permitir, promover y facilitar el compartir los sentimientos y sensaciones asociados a dichas memorias. Ello fue identificado y valorado positivamente por los docentes. Algunos incluso señalaron querer replicar la experiencia con sus estudiantes al trabajar el tema, para que exista un procesamiento no solo de la información, sino de las emociones asociadas a ella. Así, Gabriela nos dice que ella ha trabajado antes con sus estudiantes con una línea de tiempo similar a la que empleamos, pero que dicha línea había sido "descriptiva, no tanto interiorizada, empezando desde nosotros. Iniciábamos con los hechos y ahí quedaba", y más bien ahora pensaba en trabajar los procesos desde la propia historia:

> Contextualizar los hechos en función a en qué época del hecho estamos nosotros o qué hechos más recordamos, entonces eso me gustó, me agradó, y creo que a mis estudiantes les va a impactar así como a mí. De repente ellos no lo han vivido exactamente, pero sí por referencias.
>
> Profesora del colegio Lima-Este

Al evaluar el taller en la encuesta, los docentes también consideraron que este objetivo se cumplió de manera óptima, y valoraron el haber tenido la posibilidad de identificar sus recuerdos para poder luego trabajar con sus estudiantes:

> [El taller] nos da pautas para poder tratar este tema con nuestros estudiantes, también porque hemos recordado y sobre todo transmitido nuestras experiencias de esta época que nos tocó vivir con otros que también lo hicieron. (colegio Lima-Este)
>
> El docente es el ente que pudo sobrevivir a hechos muy crueles, tiene la experiencia para poder contrastarla de su pasado para que los futuros profesionales sepan lo ocurrido, pero de manera bien informada y no tergiversada. (colegio Ayacucho-Provincia)
>
> Registro de encuestas anónimas a docentes

Es interesante notar cómo los docentes conectan explícitamente en sus discursos el valor de identificar sus memorias para poder trabajar con sus estudiantes, cosa que no les preguntamos directamente ni en las entrevistas ni en la encuesta. Como vimos en el capítulo 1 sobre el tratamiento en el aula, sucedía más bien que la mayoría de docentes, si bien consideraba tener recuerdos valiosos sobre el CAI que habían impactado enormemente sus vidas, no sabían muy bien cuál debía ser el rol de sus memorias en el aula, no sabían si tenían "permiso" para compartir sus recuerdos con sus alumnos, o veían una serie de riesgos en hacerlo.

La falta de licencia social para hablar del tema es sin duda la mayor limitante para el tratamiento en el aula. Vemos cómo en el taller, dado un clima contenedor y de confianza, que ponga en valor sus recuerdos como punto de partida para entender procesos locales, regionales y nacionales, los docentes se relacionan de manera distinta con la idea de testimoniar, de compartir experiencias y vivencias; empiezan a verlo como un vehículo valioso. Ello nos indica, pues, que pedagogías como la de la *incomodidad* o propuestas como el currículo *distópico*, lejos de ser inviables, podrían conectar muy bien con nuestros docentes, pero se necesitan contextos seguros para hacerlo. Ese es el gran desafío de nuestra escuela, y en realidad de nuestra sociedad posconflicto: el contar con contextos amables donde el diálogo sea posible.

2.3 *Valorar el informe de la CVR como punto de partida para analizar el CAI, discutir abiertamente sobre el PCP-SL, problematizar la visión negativa del Estado y reflexionar sobre el magisterio*

Este conjunto de objetivos se refiere a lograr problematizar una serie de temas que aparecían enunciados a lo largo de las entrevistas. Si bien se trabajaron durante el taller, se puntualizó la imagen que se tenía de estos actores del conflicto (actividad 12 del segundo día), para luego pasar a discutir la dificultad de hablar de cada actor y problematizarlo (en la actividad 13, véase cuadro 1).

El proceso seguido en Lima-Este y en Ayacucho-Provincia fue muy similar para cada uno de los actores. Luego de recogerse y acogerse todas las ideas asociadas a cada actor social, se les preguntó si era difícil hablar de cada actor y por qué. Respecto del PCP-SL, se preguntó: "¿Qué piensan?, ¿qué sienten?, ¿qué les hace pensar cuando ponemos PCP-SL?, ¿con qué lo relacionan?". Luego se pasó a conversar acerca del rol del PCP-SL y su ideología, indagando sobre el vínculo que los maestros establecían entre ellos. En Lima-Este el vínculo entre el PCP-SL y su ideología era inseparable, y se entendía a la violencia como un componente central.

> Facilitador: ¿Cuál creen que fue el rol de este PCP-SL durante este periodo?
>
> Dora: Querían cambiar el mundo, pero lo que estaba equivocado era la forma en que quería cambiar, ¿no?, la sociedad de forma violenta. Y eso era lo que causaba terror.
>
> Carmela: Estaban en contra del sistema político.
>
> Dora: Del sistema político.
>
> Facilitador: En contra el sistema.
>
> Eva: Considero que a las finales querían igual el poder, no había otra forma. Llegar al poder con la intimidación, con el temor, la violencia. Pero el fin era llegar al poder.
>
> Dora: La destrucción, violencia, el terror. Nosotros podemos tener diferente idea, ideología, pensamiento, pero sin causar violencia, terror, matanza no. Yo pienso eso. La forma estaba equivocada.
>
> Registro etnográfico del taller, colegio Lima-Este, segundo día

En Ayacucho-Provincia, el proceso fue más complejo. Los docentes partían de una crítica muy explícita a las acciones del Estado durante el CAI que los llevaba a mencionar con mucho menos intensidad las acciones del PCP-SL. Además, refirieron que el PCP-SL puso "orden y organizó a la población", lo que la gente apreciaba y hasta ahora recordaba. Este extracto de la transcripción del taller nos sirve como ejemplo:

> Facilitadora: ¿Qué cosa quería Sendero? ¿Cuál era su objetivo?
>
> Martín: Supuestamente hacer una revolución.
>
> Facilitadora: ¿Revolución para qué?
>
> Martín: Revolución para invertir la situación económica, ¿no?
>
> Facilitadora: Pero tenía como objetivo el poder.
>
> Martín: Una justicia social. Eso era la teoría de los senderistas.
>
> Facilitadora: ¿Su objetivo era llegar al poder o no?
>
> Martín: Lógicamente, eso era la situación. Pero si analizamos, ¿estaban en condiciones? No creo.
>
> Facilitadora: Inicialmente probablemente no, pero tenían un ideario claro, que era llegar al poder.
>
> Martín: ¿Qué es lo que ha pasado? Hace un rato conversaban, había médicos, había militares, todo el mundo se han vuelto senderistas, pero por obra y gracia de quién, de las Fuerzas Armadas.
>
> Facilitadora: Vamos a llegar a las Fuerzas Armadas, pero pensemos un ratito en Sendero desde Sendero. Sendero es un grupo que le declara la guerra al Estado peruano y que tiene un objetivo, ¿no es cierto? ¿Cuál es ese objetivo?
>
> Arnaldo: Llegar al poder.
>
> Registro etnográfico del taller, colegio Ayacucho-Provincia, segundo día

Como vemos, se dialogó intensamente para lograr propiciar conflictos cognitivos a partir de nuevas piezas de información que no estuvieran necesariamente alineadas con los saberes previos de los docentes.

Al problematizar la visión del Estado, hablar del rol del magisterio durante el CAI y de la CVR, la dinámica fue muy parecida, y las diferencias regionales persistieron. Ello da cuenta de la necesidad de estrategias diferenciadas para trabajar con docentes según el grado de afectación y proximidad con el CAI. No es que los docentes de Lima-Este no hayan tenido experiencias cercanas al CAI, como hemos visto, ni tampoco que los de Ayacucho-Provincia no estuvieran dispuestos a problematizar sus visiones, pero llegaban a hacerlo siguiendo una ruta más larga, teniendo más dificultades para visibilizar las contradicciones, más dificultades para acoger algo que se oponga a sus saberes y experiencias previos.

Cabe preguntarse el porqué de estas diferencias regionales. Creemos que la facilidad para conseguir los resultados en Lima puede tener que ver con una mayor interiorización y consumo de mensajes políticamente correctos, cívicos, incluso de productos o subproductos de la industria de la memoria histórica, lo que sintonizaba rápidamente con nuestro discurso, estilo y propósito. Esta sintonía en la buena moral también debe llevarnos a preguntar si no estamos ante un mecanismo más refinado de evasión.

En Ayacucho-Provincia, la resistencia de los profesores a sintonizar fácilmente con nuestro propósito puede tener que ver con una visión más realista de su contexto y proceso histórico, o por lo menos con la expresión de una de sus versiones más intensas. Quizá es justamente porque activaron sus saberes previos, con toda su dureza, con sus ambigüedades y grises, que su condena al PCP-SL, una entidad real, extendida en sus zonas, se presenta como un ejercicio político muy complicado; y una adhesión al Estado y sus acciones, lo mismo, pues no idealizan la pacificación al haber conocido su lado bárbaro y represor.

Quizá sin proponérnoslo, movilizamos con nuestra intervención dos tipos de trabajo de memoria. Y sin duda, trabajar con el segundo tipo no solo es más difícil, sino que sus logros o sus resultados no podrán definirse con claridad (no es posible asegurar un resultado confortable).

Una preocupación del equipo durante el desarrollo del taller en Ayacucho-Provincia fue que este pudiera servir como una plataforma para validar discursos ambiguos, condescendientes con el uso de la violencia del PCP-SL o hasta prosenderistas. Por ello, fue un trabajo arduo desmontar, aclarar y puntualizar dichos discursos. Creemos que durante el taller esto se logró con bastante éxito, pero no conocemos sus efectos una vez que el equipo de facilitadores e investigadores partió. ¿Qué narraciones quedaron en la memoria de los participantes? ¿Cómo se posesionaron esos tres docentes más resistentes y sus testimonios frente al resto de sus colegas, sobre todo a los más jóvenes? ¿Cómo se siguen elaborando en el colegio estos discursos, por ejemplo, entre los docentes que no asistieron al taller?

Sin embargo, teniendo esto presente, resulta importante notar que los docentes de Lima y Ayacucho lograron hablar sobre Sendero Luminoso abierta y libremente. Consiguieron así discutir la visión romántica del PCP-SL, interpelaron la calificación de "excesos" respecto de las acciones del Estado y discutieron la supuesta neutralidad de los docentes ante el CAI y también lograron problematizar la estigmatización que han recibido. Discutieron además si el informe de la CVR representaba a todos o solo a algunos, si tenía o no valor, si daba cuenta de la historia vivida y sufrida. En un momento de la discusión —que fue tensa y acalorada en algunos puntos en Ayacucho-Provincia—, el temor de ser signado como terrorista, el miedo a la ley de apología o negacionismo (en ese momento en discusión) pasó a un segundo plano. Ello no es poca cosa atendiendo a la presencia del denominado clima de vigilancia en los discursos de los docentes.

Evaluando sus experiencias al respecto, en las entrevistas los docentes indicaron haber cambiado su punto de vista respecto de algunos temas, y señalaron haber recibido información completa con respecto a temas de los que tenían ideas parciales, lo cual, aunque habla bien de nuestro trabajo, debe ser leído con cuidado, pues nuestra intervención fue muy corta y precisa:

> La verdad que [el taller] ha sido rico en información, la cual nos ha nutrido de conocimiento. Más aún de conocimientos y acontecimientos que no estaban al alcance de los maestros. El taller ha servido para esclarecer acontecimientos que puntualmente han marcado en el país en lo que respecta a la violencia, tanto ideológica como política, y esto hace aún difícil una reconciliación en el país.
>
> Jaime, profesor del colegio Lima-Este

> Por ejemplo, una de las partes [que he logrado aclarar] de la muerte de los dirigentes que a escala nacional casi no sabíamos, ahora más o menos se sabe, hemos entendido que también ellos han muerto por esa causa. [Entrevistadora: ¿Pensaba usted que solo era acá?] En Ayacucho en ese momento estaba que se daba muy dura esta situación, pero a nivel de Lima creo que poco a poco han ido por ahí.
>
> John, profesor del colegio Ayacucho-Provincia

En ambos casos vemos que aparece la idea de haber podido *completar* la información que tenían, lo cual alude a la toma de conciencia y la consecuente asimilación de nueva información a partir del diálogo.

Al referirse a las ideas que habían cambiado, el tema que más elaboraron los docentes fue el rol de la CVR. Lo que trabajamos en ambas regiones fue el empezar a pensar el *Informe final de la CVR* como un documento no cerrado, completo y escrito sobre piedra, sino más bien como un producto de una investigación encargada por el Estado peruano, la cual estaba hecha para actualizase. En Lima-Este esta idea fue muy poderosa. Se revisaron incluso diversos lugares de memorialización, y los docentes se mostraron curiosos y motivados. En este extracto del registro del taller vemos cómo, luego de haber revisado imágenes del Lugar de la Memoria, los docentes, mientras regresan a sus asientos, comentan en voz alta las imágenes que han visto, y aparece la idea de los lugares de memorialización como espacios para seguir pensando, investigando y procesando el CAI:

Facilitador: Si quieren saber más sobre espacios como este en los diferentes lugares del país que son… son muchísimos, o sea, hay muchísima gente que está haciendo estas cosas. Pueden entrar a esta página.

[Los docentes comentan mientras vuelven a sus sitios]

Jaime: Como Anfasep.

Dora: Son investigaciones para que no se olviden.

Beatriz: Que no se repita.

Carmela: Ir pensando.

Registro etnográfico del taller, colegio Lima, segundo día

En Ayacucho-Provincia, al igual que al tratar los temas anteriores, la resistencia a valorizar a la CVR como un punto de partida fue mucho mayor. Existía la idea muy extendida de que los comisionados no representaban la diversidad de perspectivas que se podían tener en el país sobre este tema, lo cual se contrastó con la información brindada junto con los nombres de los comisionados y su perfil. Asimismo proyectamos la tabla de contenido del *Informe final*, donde se mencionan los casos investigados. En ese momento se pudo observar los rostros de sorpresa de la mayoría de docentes. Uno de los docentes pasó entonces a decir: "Más bien faltaría que [el informe] sea extensivo. No tengo conocimiento. No tengo los materiales", y continuó luego diciendo: "Inclusive a la hora de dar unas orientaciones o incluir en la currícula, no hay todavía sobre esto" (Esteban, director, colegio Ayacucho-Provincia). Es decir, el reclamo de no estar presentes en el informe de la CVR se había transformado en una inquietud sobre cómo poder usarlo como un material educativo en el aula. En esa línea, al día siguiente Florencia compartió lo siguiente durante una entrevista personal:

Yo creo que sí es necesario porque para nosotros ha quedado unas interrogantes, unas preguntas, por ejemplo, el análisis de la Comisión de la Verdad en su documento. Ha quedado el compromiso de algunas de

> nosotras, conversando, que tendríamos realmente que leerlo y de alguna manera relacionarlo, poder compartirlo, porque muchos de nosotros no lo conocemos.
>
> Profesora del colegio Ayacucho-Provincia

Al valorar el cumplimiento de estos objetivos, los docentes, al igual que en los temas anteriores, consideraron que se lograron de manera óptima; y al comentar sus impresiones en la encuesta se refirieron a aquellos aspectos que el taller les permitió problematizar. Un docente en Lima-Este señala: "Nos permite exteriorizar con honestidad la vivencia de nuestra historia personal sobre el conflicto interno, haber compartido ideas con tolerancia y respeto sobre el conflicto PCP-SL y MRTA vs. FF. AA.-PNP-rondas campesinas-SIN". De la misma manera, en Ayacucho-Provincia un docente dice que "saber lo que ha sucedido en nuestro país es bueno, hacer reflexionar de los abusos cometidos de ambos bandos".

Ahora, si bien esto es cierto, creemos que lo que se logró fue iniciar una conversación sobre estos temas, empezar a ver viable el poder pensarlos desde más de un punto de vista, iniciar un proceso de problematización. Evidentemente, no se consiguió un cambio radical con respecto a visiones muy arraigadas que los docentes tienen. Por ejemplo, en Ayacucho-Provincia, la idea más persistente es que el principal perpetrador en el CAI fue el Estado. Ello no fue cierto a escala nacional, pero sí lo fue en esa zona. Los docentes vuelven sobre sus ideas al final de su reflexión, pero pasan por considerarlo como sujeto a discusión y elaboración, y eso creemos que es lo más valioso que hemos podido conseguir: que los temas puedan ser objeto de revisión.

Este resultado da cuenta de cuán permeables son los maestros, dado el tiempo y acogida necesarios, a revisar sus puntos de vista. Nos preguntamos si habría sido lo mismo si hubiéramos pensado el taller como una "capacitación" o espacio de "formación docente", es decir, como un espacio en el que se trabajara sobre contenidos a construir respecto de cada uno de estos temas para ser luego implementados en el aula. Creemos que por esta ruta difícilmente habríamos conseguido nuestros objetivos. Cuando un docente en Ayacucho-Provincia dice que el Estado mató más, no está hablando de un hecho o dato a discutir estadísticamente, está hablando de una sensación muy arraigada en su memoria, ilustrada por cientos de ejemplos de personas que conoció y probablemente quiso; está hablando posiblemente incluso de una experiencia propia. No es algo a trabajar desde lo conceptual, es algo a indagar desde lo que los docentes saben y han vivido. Nuevamente aquí, pedagogías como la de la *incomodidad* o la propuesta de Morris (2001) del currículo *distópico* parecieran tener total sentido, si se está dispuesto a brindar a los docentes un espacio previo para poder ellos mismos problematizar sus visiones y concepciones.

2.4 Otros aspectos valorados por los docentes: el clima, la posibilidad de diálogo y las emociones en el aula

Al referirse a lo que apreciaron del taller en las entrevistas y la encuesta, los docentes señalaron principalmente tres aspectos adicionales: el clima logrado entre facilitadores y participantes, el diálogo abierto como principio articulador del taller y el poder expresar sus emociones y sentimientos en torno al tema. Los tres aspectos se encuentran íntimamente relacionados, y se refieren principalmente al énfasis puesto, ya que aquello que se valoró del clima es principalmente permitir y facilitar el diálogo con respeto, y es a su vez a través del diálogo que aparecieron las emociones en el aula.

a. El clima de trabajo durante el taller y las emociones en el aula

Con respecto al clima de trabajo, los docentes valoraron la contención de los sentimientos asociados a sus memorias en el taller. Ello en Ayacucho-Provincia se vistió de la sensación de estar "cuidados", "protegidos", con permiso para pensar y sentir; en Lima-Este, en cambio, se experimentó una sensación de proximidad y confianza: "Por lo menos nosotros nos hemos sentido algo seguros con ustedes" (Esteban, director, colegio Ayacucho-Provincia). "El modo del trato también; fue un trato afectivo, cordial, respetuoso, como si nos conociéramos de siempre, ¿no?" (Clara, profesora del colegio Lima-Este). Incluso el clima estuvo entre aquello más valorado del taller por parte de varios de los docentes en la encuesta, lo que da cuenta no solo del taller, sino del tipo de clima institucional y el trato al que están acostumbrados frente a estos temas. Un docente en Ayacucho-Provincia señala: "Las personas a cargo de llevar a cabo la realización supieron llegar a una meta trazada, que es que los participantes pierdan el temor a decir sus experiencias". De la misma manera, en Lima-Este se menciona que el taller: "Toma en cuenta nuestras necesidades personales, hay respeto y cordialidad. Nos permite hablar con libertad de un tema que forma parte de nuestras vidas personales y sociales".

Es importante destacar esta valoración de los docentes de un ambiente de trabajo que los acoja y contenga. Cuesta trabajo imaginarse trabajar un tema como este sin una cordialidad e interés por los participantes, pero sí podemos imaginar aproximaciones a la formación docente que no necesariamente validan los puntos de vista y experiencias de los docentes, que pretenden "brindar conocimientos" antes que partir de lo que ellos conocen, saben y sienten en torno al tema. Los docentes fueron muy sensibles a esa diferencia; por ello utilizan términos asociados al cuidado y al afecto, al haberse sentido apreciados y respetados.

Así, Eva se refiere a talleres *de este tipo* al evaluar las características del clima conseguido, destacando el espacio otorgado para poder traer sentimientos al aula y para pensar desde el yo:

> Me pareció muy bueno e interesante, y también muy personalizado. Y eso está muy bien porque a veces hay conferencias, hay cursos, pero no hay una identificación. Esto ha hecho que seamos lo más sinceros posibles. Además, sale a luz lo que está muy adentro de nosotros. Me pareció muy bueno y muy interesante, primera vez que participo en un taller de ese tipo.
>
> Profesora del colegio Lima-Este

Esta valoración da cuenta, nuevamente, de cuán sensibles son los docentes a espacios que los tomen en cuenta como sujetos, incluso cuando, como en Ayacucho, el tema es muy doloroso y los hace sentir incómodos y estigmatizados. Dado un clima de respeto y contención, los docentes están dispuestos a abrirse, incluso aquellos que tienen enormes dificultades y resistencias para hacerlo debido a haber pasado por experiencias muy dolorosas vinculadas al tema.

b. El diálogo desde el yo: construyendo una memoria colectiva sobre el CAI

El aspecto más recurrentemente valorado por los docentes fue la posibilidad de contar con un espacio entre docentes para dialogar, libremente, abiertamente, desde el "yo", lo cual a su vez, ellos destacan, implica poder compartir sus sentimientos alrededor del tema.

En páginas anteriores hemos visto que varios de los docentes que entrevistamos expresaban una enorme necesidad de poder contar lo vivido. Al narrar historias muy vívidas sobre el CAI destacaban que ese tema no había sido procesado ni trabajado, que necesitaban compartirlo. También conversamos con docentes que planteaban lo contrario, el derecho a intentar el olvido, a no traer el tema a la mente ni a la conversación. La diversidad, pues, era bastante clara en este punto.

La posibilidad de promover un diálogo entre docentes fue una meta que articuló todos los objetivos del taller. Un diálogo sin un juez, digamos, sin nadie que califique o condene las opiniones del otro, donde la única premisa sea el irrestricto respeto a las personas que sostienen dichas opiniones. Y, al mismo tiempo, consideramos que si bien había que dialogar sobre ideas (acerca de la ideología violenta del PCP-SL, por ejemplo, y la violación de derechos humanos del Estado), este diálogo sería mejor logrado si empezábamos a entenderlo desde el yo: desde cómo esas ideas habían tenido eco, cómo habían ido marcando las vidas de los docentes. De ahí que nuestra primera actividad consistió en hacer una línea de tiempo de la propia vida en su relación con el CAI (actividad 4).

Antes de empezar el taller, de modo que pudiéramos propiciar un diálogo con estas características, hicimos un acuerdo de reglas de convivencia, actividad con la que los docentes están muy familiarizados. Los facilitadores trajeron ya anotadas un conjunto de reglas que el equipo consideraba indispensables; se abrieron a discusión y se añadieron otras. Además de aspectos referidos a asistencia y puntualidad, la mayoría de las reglas de convivencia propuestas por el equipo tenían que ver con el tipo de diálogo que queríamos promover:

Opinar con respecto a las ideas planteadas y no a las personas.

No acaparar la palabra (cada intervención dura un máximo de 3 minutos).

Tener una actitud concertadora y dialogante.

Respetar el uso de la palabra del colega.

Alentar al colega que es callado a que participe.

Opinar con libertad y confianza sobre los temas.

Los facilitadores modelaron en todo momento el tipo de diálogo que querían propiciar: un diálogo abierto, desde la propia experiencia y saberes, y sostenido en la confianza mutua. Ello supuso una serie de concesiones respecto de aspectos que suelen ser cruciales en talleres de este tipo, como el manejo del tiempo. Así, en algunas actividades la idea era poder agotar las opiniones de los docentes, es decir, que no se corte el flujo de comunicación hasta que ellos sientan que no había nada más que decir sobre el tema. Ello era crucial sobre todo en actividades que tenían que ver con su propia historia, al compartir sus experiencias vinculadas al CAI, por ejemplo. En tanto ello fue previsto en el diseño, las actividades se desarrollaron con esta flexibilidad.

Un segundo gran reto de propiciar un diálogo de este tipo era el cómo contener las situaciones en que algún docente pudiera acaparar la palabra o dominar la discusión en una u otra dirección. Algunas de las reglas de convivencia apuntaban específicamente a dicho objetivo, y lo que hicieron los facilitadores, al enfrentar un caso de ese tipo, fue dirigirse a las reglas; solicitar que la palabra pudiera ser compartida entre los que no estaban participando. Ello sin duda produjo tensión en varios momentos, pero dichas tensiones se explicitaron, se acogieron y se hicieron visibles.

El mismo recurso fue empleado para contener lo que los docentes compartían y las reacciones de sus colegas ante ello. Como era de esperarse, los docentes tenían historias de vida muy marcadas por el CAI, y su visión de los temas poseía una carga emocional muy fuerte. Compartir esas emociones fue promovido, acogido y contenido por la facilitación del taller. Y al identificar tensiones e incomodidades, ello era contenido haciendo visible cómo el grupo se estaba sintiendo o con una reflexión empática por parte de los facilitadores. Creemos que gran parte de la sensación de "habernos conocido de antes" o de "estar siendo cuidados", que expresaron los docentes líneas arriba, tiene que ver con esta decisión de la facilitación.

De este modo, antes que un diálogo que evitaba (en términos de Morris 2001) fue un diálogo que propiciaba, alentaba y aspiraba a respetar la alteridad, la otredad, la discrepancia, el desencuentro. La manera de conseguirlo era visibilizando el no estar de acuerdo y no que no era necesario tener que estarlo, pero sí tener la suerte, la posibilidad, el deseo de aprender del punto de vista del otro.

Esa idea fue muy potente para los docentes, y fue el diálogo lo que más apreciaron del taller. Sus valoraciones al respecto pueden incluso articularse en torno a ciertas categorías en las que centran su reflexión. Una primera categoría tiene que ver con haber sido capaces de vencer los temores y reticencias a hablar del CAI, sobreponerse a sus propios reparos de abrirse y atreverse a confiar en los demás docentes: "Al menos soltarnos y dialogar sobre aquellos hechos que habíamos vivido y de repente no queríamos recordar" (Clara, profesora del colegio Lima-Este). "Ha servido la comunicación, porque acá no se suele preguntar. Esa ha sido la parte positiva, poder escuchar y comentar con los colegas... En realidad esa ley de apología, eso es el temor. Acá todavía hay recelo. En los talleres hemos tenido un 95% de confianza" (Enrique, profesor del colegio Ayacucho-Provincia).

En Ayacucho-Provincia además, como Enrique, varios docentes refirieron cómo las leyes de apología y negacionismo afectan el diálogo no solo entre docentes, sino entre vecinos: "Es un poco difícil hablar con el vecino, con el de al lado, con el amigo de este tema porque te tilda, porque las mismas leyes están así" (Florencia, profesora del colegio Ayacucho-Provincia). Asímismo, el director añade que ha valorado el taller porque le ha servido "para poder conversar, porque yendo a temas así legales es algo delicado este tema, ¿no? Porque usted sabe, las fuerzas represivas ya no nos cree".

Una segunda categoría asociada a una valoración del diálogo es el haber podido conocerse entre docentes, compartir lo que significó vivir esa época para colegas a los que a ese respecto no conocían. Es decir, es una valoración del diálogo en tanto permitió abrir puertas para compartir y entender que "todos pasamos por momentos difíciles" (docente encuesta anónima, colegio Lima-Este):

> También, sirvió para conocernos, para saber cómo han vivido de una u otra manera ese momento que nos tocó vivir en el Perú, y qué sintieron, y que no son ajenos a lo que hemos vivido, cada uno… Cada uno vivía así más reservado, ¿no? Y sacar a flote todo lo que teníamos dentro, las coincidencias, y compartir un poquito después de eso también, dialogar.
>
> Clara, profesora del colegio Lima-Este

> A pesar de trabajar juntos no habíamos tenido la experiencia de tratar el tema, y mucho menos saber nuestra cercanía dentro del contexto a pesar de no conocernos. Permitió identificar puntos importantes y analizarlos desde nuestro punto de vista y compartirlos con los colegas.
>
> Registro de encuestas anónimas a docentes, colegio Lima-Este

Finalmente, una tercera categoría asociada a la valoración del diálogo ha sido el poder entender el proceso histórico del CAI desde las historias y memorias propias y de los otros docentes; es decir, un diálogo que permite comprender la realidad.

> De esa manera nos estamos dando cuenta el de por qué habría pasado todo ese terror, esa violencia de aquellos años.
>
> Lizandro, profesor del colegio Ayacucho-Provincia

> Bueno, son momentos de que hay que conversar las cosas que han pasado sin esconder nada, oiga usted, y que van a servir en un futuro como formas de expresar una realidad que ha pasado en nuestra historia, parte de nuestra historia. […] Escuchar las experiencias de la propia gente que hemos vivido aquí. Es muy distinto recoger una información de tercera persona, de cuarta persona, que escuchar lo que nos ha pasado a nosotros mismos directamente.
>
> Martín, profesor del colegio Ayacucho-Provincia

No deja de ser destacable esta valoración del diálogo por parte de los docentes si atendemos a que nuestra escuela, y principalmente nuestra secundaria, tiende a tener un carácter poco dialogante y autoritario en sus prácticas pedagógicas. Esta relación vertical, que considera al estudiante como una *tabula rasa*, se reproduce a todos los niveles del sistema educativo, incluyendo la propia formación docente inicial y en servicio. De allí que espacios que se alejen de dicha característica son claramente identificados como distintos y valiosos por los docentes.

3. Conclusiones

En resumen, las encuestas, entrevistas y el registro etnográfico por medio de la observación participante del taller con docentes nos indican que el diseño del taller es en principio adecuado, cumple fines que los docentes consideran valiosos y permite alcanzar los objetivos, aunque con retos diversos. A continuación empezamos reflexionando sobre los desafíos para pasar a destacar aquellos aprendizajes que sí pueden ser replicables.

El taller, tal como lo diseñamos e implementamos, fue muy eficaz en Lima-Este, y probablemente sea sencillo de transferir, con los necesarios ajustes para cada caso, a contextos similares en su relación con el CAI. Sin embargo, para hacer lo propio en zonas que han sido un epicentro del CAI, los ajustes a realizar tendrían que ser mayores, de modo que se evite el clima de asamblea, o que se queden instalados en un discurso tolerante hacia la violencia. Se requiere en casos como el de Ayacucho-Provincia de personal muy calificado que pueda acompañar y contener el proceso.

En ese sentido, tal vez resulte importante revisar el diseño tomando en cuenta las diferencias regionales y la proximidad a la violencia, pero también el efecto sobre el tipo de memoria que logramos activar, ya sea una memoria más cercana a lo políticamente correcto o aceptable, o memorias con mayor carga controvertida. También podemos pensar en objetivos diferentes, variados según zonas de intervención o tipo de público meta. En algunos casos, donde quizá el uso de la palabra es más libre y la historia pesa menos o ha sido más visitada, tal vez nuestro diseño actual sea muy efectivo. En otras zonas, con alto grado de afectación por la violencia y con un pasado que aún permanece poco elaborado, quizá el objetivo deba ser menor; empezar a conversar o motivar formas menos confrontacionales de vincularse a estos temas. En otros casos, con población sensible a las acusaciones y a un clima de vigilancia, quizá los objetivos deban ser de muy largo plazo.

Por otro lado, el diseño y ejecución del taller tuvo enormes logros. En particular, los docentes han valorado el contar con un espacio de diálogo en el que han sentido licencia para recordar y elaborar sobre sus memorias, donde han sido motivados a expresar las emociones asociadas a sus memorias y se han sentido contenidos al hacerlo.

El partir de los saberes previos de los docentes para luego centrarnos en dialogar con sus ideas a partir de nuevas piezas de información sobre los eventos del CAI fue una estrategia adecuada que logró propiciar conflictos cognitivos, cuestionamientos y nuevas formas de entender los eventos o actores. Permitió además problematizar las ideas e iniciar un proceso conducente a reflexionar sobre ellas. Evidentemente, esto sería mejor afianzado con más tiempo y una práctica más sistemática, pero dadas las condiciones del diseño del taller, este logró iniciar una reflexión en torno al tema. Luego de este paso previo, podría iniciarse otro tipo de trabajo más específico alrededor de los contenidos a desarrollar en el aula.

Lo que conecta las valoraciones de los docentes sobre esta experiencia, creemos, es el haber sido entendidos a lo largo del taller como *sujetos*. Sujetos de memorias, sujetos de experiencias en torno al CAI, sujetos de emociones a expresar y compartir, sujetos de puntos de vista y opiniones e ideas. Suena obvio, pero no lo es. Cuando nos aproximamos a los docentes pensando en que su formación tenga un impacto en el aula, estamos centrándonos en su rol y por tanto en la formación como un instrumento. No es que su ser docentes no sea parte central de su identidad, pero creemos que temas como el CAI han afectado a los docentes más allá de su identidad en tanto tales, y por ello la formación debiera ser abordada desde esa premisa.

El taller para los docentes fue, en ese sentido, un espacio para ellos, para validar lo que sentían y temían, lo que recordaban y lo que elegían no recordar, más allá de lo que decidieran hacer en el aula. Por ello, el taller es un paso previo; un paso previo a otro tipo de formación docente que aborde el tratamiento del tema en el aula, el uso de materiales, el trabajo con el informe de la CVR o cualquier otra estrategia de formación.

Nuestra experiencia con los docentes de Lima y Ayacucho nos muestra que ese paso previo es fundamental para que los docentes puedan hacer uso de todos los recursos que tienen, entre ellos sus valiosas experiencias durante el CAI, sus emociones, su mente y sus recuerdos, o para que decidan cómo hacerlo. Y al mismo tiempo es un paso previo fundamental para acoger ideas y posiciones contrarias a las propias, y así poder empezar a pensarlas, desde la experiencia pero más allá de la experiencia.

Es desde el poder mirar la propia experiencia y compartirla, y construir un sentido colectivo de dichas memorias que los docentes pueden atreverse a aceptar, entender, identificar que eso que pasó tuvo un contexto más amplio, sin que ello invalide las propias vivencias y el dolor de lo experimentado.

¿Podemos trabajar el CAI sin este paso previo en el aula? Sí, podemos. De hecho el taller es costoso en tiempos y recursos. Creemos que su funcionamiento se debe en gran medida a que fue hecho en grupos pequeños y con facilitadores muy bien preparados tanto en los contenidos como en estrategias de facilitación.

Podemos trabajar el CAI en el aula sin este paso previo, lo venimos haciendo, pero como hemos visto en capítulos anteriores, en general no venimos haciéndolo bien, y pareciera también que esto es en buena parte porque ponemos a nuestros docentes en situaciones muy difíciles: enfrentando a solas sus recuerdos al tener que abordar el tema, sin saber muy bien qué hacer con esas experiencias o dónde ponerlas; enfrentando leyes que los hacen sentir en riesgo y vigilados, abordando el tema y temiendo consecuencias. También tenemos docentes que optan por evitar el tema. Podemos seguir haciéndolo de esta manera, pero ¿queremos?

Esta experiencia nos enseña otros caminos, nos brinda aprendizajes, sobre todo nos enseña que no es posible aplicar fórmulas únicas para el diálogo acerca de estos temas; que se necesita atención a la diversidad e intensidad de las vivencias, y a los estilos en los que se da el diálogo en cada contexto. Nosotros apostamos por este taller como un paso previo importante para ser transformado, mejorado, adaptado, reinventado y repensado; pero sobre todo apostamos porque exista un espacio para docentes y entre docentes, que reconozca sus experiencias y elaboraciones, donde puedan ellos pensarse a sí mismos y a sus recuerdos.

Reflexiones finales: Atravesar el silencio en la escuela

> No voy a bailar al son de tu tambor de guerra. No voy a dar mi alma ni mis huesos a tu tambor de guerra. No voy a bailar ese ritmo. Lo conozco. No tiene vida. Conozco íntimamente esa piel que golpeas. Una vez estuvo viva, fue cazada, robada, estirada. No voy a bailar la guerra que intentas dar. No voy a saltar, girar, parar por ti. No voy a odiar por ti, ni voy a odiarte. No voy a matar por ti. Sobre todo no voy a morir por ti. No voy a llorar a los muertos con asesinatos ni suicidios. No me pondré de tu parte o bailaré con las bombas porque todos estén bailando. Todos pueden estar equivocados. La vida es un derecho, no algo colateral o casual. No voy a olvidar de dónde vengo. Voy a confeccionar mi propio tambor. Reuniré a mis seres queridos y nuestro canto será baile. Nuestro zumbido será repique de tambor. No seré tu instrumento. No voy a dar mi nombre ni mi ritmo a tu tamborileo. Voy a bailar y resistir y bailar y persistir y bailar. Este latido es más fuerte que la muerte. Tu tambor de guerra no es más fuerte que esta respiración.
>
> Suheir Hammad, "Lo que haré"

Las memorias sobre el conflicto armado interno son duras. Las personas recuerdan, sienten, reflexionan. Puede ser que callen, pero no que olviden tan fácilmente. Muchos de estos recuerdos tienen que ver con heridas y pérdidas; con sagas familiares de refugio y desarraigo;

con proyectos de vida truncos; con experiencias tejidas alrededor del miedo. Es comprensible que sea difícil de comunicar una experiencia como esta, más aún si este diálogo no es una motivación personal, que surge de las necesidades de la propia elaboración del pasado, sino una tarea impuesta por la institucionalidad. Si es un mandato hacia el profesor para que dé lecciones y saque lecciones, ¿de qué? ¿Del horror? ¿De una historia que nos avergüenza a todos?

Pero es más difícil aún porque desde hace por lo menos un par de décadas se ha construido desde el poder un cerco poderoso a la palabra. La vida íntima, aquejada de dudas y cargada de preguntas acuciantes, la necesidad de consuelo, la búsqueda de otras palabras que completen a las nuestras, debe callarse. El Perú vivió un periodo aciago, con decenas de miles de muertes, el conflicto armado con más víctimas mortales de toda su historia republicana. Y luego, un gobierno autoritario inventó una tradición de desfiles para celebrar la pacificación y una memoria hegemónica que permanece vigente. Y este relato, que puede parecer que representa la voz de los que vivieron esa época, en realidad es la anulación de todas las voces.

Esta memoria hegemónica que ha construido una leyenda salvadora de la patria, y que desaparece o relativiza la vileza que implicó esta violencia, quiere solamente ser celebrada, quiere nuestros aplausos, nuestro repique de tambores. Los efectos de este discurso de posconflicto para la escuela son dos, igualmente serios ambos: por un lado, tergiversa la historia, impone tácitamente una visión, resta margen de maniobra a los maestros para expresarse, hace posible una ambigüedad moral que facilita que florezca no la memoria, sino los negacionismos y relativismos de todo tipo (los represores y los subversivos); y por el otro, no menos importante, deslegitima las posibilidades de contar diferente, de criticar, de ejercer la reflexión, de pensar en las causas, de preocuparse de las continuidades, de relacionar el pasado con el presente, de recuperar, de traer al uso esa enorme capacidad instalada que es el informe de la Comisión de la Verdad, ahora abandonada.

Este tipo de memoria nos atrapa tras una línea trazada en el suelo: si la pasas eres sospechoso, si dices cosas peligrosas, tarde o temprano se sabrá. Es cierto que durante el conflicto vivimos el miedo en diferentes formas, pero lo que genera un discurso como el que impera en el país es la prolongación de ese temor hasta convertirlo en una de las bases de nuestro modo de relacionarnos entre nosotros y con la institucionalidad.

Este miedo quiere ser nuestra herencia.

Frente a esta herencia, estudiantes y profesores recuerdan. Las experiencias tensan las narraciones grandes, los afectos movilizados no pueden encauzarse fácilmente en los discursos oficiosos; las historias de las familias, subterráneas, alimentan otras interpretaciones, alternativas a las heroicas, y no serán tan bellas ni épicas, pero están cargadas de vida, aunque a veces traten de la muerte y el dolor.

Pero como hemos desarrollado extensamente en este libro, estas historias sueltas, familiares, personales, se expresan con dificultad. Cada uno lo hace como puede. Los profesores por su lado, lidiando con su propia vivencia del conflicto, que puede haber sido muy próxima e hiriente; trabajando pese al estigma, las sospechas mutuas, la salud mental resquebrajada. Y los estudiantes también elaboran sus memorias solos, recibiendo lo que sus parientes expresan en rituales de familia o cuando algún hecho activa su necesidad de relatar, pero casi siempre sometidos al azar. No estamos ante un devenir que aunque sea con limitaciones y críticas —como se da en otros países de nuestro continente— tiene una estructura, una pauta, cierto sentido de proceso. Las aulas de nuestras escuelas reúnen a dos generaciones, pero no les permiten aún interactuar. Sus fuentes y sus memorias conviven paralelas.

Con este libro hemos buscado contribuir con información para conocer esta realidad, y empezar a desinstalar algunos mitos en torno de la escuela y el trabajo de memoria del periodo de conflicto armado interno. Para ello no nos hemos quedado en constatar superficialmente si se enseña el curso o no, si se hace bien, si se toma un tiempo adecuado, si los profesores lo asumen en serio, si los estudiantes reconocen la foto de los líderes del PCP-SL o del MRTA, si conocen efemérides, si saben la cronología, etc. Nuestro ánimo no ha sido evaluativo. Hemos partido por reconocer que en los temas controvertidos y, sobre todo, en materia de la historia reciente del conflicto armado, donde el poder siempre está en juego, lo importante no es medir, sino comprender los procesos que con seguridad están desarrollándose bajo la apariencia de un espacio ganado por la apatía, la ignorancia, la indolencia o el vacío.

Necesidades por atender en nuestra sociedad posconflicto

¿Se trabaja entonces el tema del CAI en la escuela? Ya vimos que no o muy poco. Hemos visto también que con ese clima de sospecha y vigilancia vigentes, las condiciones de la escuela peruana para promover el conocimiento y reflexión de dicho periodo no son las mejores.

Pero, pese a ello, ¿debe la escuela atender este tema? Creemos que hemos obtenido suficiente información que nos ayuda a decir que sí, no solo basados en teorías, normas y deberes, sino en la necesidad expresada por procesos vigentes de recuerdo, de elaboración de memorias que sí se producen en la escuela o pese a ella, y que brindan enormes potencialidades para la elaboración creativa de este periodo de la historia.

Hay necesidades detectadas de los profesores: por compulsar sus propias vivencias, de hablar, de liberarse de la carga de ser testigos; de dejar de ocupar ese lugar incómodo de portar conocimientos peligrosos e intransferibles; de saberse legitimados; de saber qué hacer, de contar con un respaldo para cumplir con su trabajo sin dañar; de acceder a la atención en salud mental; de recibir reparación o al menos un reconocimiento, en tanto permanecieron en las aulas durante la violencia, cumpliendo con enseñar y cuidar.

Hay necesidades detectadas en los estudiantes: de saciar su curiosidad enorme; de hacer algo más con las memorias familiares que heredan; de entender la historia chiquita de los padres y los abuelos, y la localidad en relación con la historia nacional; y de tener un acompañamiento en su exploración de un pasado difícil.

Hay necesidades detectadas en la escuela: convertirse en un espacio que facilite la libertad de expresión; tomar en cuenta su propia historia institucional, ser conscientes de sus propios actores internos, su propia microhistoria dentro de la historia del CAI; superar la confusión en que conviven hoy rezagos del enfoque transmisionista, docente-centrado, con una mala aplicación de un paradigma constructivista, que no es otra cosa sino la convivencia de la antigua escuela autoritaria con una "nueva" escuela que parece renunciar a su autoridad y responsabilidad, condiciones estas en las que no solo el CAI, sino otros temas se tratan con terrible superficialidad; tomar conciencia del enorme valor que tiene la escuela como el primer vínculo estable de los futuros ciudadanos con la institucionalidad estatal: sus mensajes cívicos son hoy desautorizados por su propia práctica antidemocrática, por su impunidad, por las discriminaciones y violencia de género.

Hay necesidades para las comunidades locales, en el entorno de los colegios: que los procesos de restauración de los tejidos sociales, las relaciones sociales y la confianza dejadas por el CAI se fortalezcan mediante una mirada al pasado libre y crítica; que se brinde un espacio dialogante para enfrentar dilemas de posconflicto, como la pervivencia de ideologías autoritarias, el regreso de exsubversivos, la presencia de licenciados (personal de tropa que cumplió servicio militar), etc; que se encuentren espacios colectivos de conmemoración que revitalicen la identidad local; que se refuerce una transmisión intergeneracional de la memoria que vincule la experiencia familiar con la local y con la nacional; y que la escuela sea un elemento activo que impulse discusiones de fondo, como el rol frente al pasado, la función de la violencia en el conflicto social y los "secretos a voces", como el de la violencia sexual a mujeres y niñas en diferentes ámbitos, incluyendo la propia escuela y familia.

Hay necesidades para la sociedad posconflicto en general, que tienen que ver con la democracia y los derechos humanos: como las de procurar que el trabajo del tema pueda ayudar a distinguir entre las diversas memorias coexistentes y se luche contra los negacionismos; como el ayudar a romper el cerco del tabú; como brindar herramientas críticas para vincularse de modo creativo con la institucionalidad sin descalificarla de antemano; como recuperar la historia reciente de movilizaciones sociales como una parte de la historia social legítima, que rompa el chantaje de reprimir todo pensamiento y propuesta crítica y reivindicativa (acusada hoy automáticamente como proterrorista o sospechosa). Esto tiene que ver en el fondo con la recuperación del lenguaje de los derechos humanos, hoy prácticamente estigmatizado o marginalizado.

Asimismo, consideramos que hay también algunas necesidades del Estado importantes en tanto responsable de crímenes cometidos en el CAI, y que tienen que ver, obviamente, con su trabajo en la escuela: la de revertir el estigma que contribuyó a hacer recaer sobre los maestros y la población de regiones como Ayacucho, como agentes peligrosos; la de romper con la tradición de naturalizar el abuso de poder y la impunidad, pues es imposible trabajar en la escuela sobre democracia y derechos si en la práctica estatal la repetición de hechos de barbarie o de brutalidad policial, por ejemplo, sin castigo, se vuelven cotidianos o parte de una sensación de resignación.

Creemos también que la sociedad requeriría un acto de constricción de los líderes de los grupos subversivos; pero más allá de lo que se pueda esperar de ellos, nuestra sociedad requiere visibilizar la responsabilidad de los grupos subversivos no solo en tanto iniciadores de esta violencia, culpables de la mayoría de las pérdidas humanas, sino también explicitar las consecuencias menos evidentes de su actuaciónen el ámbito escolar y en nuestra cultura política. Debe hacerse evidente el uso y abuso que los subversivos hicieron de la escuela como caja de resonancia de su ideología; así como su responsabilidad también en que las atrocidades cometidas en nombre de la igualdad y la justicia hayan devenido en que desde el sentido común más general se activen miedos y desconfianzas ante la mención de esos preceptos o frente a cualquier propuesta de cambio que los enarbole. Nuestra sociedad debe reconocer que la violencia truncó la posibilidad de estudiar de muchos, y que los docentes son unos de los profesionales con mayor número de víctimas durante el conflicto.

Tenemos que hacernos cargo, para educar, para generar políticas sociales que luchen contra la exclusión, para reconocer que somos una sociedad que ha sido capaz también de producir torturadores, violadores, terroristas, asesinos, corruptos, y que ha encontrado para todo ello una forma de justificación. Esta es nuestra necesidad mayor: hacernos cargo de nuestro posconflicto, escenario donde la escuela puede cumplir una tarea crucial.

La escuela (del posconflicto) que tenemos

El conflicto armado interno que vivió el Perú afectó miles de trayectorias de personas, familias y comunidades que merecen atención y reconocimiento; y una manera de atender este pasado —que es presente— es dar a conocer lo sucedido a las nuevas generaciones.

La escuela parece el lugar privilegiado para esta reflexión, que asegure la socialización de lo sucedido a las generaciones que no lo vivieron y que recoja, pero también amplíe, las miradas de los testigos, en un marco de análisis histórico con perspectiva de derechos humanos, que permita contextualizar y comprender la experiencia, pues los testigos también tenemos una experiencia parcial.

El informe de la CVR afirmó que el sistema educativo peruano requería una urgente reforma institucional que erradicara patrones autoritarios, intolerantes y acríticos que caracterizan la enseñanza y la interacción en la escuela (CVR 2003: III). Sin embargo, esto no ha ocurrido. La apuesta vinculada al conflicto armado interno ha consistido en la inclusión del tema dentro del diseño curricular nacional, desarrollar el CAI en los libros de texto (2008 y 2012) y, más recientemente, diseñar un plan de reparaciones en educación (Macher 2014). Sin embargo, estas iniciativas surgen aisladas y desprovistas de una política más amplia de memoria, justicia, derechos humanos o formación ciudadana.

Es en este contexto en el que nos acercamos a cuatro colegios públicos, dos en Lima y dos en Ayacucho. Así, nuestro interés de comprensión en este estudio ha sido académico, pero también social y político.

Una primera constatación es que no hay adecuadas condiciones para su enseñanza, por tanto, a pesar de que muchos maestros reconocen la importancia de hablar sobre el tema con sus estudiantes, no lo hacen, principalmente por temor. Los maestros perciben que es un tema muy delicado y que los principales actores del conflicto siguen vivos y vigilantes —miembros de Sendero o de las fuerzas del orden—, y, por tanto, su enseñanza puede despertar suspicacias en el interior del colegio —colegas y directivos— o hacia afuera —a través de estudiantes y sus familias, y autoridades locales.

A este contexto de vigilancia se suma la gran inseguridad sobre el qué y el cómo tratarlo, que no hace mas que mostrar las indefiniciones existentes sobre qué versión de la historia está permitida, cuál es el guion oficial, legítimo, válido sobre lo que sucedió y qué recursos pedagógicos son los más adecuados para abordarlo en el aula. Así, los docentes señalan sentirse inseguros acerca de qué tan profundamente abordar el tema, sea por miedo a movilizar a los alumnos y no saberlos contener, o bien porque existe el temor de que tratar el tema pueda incitar a los estudiantes a prestar atención a discursos radicales con los que puedan sentirse identificados.

Sin embargo, los estudiantes se muestran muy interesados por saber más del conflicto, y no encuentran respuestas a sus inquietudes —muchas de ellas ancladas en cercanas experiencias de familiares y amigos—, que necesitan mayor contexto, causas y secuencia histórica para su adecuada comprensión.

Un segundo hallazgo es que, a pesar de que el tema no se aborda o se trata muy poco en la escuela, docentes y estudiantes tienen un vasto conocimiento del conflicto armado interno. Estos saberes suelen ser muy próximos, y están llenos de detalles. Los docentes basan su conocimiento principalmente en las propias experiencias, como testigos de aquellos años; mientras que los de los estudiantes provienen principalmente de los recuerdos compartidos de familiares, amigos y vecinos.

Se constata además que dichos saberes son contrastados con los discursos más hegemónicos que proveen los medios de comunicación; y sin embargo, maestros y estudiantes sostienen una mirada crítica y distante del discurso de la *memoria salvadora* impartida desde los grupos de poder a partir del gobierno fujimorista. Ellos en cambio, reconocen que el "terrorismo" —como la mayoría nombra la época— fue un periodo de insano terror, en donde tanto los subersivos como los miembros de las fuerzas del orden del Estado cometieron actos de violencia indiscriminada contra la población. No hay héroes en su mirada, sino, sobre todo, víctimas.

Finalmente, se aprecia que el conflicto ha dejado huella en la cultura política de estudiantes y docentes. La *idea crítica* que caracterizaba a la cultura política de los maestros de los años setenta y ochenta (Portocarrero y Oliart 1989) ha depurado la violencia como un medio de resolución válido de conflictos y demandas socioeconómicas y políticas. Si bien subsiste una mirada muy crítica del Estado, la violencia ya no es exaltada —al menos en discurso— por los docentes. Ellos reconocen las injusticias y atropellos que subsisiten en la actualidad, pero se ha sufrido mucho y en carne propia, y han aprendido duramente que el camino de la violencia solo trae más violencia, injusticia y dolor. En el caso de los estudiantes esto es aún más evidente; muestran una apuesta firme por el diálogo y un rechazo rotundo a la violencia, que no surge de la ingenuidad; conocen su realidad, y muchos de ellos viven en contextos de pobreza y marginación, pero la violencia no aparece en su discurso como opción. Es muy probable que en esto hayan incidido tanto sus maestros y sus familias, aun sin hablar directamente sobre el conflicto.

Y sin embargo, a pesar de lo vivido hay un aprendizaje pendiente: continuamos siendo una sociedad fragmentada, discriminadora y poco empática. El discurso de varios docentes refleja las dificultades que tenemos como sociedad para reconocernos en el otro. Lo que sucedió fuera de nuestras casas, de nuestras calles, de nuestros pueblos o ciudades, aparece como lejano. Previas diferencias regionales, de clase, de género nos mantienen distantes. Para poder reconocer debemos suspender por un momento nuestra centralidad, nuestro propio sentir, necesidad, dolor o demanda. Pero una lección del propio conflicto armado interno y de nuestro mal llevado posconflicto es que para sobrevivir hay que separarse, protegerse, cerrarse en uno o en los suyos. Un profesor de una zona intensamente afectada por la violencia quizá pueda acercarse a la experiencia de otros en la capital, pero cómo hacerlo si cree que es invisible, que sigue marginado, que no cuenta para nadie. Primero debe luchar por existir, por ser algo relatable y, por lo tanto, un sujeto que puede expresar demandas. Expandir su solidaridad, aunque sea solo simbólica, en el ámbito de la narrativa, sobre el conflicto y la posesión del sufrimiento y los derechos que pueden emanar de este, lo perjudica como objeto de atención (potencial) privilegiada. Más allá de los profesores, otra vez, lo que tenemos es un marco social que reduce las posibilidades de empatía, que nos castiga con —o más bien— incentiva el egoísmo.

La escuela reúne entonces distintas generaciones, miradas y experiencias frente a la política y lo público. Los estudiantes muestran un discurso solidario en contra de la injusticia y la corrupción; pero también muchos sostienen piezas de un discurso neoliberal, más individualista y emprendedor, en donde la pobreza es vista como un asunto personal de no saber aprovechar las oportunidades. Por otro lado, los maestros que encontramos en las aulas son mucho más plurales ideológicamente que en el pasado, y varios se han desencantado mucho de la política y de su sindicato, espacios en los que han dejado de participar. Sin embargo, aunque no esté de moda, la mayoría de la vieja guardia parece no haber descartado su mirada marxista de la realidad, lo que se evidencia en el uso del lenguaje y el análisis de la sociedad.

Escuelas y comunidades posconflicto

En la sección anterior se han presentado aquellos hallazgos que son comunes a los colegios estudiados. A continuación desarrollamos los principales componentes transversales a estos hallazgos que consideramos amplían la comprensión de las posibilidades y limitaciones de la escuela pública para tratar el conflicto armado interno. Asimismo, cuando sea pertinente, se señalan las particularidades regionales que se explican principalmente por la proximidad con la violencia y la histórica distribución geográfica del poder (capital-provincias), que, como hemos visto, juegan un importante rol en las memorias, percepciones y elaboraciones del pasado.

Hay una política no oficial pero hegemónica de dejar atrás los años de violencia, de pasar la página y apostar por el futuro, y en todo caso, si se le trae al presente es más bien para celebrar una *memoria salvadora*, que coloque al Estado, y más precisamente al gobierno fujimorista, como el salvador de la locura senderista. En este discurso, la crítica o cuestionamiento a las fuerzas del orden no es permitida, y por ello conlleva a una política de silencio que no solo evita hablar del tema, sino lo impide. Los profesores consideran que la ley antiterrorista y la ley de negacionismo que estuvo en debate durante el trabajo de campo de este estudio amenazan la libertad para tratar el tema, a pesar de que sea oficialmente permitido curricularmente.[1]

Esta política no oficial se percibe como una voz desde el poder, y, por tanto, se la asocia a la capital, aunque no sea exclusividad de "los limeños". Por el contrario, las provincias son las voces no reconocidas, silenciadas. En Ayacucho, por ejemplo, se considera que desde Lima se menosprecian sus memorias, sus muertos y su sufrimiento; y por tanto, hay una agenda —que puede llegar a ser confrontacional— por legitimar sus memorias e incluirlas en la historia nacional, lo que termina, en ocasiones, por limitar y quitar legitimidad a otras memorias que vienen de Lima. Por el contrario, en Lima los profesores reconocen los sesgos y énfasis de sus recuerdos; y claramente, desde otro lugar —de los que olvidan y no de los que son olvidados— surge una reflexión más bien autocrítica, y busca saber más, es decir,

---

1. "Será reprimido con pena privativa de libertad, no menor de seis ni mayor de doce años, el que públicamente a través de cualquier medio hiciere la apología del terrorismo o de la persona que lo hubiere cometido. El ciudadano peruano que cometa este delito fuera del territorio de la República, además, será sancionado con la pérdida de la nacionalidad". Ley antiterrorista n.° 25475, artículo 7.

complementar y enriquecer el conocimiento sobre lo que pasó en el conjunto del territorio.

A este contexto de limitada licencia social para hablar del tema se suma la proximidad de la mayoría del magisterio con los hechos de violencia. Muchos son testigos de aquellos años, y varios han experimentado el terror cotidiano, la amenaza directa a la propia vida y la pérdida de familiares, amigos y conocidos, lo cual es más evidente en Ayacucho, pero no exclusivamente. Se aprecia que los docentes, en general, enfatizan el recuerdo de aquello que sienten más cercano, sea porque lo vivieron, porque sucedió en su localidad o tuvo un impacto importante nacional o regionalmente.

A pesar de lo vivido, no todos los maestros han procesado de igual manera su experiencia, ni están dispuestos a seguir reflexionando sobre ella o a compartirla. Entre los maestros se encuentran dos tendencias para lidiar con este pasado que podemos resumir así: aquellos que no quieren hablar más de ello, que prefieren no remover el pasado o simplemente no pueden hacerlo, y aquellos que más bien necesitan espacios de escucha y socialización de lo vivido, que además consideran importante que se dé a conocer lo sucedido y están dispuestos a participar de dicha tarea. Estas dos posiciones no tienen un asidero claro por colegio o región, si no que se encuentran docentes de una y otra posición en los cuatro colegios visitados. Al respecto, Primo Levi ofrece una similar categorización de los sobrevivientes al nazismo, que vale la pena rescatar, pues consideramos que ayuda a la comprensión del magisterio. Para Levi, el perfil ético o político juega un rol fundamental en su posición de posguerra:

> Pertenecen a la primera categoría los que se rehúsan a regresar, o incluso hablar del tema; los que querrían olvidar pero no pueden, y viven atormentados por pesadillas; los que al contrario han olvidado, han extirpado todo y han vuelto a partir de cero [...]. La segunda categoría, en cambio, está constituida por los ex prisioneros "políticos" o en todo caso con preparación política, o con una convicción religiosa, o con

> una fuerte conciencia moral. Para estos sobrevivientes recordar es un deber: estos no quieren olvidar y sobre todo no quieren que el mundo olvide. (2016: 227-228)

En este escenario es que propusimos un espacio de reflexión y diálogo con los docentes. Si bien se puede asumir que, siendo la asistencia al taller voluntaria, la mayoría de docentes tenía una disposición para compartir sus vivencias, constatamos que varios de ellos —sobre todo en Ayacucho— asistieron con una actitud suspicaz y cauta. Sin embargo, dado el clima de respeto y confianza, todos los asistentes —tanto en Ayacucho como en Lima— valoraron el taller positivamente y señalaron la importancia de dichos espacios de escucha y reflexión, hoy ausentes en nuestra sociedad. Hemos identificado, pues, una enorme necesidad en los docentes de ser tratados como sujetos en esta historia, y muchas posibilidades ante un espacio de ese tipo para contextualizar lo vivido, conectar las memorias individuales y colectivas con la historia, reflexionar sobre el rol de la educación durante el conflicto y el posconflicto e incorporar nueva información que permita no solo problematizar ciertos sentidos comunes arraigados de corte antidemocrático, sino sobre todo descentrarnos, ir más allá de lo que nos pasó a nosotros, a nuestros amigos y en nuestras localidades, y entendernos como parte de una comunidad política más amplia que generó violencia y que aún sufre sus rezagos.

Por otro lado, si bien los estudiantes no son testigos directos de esta historia, comparten vastas memorias individuales y colectivas que son vividas como propias. A diferencia de lo que se suele decir desde los medios de comunicación y a pesar del poco tratamiento en el aula, logran analizar y resignificar la información que reciben, y han elaborado un relato de lo que fue el CAI. Tienen una manera propia de ordenar la historia de este periodo, pues su inicio y su fin no concuerdan con los de los discursos más hegemónicos. Lo que marca la historia transversalmente son las características de inequidad y conflictos sociales. Asimismo, los vacíos que muestran en cuanto a su conocimiento respecto de eventos nacionales o regionales contrastan con los conocimientos detallados acerca de sus historias familiares sobre el CAI. De este modo, tienen la sensación de haber vivido esa época: conocen del miedo, la inseguridad, la destrucción, la incertidumbre, el terror y el dolor de esos años. Las vivencias de los padres y abuelos han sido intensas tanto en Ayacucho como en Lima, y los estudiantes han interiorizado esos sentimientos y sensaciones.

Las diferencias entre los estudiantes de Lima y de Ayacucho no aparecen notables respecto de los temas centrales de nuestro estudio. Se puede encontrar entre ellos personas más informadas y menos informadas, más solidarios y más egoístas, con historias familiares nutridas por la violencia o reformuladas con los mensajes de los medios de comunicación y otras fuentes. Sin embargo, podemos mencionar un par de distancias generales. Aunque los cuatro colegios visitados eran públicos, la diferencia respecto de los recursos con los que podían contar en Lima para conocer sobre estos temas respecto de sus pares en Ayacucho, sobre todo en la provincia, es muy grande. Los estudiantes de los colegios de esta región están más constreñidos a fuentes únicas: un profesor influyente, las familias. Una pluralidad de información no garantiza miradas más comprehensivas, pero sí es un insumo necesario. En segundo lugar, el estudiante limeño muy posiblemente tenga origen cercano regional, pero pertenece a la segunda o tercera generación en la capital. El escenario de la violencia ha quedado atrás, aun con toda su carga de temas irresueltos. En Ayacucho se sigue viviendo en el mismo lugar, incluso yendo al mismo colegio donde se cometieron crímenes. Este ambiente, aunque no se haga explícito en la rememoración, resuena en sus puntos de vista.

Recordar el pasado

Como se ha venido presentando a lo largo del libro, el conflicto armado interno vivido en el Perú ha dejado muchas heridas abiertas de un pasado violento que no pasa, entre otras razones, porque no se han brindado adecuadas oportunidades para procesar, conocer y resarcir este pasado, reflexionar qué nos dice el conflicto sobre nuestra sociedad y buscar resolver los problemas que le dieron origen.

Si bien los hallazgos advierten enormes desafíos institucionales y personales para poder acoger, discutir y contrastar las distintas memorias del conflicto armado interno que conviven en la escuela, al mismo tiempo muestran la urgencia porque dichas memorias encuentren un espacio de socialización, elaboración y comprensión. La escuela no puede renunciar a su rol de formar ciudadanos democráticos y críticos; el tratamiento del conflicto armado interno ofrece una excelente oportunidad para esta importante tarea.

No debemos entender esta labor como la transmisión de una herencia terrible y coercitiva. Es cierto que se trata de una historia dura, pero el abandono total del pasado es impracticable; quizá sea más productivo, siguiendo a Dussel, un rencuentro con ese pasado de un modo menos pesado, más como una carga compartida, más elaborada.

> Es en la diferencia con las generaciones pasadas donde inscribimos nuestra propia huella en el mundo. En este reencuentro con el pasado, en esta recreación original, el olvido también tiene un lugar. El "olvido", en este caso, sería parecido al "reencuentro" con el pasado del que habla Hassoun: vincularse a la herencia de una manera más libre y menos atada a sus condicionantes. (Dusell 2001)

Es decir, recordar y compartir entre generaciones el pasado para no ser prisioneros de él.

Anexos

ANEXO I
Aproximación metodológica

1. Consideraciones generales

Nuestro estudio tuvo una aproximación cualitativa, exploratoria y de carácter multidisciplinar. Se recurrió a herramientas clásicas de recojo de información, como la entrevista, la encuesta de entrada y de salida, y el registro etnográfico, y también a actividades lúdicas, las que formaron parte de talleres participativos que nos sirvieron para recabar información y opinión.

La investigación tuvo dos etapas. En la primera, realizada en 2012, trabajamos con estudiantes y docentes de quinto de secundaria de cuatro colegios. En la segunda, en 2013, trabajamos solo con los docentes de dos de los cuatro colegios inicialmente seleccionados. El equipo central de investigación de la primera parte estuvo formado por cinco investigadores y en la segunda parte, por tres de ellos.

El diseño metodológico en las dos etapas de la investigación se desarrolló contando con un periodo de consultas, reuniones y retroalimentación brindada por expertos en temas de educación y memoria. Participaron consultores externos, investigadores del Instituto de Estudios Peruanos, funcionarios y profesionales de organismos no gubernamentales.

La primera etapa de la investigación tuvo como objetivo conocer las percepciones y memorias acerca del conflicto armado interno y su proceso de incorporación en las aulas entre docentes y estudiantes de Lima y Ayacucho. Lograr la participación de los alumnos no fue difícil. Obtuvimos su consentimiento informado y el permiso de sus padres, y se involucraron en las actividades con confianza. Con los docentes fue más complejo. Se había previsto realizar con ellos entrevistas y talleres, como con los estudiantes; pero ante la desconfianza generada por el tema, se estimó que no había condiciones favorables para realizar un taller, quedando solamente las entrevistas como instrumento central.

El equipo de investigación se organizó en dos subequipos, uno dedicado con más atención al trabajo con los estudiantes y el otro, al trabajo con los profesores, mediante reuniones periódicas en conjunto para socializar los avances. El análisis cruzó los resultados y se redactó el informe de resultados de modo colectivo. Esta etapa culminó con la publicación de un documento de trabajo que resumía varias constataciones y proponía recomendaciones para el tratamiento del tema del CAI en el aula (Uccelli, Agüero, Pease, Portugal y Del Pino 2013).

La segunda etapa permitió poner a prueba algunas de estas recomendaciones y continuar indagando en las percepciones docentes sobre el tema. Esta vez, el instrumento central sí fue un taller con docentes, aunque igual, complementado por entrevistas y encuestas de evaluación. Eso fue posible gracias a la confianza empezada a construir en la primera etapa de la investigación. Así, los talleres fueron viables y de enorme riqueza como fuente de información.

1.1 La selección de las instituciones educativas

Decidimos trabajar con instituciones educativas (II. EE.) públicas que recogieran la diversidad por regiones y grado de afectación en relación con la violencia. Las regiones de Lima y Ayacucho nos ofrecieron un buen contraste por ser una la capital del país y otra el epicentro de la violencia durante los años ochenta del siglo pasado. A su vez, en cada región seleccionamos colegios que nos permitieran comparar entre aquellos más céntricos y aquellos que se ubicarán en la periferia de la región.

Se seleccionaron cuatro II. EE. estatales, de modalidad presencial, mixtas, con más de treinta años de fundación, es decir, que hubieran estado en funcionamiento durante el periodo del CAI, y que atendieran un universo mayor a 600 estudiantes en zonas alejadas y más de 1000 en zonas céntricas. En la capital del país se eligió un colegio emblemático de un distrito tradicional de Lima-Metropolitana y otro de una zona periférica durante los años ochenta y noventa. En Ayacucho elegimos un colegio emblemático ubicado en la capital de la región y el otro, en una provincia intensamente afectada por la violencia.

1.2 La relación de respeto con las II. EE. y los participantes

Presentación del trabajo a las autoridades del colegio

Era previsible que al proponer a las autoridades de las II. EE. —directores y subdirectores— trabajar el tema del CAI con sus profesores y alumnos encontráramos reticencias. Sabíamos que el lenguaje que íbamos a usar en nuestras cartas de invitación y en nuestras primeras reuniones iba a ser objeto de un análisis acerca de nuestras intenciones y sobre si podían confiar en nosotros. Por ello, iniciar el trabajo supuso lograr la autorización por parte de las autoridades, a quienes se les explicó los objetivos del estudio y la voluntad de trabajar "sobre los retos de la enseñanza de la historia reciente de nuestro país, con énfasis en el periodo de los ochenta y noventa". Fueron los directores quienes informaron a los docentes y estudiantes sobre el estudio. Este proceso requirió reuniones, visitas, conversaciones con profesores influyentes y finalmente acuerdos con los directores. Tomarse tiempo para lograr esta relación fluida fue importante para facilitar los diferentes momentos de la investigación. Este trabajo supuso viajar a Ayacucho y realizar el mismo proceso en los colegios, con paciencia y tino.

Tipo de participación de docentes y estudiantes

La participación en la investigación fue voluntaria. Se hizo una convocatoria abierta con la ayuda de las autoridades del colegio y luego mediante invitaciones personales. Se procuró vincular al trabajo sobre todo a profesores del área de ciencias sociales. En el caso de los estudiantes, su participación se definía por una convocatoria directa en las aulas de quinto grado de secundaria, un sorteo preliminar y una consulta final para indagar en torno al interés de los seleccionados. Se les pedía regresar con los permisos firmados por sus padres, y que lo pensaran. Los que decidieron no participar propusieron un remplazo, que en casi todos los casos aceptaron su inclusión en el estudio. Ninguno defeccionó.

Tratamiento de la confidencialidad

Partiendo de un pacto de respeto, explicamos con claridad el modo en que se iba a usar la información. Se aseguró la confidencialidad de la identidad de los participantes en el estudio, señalando que en la difusión de los resultados no se revelarían sus nombres ni ninguna característica que revelara su identidad. Por ello, todos los nombres utilizados en esta publicación son seudónimos. Asimismo, se eligió como criterio de identificación de las instituciones educativas solo colocar datos genéricos sobre su ubicación. Las nomenclaturas elegidas para referirnos a ellas son: colegio Lima-Metropolitana, colegio Lima-Este, colegio Ayacucho-Capital y colegio Ayacucho-Provincia.

Respeto al tiempo de los participantes

Para la realización de entrevistas y los talleres, acordamos no interferir con las horas de clase, respetando el tiempo de aprendizaje escolar y la jornada docente. Para el caso de los talleres de estudiantes y docentes, el tiempo previsto fue de aproximadamente cuatro horas por día luego de la jornada escolar. Siendo conscientes de la amplitud de las horas, recurrimos a dinámicas que lograron que el ritmo de las actividades fuera diverso, con trabajos individuales y grupales, y espacios para relajarse y compartir.

Generar y conservar un clima de confianza para las intervenciones

Para generar este clima recurrimos a varias acciones: a) tener un tiempo previo de charla libre antes del inicio de las actividades, acompañadas de un almuerzo fraterno; b) hacer sentir nuestro agradecimiento por el uso de su tiempo; c) empezar con presentaciones ligeras, acogedoras, que iniciaban ya un primer nivel de expansión de historias, anécdotas e incluso confidencias; d) romper dinámicas de grupo cerrado entre los estudiantes que provenían de las mismas secciones, llevándolos a compartir con sus pares; e) escuchar, observar y ajustar la metodología para responder a la timidez inicial de los estudiantes de Ayacucho, mejorando la facilitación y una mayor intervención de los investigadores principales; f) al inicio y al final de cada jornada de los talleres se agradeció la participación de los asistentes (tanto en el caso de estudiantes como de docentes), valorando sus opiniones y enfatizando que era un espacio de reflexión y aprendizaje mutuo; g) tener grupos mixtos y estar atentos a la participación de las mujeres; y h) intentar moderar la participación con tendencia dominante de algunos docentes (e incluso alumnos), entregando la palabra a la mayor cantidad de participantes posibles.

El cuidado al tratar un tema sensible

La violencia política es un tema tabú en nuestro país, y genera ansiedad. Sabíamos que trabajarlo movilizaría recuerdos, opiniones, juicios, prejuicios y emociones. La historia personal de los docentes y su trayectoria en sus colegios o en el magisterio podían tener una carga política o podían ser directamente afectadas por la violencia. Esto nos colocaba posiblemente ante testigos, víctimas o personas informadas, y en ambientes que podían ser de sospecha frente a la palabra del colega. Por ello debíamos ser al mismo tiempo transparentes y personas con capacidad de transmitir confianza. En el caso de los estudiantes, el trabajo podía activar diálogos y memorias fuera de nuestro espacio, en los hogares, lo que nos llevaba a estar atentos para tratar con estas nuevas inquietudes y retroalimentación. Finalmente, tuvimos en cuenta la movilización emocional. Para el caso de los estudiantes, se cerró cada sesión del taller pidiendo que nos cuenten sus inquietudes, para acoger sus sentimientos e intentar proyectar una mirada positiva hacia el futuro a partir de las experiencias relatadas. Para el caso de los docentes, se respetó la voluntad del docente a compartir (o no) sus testimonios. Por tanto, en las entrevistas y el taller, se propició un espacio de confianza y consideración que escuchó y apreció tanto a los que quisieron narrar sus testimonios personales como a los que no quisieron hacerlo.

Consideraciones especiales de trabajo con niños, niñas y adolescentes

Se trabajó con consentimiento informado, acuerdo firmado de los padres y una continua apelación a que su participación era voluntaria y podía terminar cuando lo desearan. Las dinámicas previeron momentos de descanso y lúdicos. Se buscó tener facilitadores jóvenes que les transmitieran empatía. Se tuvo mucho cuidado en mantener un espacio de conversación respetuoso, sin inhibir la libre expresión. Aunque el objetivo era conocer sus opiniones, el taller previó contenidos a transmitir como cierre, que actuaran como lecciones aprendidas. Se tuvo finalmente consideraciones sobre su seguridad. Al terminar los talleres, generalmente cerca del anochecer, se acompañó a los alumnos y alumnas a sus domicilios.

Nuestra ubicación ética

Decidimos que era necesario responder a expresiones de cultura política autoritaria, extremismos, negacionismos o descrédito extremo de la democracia, pero no para cohibir la libre expresión, sino que para que al final de las intervenciones no se dejaran estas críticas, sentimientos, juicios o prejuicios sin ningún tipo de retroalimentación. Nuestro punto de enunciación para dar contexto a sus inquietudes era recurrir siempre al enfoque de derechos humanos.

2. Las herramientas de recojo de información

Se aplicaron un total de 13 herramientas de recojo de información. En este cuadro presentamos las más convencionales, dejando para el anexo 2 la presentación de las guías de los talleres de estudiantes y docentes, en donde consideramos que hay aportes relevantes para compartir con la comunidad académica a esta escala.

Cuadro 1
LAS HERRAMIENTAS POR ETAPA

Etapa del estudio	Estudiantes	Docentes
Primera etapa	Ficha de datos de entrada al taller con estudiantes	Guía de entrevista a directores
	Guía para la facilitación y el registro del taller con estudiantes	Ficha de la institución educativa
	Ficha de salida del taller con estudiantes	Guía de entrevista a docentes
	Guía de entrevista a estudiantes	Guía de entrevista a funcionarios de órganos intermedios
	Etnografías de los talleres	
Segunda etapa		Ficha de inscripción de participantes del taller para docentes
		Guía del taller de docentes
		Encuesta de evaluación del taller por parte de los docentes
		Guía de observación

Las entrevistas a directores de la institución educativa conformaron parte de las visitas iniciales a los colegios. Durante esta entrevista, se aplicó la ficha institucional, que recogía información sobre la historia del colegio, los recursos humanos y la infraestructura y materiales que permitieron conocer el contexto, las condiciones de funcionamiento y reunir información sobre los docentes y estudiantes para el trabajo posterior. Asimismo, en cada zona se entrevistó a un funcionario de la dirección regional o unidad de gestión educativa local, según el caso. A continuación se detalla la implementación de las herramientas por actor: estudiante y luego docentes.

2.1 *El trabajo con los estudiantes*

En el trabajo con los estudiantes se usaron las entrevistas, los talleres participativos y la descripción de las sesiones mediante observación participante en lo que hemos llamado registro etnográfico.

El taller

Se realizaron cuatro talleres con un total de 40 estudiantes, es decir, un taller por colegio con un promedio de 10 estudiantes cada uno. En el cuadro 2 se observa el perfil de los participantes del taller. Los participantes se escogieron aleatoriamente, solo teniendo en cuenta que debía haber igual número de mujeres y varones.

Cuadro 2
Perfil de los estudiantes que participaron en los talleres

Variables	Indicadores	Estudiantes Ayacucho	Estudiantes Lima	Total
Sexo	Varón	13	9	22
	Mujer	8	10	18
Edad	Entre 15 y 16	9	13	22
	17 o más	9	6	15
Lugar de nacimiento de estudiantes	Ayacucho	13	0	13
	Lima	4	15	19
	Otros	1	4	5

Lugar de nacimiento del padre	Ayacucho	15	0	15
	Lima	0	6	6
	Otros	3	13	16
Lugar de nacimiento de la madre	Ayacucho	18	0	18
	Lima	0	9	9
	Otros	0	10	10

Fuente: Trabajo de campo 2012.

Objetivos, actividades y preparación de los talleres

Los talleres buscaron conocer cuáles eran los conceptos e información que los estudiantes manejaban en torno al CAI a través de cuatro objetivos específicos: 1) conocer qué información tenían sobre el tema, cuáles son sus fuentes y cómo circula; 2) conocer su cultura política; 3) conocer cómo creen que sería mejor trabajar el tema; y 4) observar el clima emocional para identificar si las características, sobre todo de proximidad a la violencia en cada lugar, serían relevantes para el diseño de metodologías diferenciadas. Para ello se desarrollarían nueve actividades, a lo largo de tres días, con el fin de que cada actividad contribuya al cumplimiento de más de un objetivo. Cada taller estuvo organizado en tres sesiones de aproximadamente cuatro horas por día.

Para desarrollar los talleres se armó un equipo para cada región que contó con los siguientes roles: a) facilitadora, b) observador, encargado del registro etnográfico e c) investigadores principales, que debían acompañar todas las sesiones y garantizar que estas cumplieran con los objetivos previstos.

Antes de empezar el trabajo de campo se realizó una sesión de capacitación con todos los involucrados, revisando las guías en detalle y unificando lenguajes, realizando simulacros para observar la

Cuadro 3

OBJETIVOS Y ACTIVIDADES DE LOS TALLERES CON ESTUDIANTES

Sesión	Tema	Actividades	Obj. específico 1	Obj. específico 2	Obj. específico 3	Obj. específico 4
Día 1	Tema I	Presentación				
	Información sobre CAI y fuentes de la memoria	A1. Identificación del CAI	X	X		X
		A2. Presentación taller colaborativo		X		
		A3. Nomenclatura del CAI	X			X
		A4. Información sobre el CAI	X			X
Día 2		A5. Fuentes de la memoria	X			X
	Tema II Cultura política	A6. Interpretación a partir de imágenes		X		
Día 3	Tema III	A7. Visita a museos			X	X
	Tema IV	A8. Evaluando la clase	X		X	
	Tema V	A9. Cierre de la sesión y taller		X		X

viabilidad de lo diseñado. Como resultado de esta sesión se aplicaron últimos cambios en la guía del taller. También se preparó una selección de textos sobre el CAI basada en el *Informe final* de la CVR, para mantener criterios compartidos acerca del enfoque de derechos humanos.

Además del registro etnográfico, también se realizaron grabaciones en audio y video para que el asistente de campo pudiera recurrir a ellos en caso de no haber podido tomar nota de algún evento y presente su informe final.

Sobre el desarrollo de los talleres[1]

En general se utilizaron técnicas deductivas, que planteaban preguntas, hipótesis o situaciones a los estudiantes para que reaccionaran ante ellas lo más libre y creativamente posible. Estas preguntas iban desde lo más general, motivando que los estudiantes fueran decantando ellos mismos los temas relacionados con el CAI que luego serían objeto de una mayor profundización.

Así, se empezó por preguntas generales sobre el país, para que los estudiantes fueran identificando el tema del CAI dentro del espectro de nuestra historia reciente, y que luego nos hablaran sobre sus conocimientos, experiencias, opiniones, sentimientos y reflexiones en torno a esa etapa (actividad 1). Desde el inicio y a lo largo de todas las sesiones, dejamos en claro que lo más importante era aprender de ellos, conocer sus reflexiones y opiniones, y que ello sería muy útil

---

1. El diseño del taller de estudiantes tuvo como antecedente uno realizado por el Grupo Memoria del Instituto de Estudios Peruanos con el apoyo que en 2011 le brindaron Consejería en Proyectos (PCS) y Apoyo para la Paz (APP). Dicho diseño, en el que ya intervinieron los investigadores de nuestro equipo Agüero y Portugal, desembocó en un estudio piloto implementado por Maritza Huamán y Feliciano Carbajal (2013).

para pensar en cómo trabajar el tema con jóvenes como ellos en otras escuelas (actividad 2).

Partíamos del supuesto de que no existe un lenguaje único para referirse a este periodo, y que incluso los términos más usados para nombrarlo podían tener un significado distinto en cada contexto o para cada estudiante (actividad 3). Al igual que las palabras usadas para referirse al CAI, también intuíamos que los hechos y su importancia o los actores involucrados y su acción tendrían distintos significados, niveles de importancia o valoraciones, y que estarían relacionados con las historias familiares y regionales (actividad 4). Realizamos una línea de tiempo para observar cómo comprendían que se desarrollaron los hechos, asumiendo que aun cuando el tema se hubiera tocado en clases, no necesariamente habría un consenso en la secuencia histórica del CAI. Por otro lado, no asumíamos que todas las experiencias tendrían una carga negativa; nos interesaba conocer si encontraban acontecimientos o acciones positivas dentro de ese contexto de crisis generalizada.

Al no haber vivido ese periodo de tiempo, entendíamos que sus fuentes de información eran diversas y que tendrían distintos niveles de confiabilidad (actividad 5). Además, dependiendo de ellas también crearían un acercamiento emocional diferenciado: no sería lo mismo hablar sobre la información que brindan los medios y aquella a la que tenían acceso por experiencias de familiares.

Aunque asumíamos que era un tema transversal, para conocer de manera más directa sobre la cultura política de los estudiantes, quisimos saber cuáles eran sus posturas ante la violencia estructural y la violencia directa que se da en conflictos sociales. Para ello elegimos usar imágenes que aludían a ambos tipos de violencia (actividad 6) y que podían actuar como activadores. Las siguientes fueron las imágenes utilizadas.

Imagen que alude a violencia estructural.
Fuente: Carlos Domínguez, 1975.

Imagen de conflicto social.
Bolivia, 20 de noviembre de 2014.

Les pedíamos imaginar las causas de la situación que observaban, qué sentimientos tenían al observarlas, que buscaran identificar a los actores y responsabilidades concernidos en las escenas, y que nos dijeran cómo resolverían ellos esa situación de estar en los "zapatos" de los involucrados. El trabajo fue primero individual, pero luego les pedimos que discutieran al respecto en una plenaria para confrontar los distintos puntos de vista y poder conocer sus argumentos con mayor profundidad.

La visita a los museos o exposiciones de memoria (actividad 7) sirvió para conocer si funcionaban como herramientas de transmisión de memorias y cómo es que ello sucedía. Los museos visitados intentan dar una visión cohesionada de la historia vivida. Nuestro objetivo era confrontar las memorias sueltas de los alumnos con las narrativas de estos lugares de memoria, que tenían en común mostrar los hechos desde el punto de vista de las víctimas. Nos interesaba observar si las inquietudes entre los alumnos se dirigían a la necesidad de valores democráticos, reconocimiento o condena a la violencia, o si, por el contrario, producían reacciones de resentimiento, revancha o fatalismo.

El tema de transmisión de memoria sobre el CAI en las aulas (actividad 8) se tocó en una sesión propia. En ella les pedimos sus opiniones sobre cómo les enseñaron el tema, teniendo en cuenta que la experiencia del taller les daría elementos para poder evaluar lo recibido en clase de modo comparativo.

Se reservó la última actividad (actividad 9) para hacer un balance de lo conversado durante todo el taller y agradecerles haber participado, enfatizando lo importante de haberlos escuchado y del valor no solo del conocimiento, sino sobre todo de la reflexión para comprender lo que sucedió en el país y mejorar nuestra convivencia a partir de experiencias complejas e incluso dolorosas.

Finalmente, se les pidió llenar individualmente una ficha de salida, en la que quisimos que nos cuenten de manera personal si el taller cumplió con sus expectativas, sus opiniones sobre el taller, describiendo sus percepciones sobre cómo se llevó a cabo y acerca de si el tema tratado les pareció relevante, qué sintieron al participar en él y cómo calificaban nuestro trabajo con ellos.

Entrevistas a estudiantes

Para reforzar y profundizar los resultados encontrados con la realización de los talleres, aplicamos cuatro entrevistas por colegio, a dos hombres y a dos mujeres en cada uno. Uno de los criterios para su selección fue que hubieran mostrado posturas diferentes durante las sesiones colectivas.

La guía fue semiestructurada, guiándonos por los temas más importantes tratados en los talleres, y se realizó sobre la base de la información recogida en ellos. Tuvieron como objetivo conocer el discurso individual de los estudiantes, saber más de sus historias personales y familiares sobre el conflicto, y profundizar más sobre sus opiniones y sugerencias acerca de cómo este tema es tratado en las aulas.

2.2 *El trabajo con los docentes*

En ambas etapas de la investigación se trabajó con docentes de quinto de secundaria, para lo cual se formaron grupos plurales respecto del género y la edad. Se priorizó trabajar con profesores que enseñaran ciencias sociales; sin embargo se incluyó a docentes de otras áreas para observar si el tratamiento del tema se transversalizaba o era abordado en las distintas materias.

Teniendo como supuesto que el tratamiento de la violencia en el aula podría ser un tema sensible y conflictivo, consideramos tres elementos: a) tener presente que Ayacucho fue la región más afectada por la violencia del CAI (hablar sobre ese periodo nos enfrentaría a un escenario complejo, en el que entrarían a tallar silencios, miedos y estigmas); b) con la posibilidad de la aprobación de una ley de negacionismo era de esperarse que se suscitara aún más desconfianza entre los docentes; y c) durante la primera fase del proyecto se estaba llevando a cabo una huelga magisterial, que evidenció discrepancias explícitas entre huelguistas y no huelguistas.

Para tener un panorama de la situación y particularidades de cada II. EE., llenamos al inicio una ficha de características generales de cada plantel; con ello pudimos tener una idea del contexto en el que trabajaban los docentes entrevistados.

Entrevistas a docentes

Durante la primera etapa del estudio, al igual que con los estudiantes, se diseñó un taller para docentes; sin embargo, al notar la reticencia de los docentes a compartir un espacio colectivo para hablar del tema, decidimos respetar su sensibilidad, pasando a la aplicación de entrevistas individuales.

En total se realizaron 55 entrevistas a docentes: 43 docentes en aula, 8 autoridades en los colegios y 4 funcionarios de órganos intermedios. La participación en las entrevistas fue voluntaria, priorizando la participación de docentes a cargo de cursos vinculados con las ciencias sociales, pero no exclusivamente. En el cuadro 4 se resume el perfil de los docentes participantes.

Las entrevistas a docentes tuvieron como objetivos: a) explorar las memorias y percepciones de los docentes sobre el CAI, b) establecer en qué medida se abordaba el tema del CAI en el aula y c) identificar las características que presenta el tratamiento del tema en el aula en cuanto a contenidos, en el diseño curricular, en las estrategias metodológicas y didácticas, y en los materiales de enseñanza.

Cuadro 4
Perfil de docentes entrevistados en la primera etapa

Variables	Indicadores	Docentes Ayacucho	Docentes Lima	Total
Sexo	Varón	23	11	34
	Mujer	9	12	21
Situación laboral	Contratado	8	6	14
	Nombrado	14	16	30
Área que enseña	Ciencias sociales*	8	11	19
	Otras áreas	16	8	24
Edad	Menor de 35	5	0	5
	35-45 años	12	8	20
	Más de 45	10	14	24

* Se incluyen en esta categoría docentes que enseñan alguna o ambas áreas del currículo de secundaria: Historia Geografía y Economía, y Formación Ciudadana y Cívica.
Fuente: Trabajo de campo 2012.

Taller con docentes

Los talleres con docentes se realizaron como parte de la segunda etapa del estudio y surgieron a partir de los hallazgos de la primera etapa, lo que supuso un nuevo diseño de investigación y trabajo de campo. Este taller quiso atender principalmente a la necesidad de dar espacios de reflexión e intercambio sobre la experiencia personal del docente durante esos años. Para ello se trabajó con los docentes de dos de los cuatro colegios con los que realizamos la primera fase del proyecto: el colegio en Lima-Este y el de Ayacucho-Provincia, de gran afectación por la violencia.

Debido a la experiencia previa del equipo de investigación en la primera etapa con estos colegios, se encontró una buena disposición e interés de los directivos y docentes en participar en esta experiencia de tipo más aplicada.

Perfil y número de participantes en el taller

El taller estuvo dirigido a profesores de secundaria del área de Formación Ciudadana y Cívica, y del área de Historia, Geografía y Economía y otras áreas afines, como Comunicación o Persona, Familia y Relaciones Humanas. La participación de los profesores de las áreas seleccionadas fue voluntaria, y se diseñó para un promedio de 10 asistentes. Participaron un total de 19 docentes. La conformación de los docentes participantes se resume en el cuadro 5.

Equipo de trabajo e instrumentos de evaluación del taller

Para la mejor realización de las actividades, se establecieron roles de los encargados de llevar adelante el taller: a) los facilitadores 1 y 2 estuvieron a cargo de las dinámicas y del cumplimiento de los objetivos cada día. Cada uno dirigió partes específicas del taller, y cuando no lo hacía, apoyaba la buena marcha de las dinámicas y supervisión del trabajo en grupo; b) el investigador observador, responsable de documentar el taller y sus resultados mediante el registro etnográfico, para lo cual a su vez usó la grabación en audio, fotografía y anotaciones; c) el asistente, que se encargó de la organización de los materiales y de toda la parte logística (almuerzos, inscripción etc.); y d) los instrumentos de evaluación, que permitieron registrar, sistematizar y evaluar el taller a través de encuestas, entrevistas, la observación participante y el registro etnográfico.

Cuadro 5
CARACTERÍSTICAS DE LOS PARTICIPANTES EN EL TALLER

Variables	Indicadores	Docentes Ayacucho-Provincia	Docentes Lima-Este	Total
Sexo	Varón	8	2	10
	Mujer	3	6	9
Situacion laboral	Contratado	3	-	3
	Nombrado	8	8	16
Área que enseña	Áreas curriculares que incluyen al CAI*	1	5	6
	Otras áreas**	10	3	12
Edad	Menor de 35	3	-	3
	35-45 años	6	6	12
	Más de 45	2	2	4

* Se incluyen en esta categoría docentes que enseñan alguna o ambas áreas del currículo de secundaria: Historia Geografía y Economía, y Formación Ciudadana y Cívica.

**En Lima asistieron los docentes de otras áreas: Persona, Familia y Relaciones Humanas, y Comunicaciones. En Ayacucho, de Comunicación; Matemática; Ciencia, Tecnología y Ambiente, y Arte.

Fuente: Trabajo de campo 2013.

ANEXO 2: Guía de los talleres

1. Guía del taller con estudiantes

Participantes: Estudiantes de quinto de secundaria.

Número de participantes por taller: 10 alumnos.

Objetivo general del taller: Conocer cuáles son los conceptos e información que los estudiantes manejan en torno al CAI para proponer una metodología de trabajo sobre tema en el aula.

Objetivos específicos (cada uno corresponde a un bloque):

Objetivo 1. Identificar cómo funciona la transmisión del conflicto armado interno en distintos ámbitos con alumnos, con énfasis en el aula. Conocer el contenido, sus fuentes, sistema de circulación y soportes de información (como cine, testimonios, tv, familia).

Objetivo 2. Conocer la cultura política de estos jóvenes, a partir de cómo interpretan y valoran la información sobre el conflicto armado interno, y de a qué valores asocian esa información.

Objetivo 3. Identificar cuál es la opinión de los alumnos respecto a cómo sienten que sería la mejor manera de trabajar el tema en el aula (medios, materiales, dinámicas).

Objetivo 4. Determinar elementos para sustentar una aplicación diferenciada de la metodología del taller y del tratamiento del tema del CAI, identificando el clima emocional en cada uno de los contextos (e individuos).

BLOQUE I: "Información sobre el CAI y fuentes de la memoria"

Objetivos del bloque:

- Identificar las percepciones, memorias e información que manejan los estudiantes sobre el conflicto armado interno (CAI) y las fuentes de las mismas (cómo se refieren al CAI, qué saben sobre él y cómo lo saben).
- Identificar los diferentes nombres que ellos conocen para designar el CAI.
- Conocer los hitos del CAI desde su punto de vista y las emociones que asociación a ellos.

ACTIVIDAD **Descripción de la actividad**	**Información a recoger**
BIENVENIDA Y PRESENTACIÓN DE LOS PARTICIPANTES	
Inscripción y ficha: los participantes llenan una ficha con sus datos. Todos se presentan con una dinámica para crear un ambiente de confianza. TIEMPO: 30 minutos. MATERIALES: Fichas de inscripción, lapiceros, materiales para la dinámica.	Los participantes se conocen entre sí y a los miembros del proyecto.
1. IDENTIFICANDO EL CAI EN NUESTRA HISTORIA RECIENTE.	
- El facilitador hace una introducción muy general. *"Estamos acá para conversar sobre la historia reciente del país"*. - Escribe en un papelógrafo la pregunta motivadora: *"¿En la historia reciente del Perú, qué ha sido lo más importante que ha pasado?"*	- Observar qué identifican como historia reciente. - Observar si el tema del CAI se expresa espontáneamente.

ACTIVIDAD **Descripción de la actividad**	**Información a recoger**
- Cada participante debe escribir en tarjetas. No se pone límite a la cantidad de tarjetas por participante, pero todos deben dar al menos una. - El facilitador comenta las tarjetas y las agrupa por temas "sociales", "económicos", "celebraciones", "políticos", "deportivos"; o temporalmente: "remotos", "recientes", "actuales", etc. - El facilitador comenta todas las tarjetas. - Si no aparecieron tarjetas relacionadas con el CAI, plantear el tema de manera sutil, por ejemplo: *ustedes han mencionado muchos momentos recientes importantes, pero, en nuestro caso, pensamos que hubo también una época reciente en la que hubo mucha violencia en el país, ¿es así?* TIEMPO: 40 minutos MATERIALES: Papelógrafos, plumones, tarjetas de colores, *masking tape*.	
2. PRESENTACIÓN DEL CARÁCTER COLABORATIVO DEL TALLER	
- Luego elige el grupo en el que se identifican eventos relacionados con el CAI. Dejar las demás tarjetas a un lado para las siguientes sesiones. - Explicar a los estudiantes que el taller se dedicará a este tema en particular y que queremos conocer cuáles son sus opiniones y reflexiones con respecto a este periodo, para construir juntos una propuesta para el tratamiento del tema en el aula. TIEMPO: 5 minutos MATERIALES: Papelógrafos, plumones, tarjetas de colores, *masking tape*.	Los alumnos comprenden su papel y el papel de los facilitadores en el objetivo de los talleres.

<table>
<tr><th>ACTIVIDAD
Descripción de la actividad</th><th>Información
a recoger</th></tr>
<tr><td colspan="2">3. NOMENCLATURA DEL CAI</td></tr>
<tr><td>Nombres en tarjetas
- Introducir a los participantes en el tema de esta actividad: No todos usamos el mismo nombre para referirnos a esos años, quisiéramos saber cómo les parece que se debería nombrar y qué piensan de todos los nombres que se usan para referirse a esa época.
- Se reparten tarjetas de tres colores y se les pide que anoten un nombre o término por tarjeta:
• En las tarjetas amarillas indicar: cómo llaman los demás a esa época (MCS, Estado, colegio, vecinos, etc.). Indicar cómo y quién los llama así.
• En las tarjetas verdes: Cómo me disgusta o molesta o estoy en desacuerdo que la llamen.
• En las blancas: Cómo creo que es mejor que la llamen.
- Mosaico de tarjetas
• Se pegan todas las tarjetas en un papelógrafo agrupándolas por colores.
• Se identifican y se conversa sobre los términos
o Más extendidos
o Los que más molestan
o Más adecuados
• Preguntar para cada caso:
- ¿Por qué creen que es el más extendido?
- ¿Por qué les molestan esos términos?
- ¿Por qué te parecen los más adecuados?
Profundizar en el significado
- En cada caso tomar el término más repetido en las tarjetas y explorar:
• ¿Qué entienden por [el nombre]?
• ¿Es el mismo modo en el que sus padres nombran esos tiempos?</td><td>- Conocimiento sobre rótulos en uso.
- Valoraciones sobre estos rótulos.</td></tr>
</table>

ACTIVIDAD Descripción de la actividad	Información a recoger
• ¿Cuándo piensan en [el nombre], qué cosas vienen a tu mente? • ¿En quiénes piensan al usar esa palabra? Nos quedamos con el nombre "CAI" y damos explicaciones de acuerdo con lo que justifica la CVR para el término y de acuerdo con el marco de los Derechos Humanos y el Derecho Internacional Humanitario. **Sobre el término "terrorismo"** - En caso de no haber sido mencionado, hacer las preguntas anteriores sobre esta palabra, por ser la más hegemónica al ser usada por medios y políticos. TIEMPO: 40 minutos MATERIALES: Tarjetas de colores, plumones, *masking tape*.	
4. INFORMACIÓN SOBRE EL CAI	
- Tenemos entonces las tarjetas que salieron en la dinámica inicial referidas a eventos recientes relacionados con el CAI. **Línea de tiempo** - El facilitador juntará a los estudiantes en parejas. - Hará la siguiente pregunta señalando las tarjetas que salieron en la primera dinámica: ¿Qué más saben sobre esos años? - Pedirá que anoten todas las ideas que se les ocurran en las tarjetas. Sin límite. - Se ponen varios papelógrafos de manera horizontal con una línea en el centro. - Se pide a cada uno que coloque las tarjetas de manera cronológica, presentando lo que escribieron en ella. - Les pedimos que arriba coloquen las tarjetas referidas a lo nacional y abajo las referidas a lo local/regional.	- Información sobre CAI y emociones que moviliza. - Información sobre la relación entre lo nacional y lo regional. - Información sobre inicio y fin del CAI. - Información sobre lo más importante de esa época y el por qué.

ACTIVIDAD Descripción de la actividad	Información a recoger
- Se les pregunta en qué momento inició esta época y que evento asocian a ese inicio. Se les pregunta cuándo creen que terminó y con qué evento. **Hitos en la línea del tiempo** - Se les entrega un *sticker* a cada uno para que lo coloquen en los tres hitos que les parecen más importantes. - El facilitador identifica los hitos con más *stickers* y les pregunta por qué creen que estos hitos son los más importantes. **Emociones asociadas a hitos** - Se les pide que en tarjetas blancas escriban qué emociones les causa cada hito señalado. **Identificación de eventos positivos** - Se les entrega *stickers* de otro color y se les pide que los peguen en aquellos eventos que vean como positivos. - Si dentro de las tarjetas que ellos colocaron no identifican nada positivo, preguntarles si hubo algo de positivo durante esos años. - El facilitador los apuntar en nuevas tarjetas. - Importante no quedarnos solo en la identificación de eventos, sino preguntar sobre si esos años dejaron alguna consecuencia positiva. **Conceptualización del CAI** - Finalmente se les pide que escriban en tarjetas una Idea/palabra/frase que resuma el CAI, pedirles que las peguen sobre la línea. Pedirles que coloquen las tarjetas que quedaron de historia reciente en la línea, hacer un balance de lo que aparezca. TIEMPO: 1 hora y 30 minutos MATERIALES: Tarjetas de colores, plumones, papelógrafos con línea de tiempo, *stickers* de colores, *masking tape*.	

ACTIVIDAD Descripción de la actividad	Información a recoger
5. FUENTES DE LA MEMORIA	
Lluvia de ideas sobre fuentes - Se entrega 3 tarjetas a cada participante y se pide que respondan a la pregunta "¿Y cómo saben todo eso sobre el CAI?" - Todos escriben en sus tarjetas. Cuando ya hayan terminado, el facilitador pega tres papelógrafos, uno de Casa-Familia, otro de Medios, escuela y otro de Pares-amigos, y les pide a todos que ubiquen sus tarjetas. **Plenaria y conversación** - El facilitador trata de profundizar cada tema. Sobre Casa-Familia preguntará: • Quiénes hablan sobre ese tema • En qué situaciones se menciona, en qué épocas se habla de ese tema • ¿Y qué sensación hay cuando se habla de eso? Preguntas generales: • ¿Si quisieran saber más sobre ese tema a dónde/ a quién recurrirían? Si es que no se menciona a la familia preguntar por qué no recurrirían a ella, para saber si es un tema difícil de tratar (por el clima emocional que genera o por otros motivos). Decirles que escuela/profesor es una fuente que se tratará posteriormente (tercara sesión). Pregunta de cierre, enganche con la segunda sesión - El facilitador pregunta ¿Por qué creen que todo esto sucedió? (no movilizar respuestas exhaustivas, esto se profundizará en las siguientes sesiones). TIEMPO: 1 hora 30 minutos MATERIALES: Tres papelógrafos rotulados: casa/ familia, medios, escuela, pares y amigos.	- Fuentes más usuales según los alumnos. - Fuentes más accesibles. - Fuentes más confiables.

BLOQUE II: Cultura política

Objetivo del bloque: Conocer qué tipo de cultura política tienen o manejan los participantes, cuáles son las nociones que manejan y qué asocian con: justicia social, diversidad-convivencia social, Gobierno, instituciones y uso legítimo de la violencia.

<table>
<tr><th>ACTIVIDAD
Descripción de la actividad</th><th>Información a recoger</th></tr>
<tr><td>6. INTERPRETACIÓN DE IMÁGENES</td><td></td></tr>
<tr><td>Trabajo individual.
Elegir imágenes que muestren:
- Una situación de violencia estructural, pobreza-discriminación-exclusión que se pueda ver cotidianamente en nuestra sociedad.
- Una situación de conflicto con dos actores antagónicos.
Entregarle a cada participante hojas con estas imágenes impresas con el siguiente cuestionario. Se les da un tiempo para responder las siguientes preguntas:
<table>
<tr><td>Dimensiones</td><td>Preguntas</td></tr>
<tr><td>¿Qué ven?</td><td>Dónde ocurre esto
Cuándo ocurre
Qué sucede. Cuéntanos la historia que ves</td></tr>
<tr><td>¿A quiénes ven?</td><td>Qué personajes ven en la imagen
Cuál es el personaje principal y cuáles los secundarios
Hay algún personaje escondido o que no sale en la foto</td></tr>
<tr><td>¿Con quién(es) se identifican?</td><td>Simpatizas con alguien, por qué
Te identificas con algún personaje, en qué cosas te sientes igual</td></tr>
<tr><td>¿Cómo explican?</td><td>Menciona 3 causas de esta situación
Cuál te parece la principal</td></tr>
</table></td><td>Conocer qué tipo de cultura política tienen o manejan los participantes, cuáles son las nociones que manejan y qué asocian con: justicia social, diversidad-convivencia social, Gobierno, instituciones y uso legítimo de la violencia.</td></tr>
</table>

Dimensiones	Preguntas
¿Cómo asignan responsabilidades?	Crees que hay responsables de esta situación Quiénes son los principales responsables y por qué
¿Creen que puede cambiar? (fatalidad, cambio)	Crees que esto es raro o pasa siempre Crees que esto se puede cambiar Qué harías si fueras el personaje con el que te identificas para poder cambiar esa situación.
¿Cómo resolver?	Menciona 5 formas en que la gente puede resolver esto Cuál de estas formas es la más eficaz
¿Qué sienten?	Qué crees que sentían los personajes (empatía) Menciona 3 cosas que la imagen te haga sentir Qué tiene que ver contigo esa situación
Título	Ponle un título a la foto

Plenaria con fotografías para ver consensos y profundizar temas

Sobre cada imagen:

- Se colocan las 2 fotos ampliadas en la pared.
- Se invita a exponer a 2 personas, una por fotografía.
- Se piden opiniones sobre cada punto y se toman apuntes en un papelógrafo.

TIEMPO: 2 horas
MATERIALES: Imágenes en papel con cuestionario, imágenes ampliadas, *masking tape*

BLOQUE III: Visita a los museos, la memoria desde el punto de vista de las víctimas

Objetivos del bloque:

- Conocer cuáles son las consecuencias luego de tener contacto con otras memorias más articuladas y desde el punto de vista de las víctimas, del conflicto armado interno.
- Identificar qué tipo de reflexiones genera la visita a museos como los de ANFASEP entre los alumnos, observando su relación con posibles elaboraciones en torno de la cultura democrática y los derechos humanos.
- Identificar formas de acompañamiento para que estas visitas funcionen como catalizadores que permitan al alumno elaborar sus propias explicaciones sobre el pasado, pero en relación con valores democráticos.

ACTIVIDAD **Descripción de la actividad**	**Información a recoger**
7. VISITA A MUSEOS DE ANFASEP EN AYACUCHO Y YUYANAPAQ EN LIMA	
Guiado en el museo. Técnica de registro: Observación. Se realiza una visita a lugares de memoria: Yuyanapaq en Lima y Museo Para que no se Repita de Anfasep en Ayacucho. Si se puede se contará con un guía del lugar. **Reflexión colectiva sobre la visita. Discusión y evaluación de la visita.** Preguntas motivadoras sobre acceso: - *¿Quiénes vinieron por primera vez?* - A los que vienen por primera vez: *¿Sabían de su existencia?*	Mediante la observación: - Atención o dispersión - Intereses principales - Reacciones notables - Participación

ACTIVIDAD **Descripción de la actividad**	**Información a recoger**
- *¿Por qué creen que no sabían?, es un lugar que llama la atención, ¿no?* - *A los que sí sabían: ¿Y por qué nunca vinieron?* Preguntas sobre contenido y estilo: - *¿Qué les pareció?* - *¿Qué es lo que más les llamó la atención?* - *¿Creen que está completo?* Preguntas sobre satisfacción: - *¿Les gustó venir a verlo? ¿Por qué?* - *¿Es lo que esperaban encontrar?* - *¿Les gustó el guiado? ¿Por qué?* - *¿Cómo sería un guiado mejor?* Preguntas sobre valoración: - *¿Les parece importante que existan lugares como estos?, ¿por qué?* - *¿Le dirían a sus amigos a que visiten estos museos? ¿Por qué?* **Cierre y evaluación conectando con lo que salió en la primera sesión.** - *¿Qué ha cambiado de su visión de esos años luego de haber visitado este lugar?* TIEMPO: Movilidad: 40 minutos Recorrido: 1 hora Conversación: 1 hora MATERIALES: Papelógrafos, plumones, *masking tape*.	En la conversación: - Opiniones sobre el acceso. - Opiniones sobre el contenido y estilo. - Opiniones sobre su valor o importancia. - Información sobre satisfacción y tipo de guiado.

BLOQUE IV: El tratamiento del CAI en el aula

Objetivos del bloque:

- Conocer cuáles son las opiniones de los participantes sobre el modo en el que se trata el tema en el aula y cuáles son sus sugerencias.
- Analizar desde el punto de vista del alumno los productos y prácticas empleadas en el aula al tratar el tema del conflicto armado interno.

ACTIVIDAD **Descripción de la actividad**	**Información a recoger**
8. EVALUANDO LA CLASE	
Retomar lo que se dijo en la primera sesión sobre la escuela como fuente de información. Recordar y señalar que ahora se va a profundizar (10 minutos). **Trabajo de grupo. Lo malo y bueno en la clase.** - El Facilitador pide "Vamos a pensar en cómo se enseña en la escuela el tema del CAI. Queremos conocer su opinión para poder mejorar cómo se enseña este tema. Por ello vamos a analizar dos cosas, a los profesores y cómo enseñan el tema, y a los libros y cómo es que en ellos este tema es tratado". - Cada grupo debe esforzarse por encontrar lo bueno y lo malo pero también por dar propuestas para mejorar. Al final discutiremos sus aportes en plenaria. - Se les da la consigna de responder en papelógrafos: a) lo bueno, b) lo malo, c) sus propuestas para mejorar. - Al grupo que trabajará sobre el libro de texto se le entrega un ejemplar de la última versión del Ministerio 2012.	Opinión desde el punto de vista de los usuarios sobre los servicios que brinda el colegio al tratar el tema del CAI. Opinión sobre cómo mejorar el tratamiento del tema. Esta información será reforzada con las entrevistas a alumnos.

ACTIVIDAD Descripción de la actividad	Información a recoger
Plenaria: Profundizar lo bueno y lo malo de la clase sobre el CAI. ***Exposición del grupo "Profesor":*** - El facilitador pide opiniones. - Tiene en su poder una batería de preguntas por dónde orientar la conversación: Descripción de la clase: *Cuando se trabaja el tema ¿qué hace el profesor? (escribe, habla, dicta) ¿Qué hace el alumno?(escribe, apunta, escucha, pregunta)* Sobre quiénes tratan el tema: *¿Qué profesores les han hablado sobre el CAI?* Sobre estilo: *¿Les parece que el profesor conoce mucho o poco del tema?* *¿Les parece que trata el tema con interés?* *¿Les gustó la clase? ¿Por qué?* *¿Utilizó otros materiales (imágenes, videos, papelógrafos propios)? Esto les gustó, ¿por qué?* Sobre contenido *¿El profesor resaltó algunos tema, cuáles?* *¿El profesor les contó sobre las causas?* *¿Qué opinan de lo que les ha contado el profesor, están de acuerdo, en desacuerdo con su posición?* Sobre clima emocional *¿Cómo era el ambiente al conversar sobre el tema?* *¿Ustedes qué opinan: es lo mismo tocar el tema en su ciudad que en otra?* *Exposición del grupo "Libros":* - El facilitador pide opiniones. - Tiene en su poder una batería de preguntas por dónde orientar la conversación: Acceso - uso: *¿Tuvieron este libro, les llegó a tiempo, o trabajaron con otro?* *¿El profesor utilizó el libro, lo usó bien?*	

ACTIVIDAD Descripción de la actividad	Información a recoger
<u>Contenido:</u> *¿Se entiende?* *¿Por ejemplo, alguien resuma lo que dice?* *¿Ustedes creen que falta algo que contar en este libro?* <u>Forma:</u> *¿Les parece atractivo o aburrido? ¿Por qué?* <u>Interpretación:</u> *¿Están de acuerdo con lo que allí dice?* *¿Creen que este libro dice la verdad? ¿Por qué?* *¿Cuál creen que es la intención de los que escribieron este libro?* **Selección de lo bueno y priorización** - El facilitador resume los puntos que pueden ayudar a mejorar la clase. - Pregunta qué sería lo más importante a mejorar. - Lo señala en el papelote y agradece a todos por sus aportes. TIEMPO: 2 horas MATERIALES: papelógrafos, plumones, *masking tape*, libro de texto	

BLOQUE V: Cierre

Objetivos del bloque:

- Otorgar un momento de reflexión a los participantes para organizar la información recibida durante todo el taller.
- Que los participantes evalúen el taller.

Descripción de la actividad	Información a recoger
9. CIERRE DE LA SESIÓN Y DEL TALLER	
Preguntas de reflexión final - Se pregunta en plenaria: *¿Qué piensan de que todo esto se haya vivido en su región, en su país?* *¿Por qué creen que todo esto sucedió?* *¿Qué podríamos hacer para que no vuelvan a suceder sucesos violentos como los que hemos conversado?* - No se esperan respuestas correctas o incorrectas, solo darles la oportunidad de expresar una opinión luego de pasar por todo el taller. - Palabras de los facilitadores agradeciendo la participación, señalando la importancia de su colaboración. - Palabras finales en relación con derechos humanos, democracia. Ejemplo: *Hay pocos espacios para que los jóvenes se expresen, el estar con ustedes nos ha ayudado a saber qué piensan ustedes sobre la historia reciente del país. Eso es muy importante porque finalmente son ustedes los que les toca escribir lo que sucede en el presente y lo que sucederá en el futuro. Este espacio ha sido muy importante para todos, puede ser que hayamos hablado de cosas difíciles, pero solo reflexionando sobre ello podemos sacar las mejores lecciones de esas experiencias. Todo esto sirve a muchos actores que trabajan en políticas públicas que pueden conocer el punto de vista que ustedes tienen, servirá para que no se repita, para mejorar la educación pública y para mejorar en general la convivencia entre todos nosotros, los que somos parte de este país.* TIEMPO: 20 minutos	Elaboraciones personales.
10. EVALUACIÓN	
Cuestionario individual de salida TIEMPO: 10 minutos	Información sobre contenidos, organización, moderación, etc.

2. Guía del taller con docentes

Objetivo general:

Al finalizar el taller los docentes evaluarán la necesidad de contar con espacios que les permitan contextualizar su experiencia docente, analizarla críticamente y contrastar sus vivencias personales y locales con una historia nacional.

Objetivos específicos:

1. Brindar un espacio de reflexión sobre las experiencias y memorias docentes en relación con el CAI.
2. Elaborar una narrativa conjunta sobre los eventos del CAI que identifique hitos, actores y causas, a partir de los saberes previos de los docentes que recoja el contraste entre lo personal, local y Nacional; en el marco de los derechos humanos y una educación democrática.
3. Identificar el rol de las memorias de los docentes en el trabajo del CAI en el aula.
4. Valorar el informe de la CVR como punto de partida para analizar el CAI.
5. Brindar un espacio para la discusión libre y crítica de Sendero Luminoso, su acción y su ideología.
6. Promover una reflexión con respecto al rol de los maestros ante y durante el CAI.
7. Promover una reflexión sobre el rol de la memoria y la conmemoración en esta historia que se vincule con la idea de pasado en el presente, dignificación y ciudadanía.
8. Promover una reflexión sobre las continuidades que explican el CAI y que nos movilizan en el presente.

Perfil del participante

El taller está dirigido a profesores de secundaria del área de Formación Ciudadana y Cívica, y del área de Historia, Geografía y Economía y otras áreas afines, como Comunicación o Persona, Familia y Relaciones Humanas.

Número

La participación de los profesores de las áreas seleccionadas en cada institución educativa seleccionada es voluntaria. Se espera que los talleres tengan un promedio de 10 asistentes.

Roles de los encargados de desarrollar el taller

Facilitadores 1 y 2

Dirigen el taller y se encargan del desarrollo de las dinámicas y del cumplimiento de los objetivos cada día.
Cada uno dirige partes específicas del taller, y cuando no lo hace apoya la buena marcha de las dinámicas y supervisa el trabajo en grupo.

Observadores participantes 1 y 2

Se encargan de documentar el taller y sus resultados mediante el registro etnográfico, para lo cual a su vez usarán la grabación en audio, fotografía y anotaciones. Apoyan en los trabajos de grupo.

Asistente

Se encarga de la organización de los materiales y de toda la parte logística (almuerzos, inscripción, etc.).

DÍA 1

ACTIVIDAD Objetivo	Dinámica propuesta
1. PRESENTACIÓN DEL TALLER	
Presentación	Presentación general (Durante el almuerzo) - Presentación personal de los facilitadores y de sus roles en el taller. - Explicación del objetivo del taller. - Explicación sobre la metodología y el modo en que: a) Vamos a documentar lo trabajado: grabación, acopio de los materiales, tarjetas y papelógrafos, fotografía y anotaciones. b) Se trabajará usando un código para garantizar que la participación sea anónima (asignar número o pseudónimo). c) El informe que redactaremos al final no señalará nombres. d) Observadores: Se piden dos voluntarios que, además de participar en el taller, hagan la labor de observadores. Los observadores estarán atentos al desarrollo de las actividades, a las necesidades del grupo y las comunicarán al final del día (o en las pausas) a los facilitadores. Presentación del objetivo y agenda del día - Se explica el trabajo a realizar el primer día.
2. DINÁMICA DE PRESENTACIÓN	
Romper el hielo Iniciar una reflexión desde el yo hacia los temas que trabajaremos	Explicación - Cada participante dice su nombre, edad (o como quiere que lo llamen) e indica: el momento más significativo de mi vida fue___________ y sucedió cuando yo tenía _____ años. - Los facilitadores lo modelan y luego ceden la palabra a los participantes. - Es importante que sea muy breve y que aluda a distintas dimensiones de la vida (como por ejemplo profesional, académica, laboral, físico).

ACTIVIDAD Objetivo	Dinámica propuesta
	o Por ejemplo: Mi nombre es: Nani el momento más significativo de mi vida fue: cuando nació mi hijo Valentín y sucedió cuando yo tenía 35 años. Cierre **Se realza la naturaleza del tipo de cosas/eventos que decidimos recordar.** - El tipo de eventos que hemos identificado como importantes tienen una razón de ser para cada uno. - La memoria almacena aquello que nos es significativo por algún motivo: porque produjeron un cambio, porque fueron muy intensos (positiva o negativamente). - Ese tipo de recuerdos que escogemos suelen tener una carga emocional muy intensa. **Nuestra narrativa/historia personal puede escribirse a partir de eventos clave** - Tener una narrativa de nosotros mismos es un proceso en permanente construcción. - Si bien quizás nadie podría rápidamente enunciar todos los eventos con orden y secuencia lógica que definen su vida, es poco probable también que no tengamos una serie de eventos clave en torno a los cuales construir una narrativa personal. - Aquellos eventos más fijos en nuestra memoria como significativos suelen ser aquellos en torno a los cuales construimos nuestra narrativa o historia personal. **La necesidad de una narrativa personal** - Tener una narrativa sobre nosotros mismos es una necesidad. - Esta está permanentemente redefiniéndose a partir de nuevas experiencias y cambios que experimentamos y es así siempre: relativa y cambiante. - Sin embargo, el tenerla nos permite tener seguridad emocional, equilibrio, sentido de identidad, de mismidad, de continuidad con nosotros mismos.

<table>
<tr><th>ACTIVIDAD
Objetivo</th><th>Dinámica propuesta</th></tr>
<tr><td></td><td>Narrativas personales/ biografía e historia colectiva
- Nuestra narrativa personal, nuestra historia personal no está desconectada de la historia colectiva.
- Somos hijos de nuestro tiempo y también producto de sus influencias.
- La historia colectiva además puede leerse a partir de biografías o narrativas personales.
Conexión con la actividad que sigue:
- Así como construimos una narrativa de nosotros mismos a partir de ciertos eventos clave, con la historia colectiva sucede algo parecido.
- Construimos una narrativa de sucesos o una historia de ciertos eventos partir de eventos clave
- Esta narrativa de un fenómeno —como el CAI— está también en redefinición y transformación y constituye también una necesidad.
- En lo que sigue intentaremos desarrollar una actividad que conecte narrativas de historia personal y colectiva.</td></tr>
<tr><td colspan="2">3. LÍNEA DE TIEMPO QUE CONECTE BIOGRAFÍA CON HISTORIA</td></tr>
<tr><td>Brindar un espacio de reflexión sobre las experiencias y memorias docentes en relación con el CAI</td><td><u>1) Trabajo individual: Línea de tiempo del CAI</u> (10')
- Se introduce la actividad indicando que haremos un trabajo que nos permita reflexionar sobre el tema conectando nuestra historia personal o biografía con la historia.
- Se enfatiza que aquello que escriban no será expuesto en grupo. Que ellos elegirán qué es lo que desean compartir y que nadie estará obligado a compartir si no quiere hacerlo.
- De acuerdo con las indicaciones en el PPT los participantes van llenando su formato junto con el facilitador.
- Los facilitadores, observadores y asistentes también realizan la actividad de modo que se fomente un clima de confianza, seguridad y compartir.</td></tr>
</table>

ACTIVIDAD Objetivo	Dinámica propuesta
	- Las indicaciones son: a) Sobre la misma línea colocar eventos y fechas de inicio y fin del CAI. b) Marcar su año de nacimiento en la línea c) En la parte superior: 3 recuerdos personales sobre el CAI (sobre cosas que te pasaron a ti o cerca de ti, pero los sientas tuyos. No importa si no recuerdas el año. No importa si el recuerdo es impreciso o borroso. d) En la parte inferior de la línea 3 eventos claves o hitos del CAI que: recuerdes, hayas oído o aprendido (aparte del inicio y fin de la misma). No importa si no recuerdas el año. No importa si es impreciso o borroso. e) Debajo de la línea anota a la izquierda los actores de la guerra y a la derecha las causas de la guerra. f) Más arriba anota dos palabras, frases, términos, o ideas que te connote el CAI. Un "título" que resuma esta época. 2) En parejas: Compartir (lo que deseen) de sus líneas (20') - Los participantes comparten oralmente lo que deseen de sus líneas en parejas. - Se enfatiza que lo que está escrito es una excusa para conversar y que no tienen necesariamente que pasar por todas cosas que han anotado.
Validar y valorizar la experiencia y vivencias del docente durante el CAI haciéndolas visibles	3) Plenaria y cierre (30') - En plenaria se pasa por cada parte de la línea de tiempo y se piden voluntarios que compartan sus recuerdos sobre el CAI. - Si es que no hay voluntarios por cada sección, los facilitadores comparten. No se fuerza en forma alguna a los participantes a compartir. - Se van contrastando situaciones y experiencias.

<table>
<tr><th>ACTIVIDAD
Objetivo</th><th>Dinámica propuesta</th></tr>
<tr><td>Identificar la necesidad de brindar un espacio para la reflexión acerca del CAI</td><td>Se enfatizan los siguientes puntos:
Por qué recordamos lo que recordamos
- Lo que elegimos/nos permitimos/podemos recordar depende de la información que manejamos y de nuestra proximidad emocional.
- Depende también del entorno social (qué se permite recordar y qué no, formas de recordar, tradiciones culturales para recordar, momento histórico-temporal y espacial).
Nuestra memoria es también emocional, no se constituye solo a partir de hechos
- Por el contrario, tendemos a recordar aquello que fue impactante, o que hemos elaborado o que tuvo una significación emocional importante.
- Recordamos a partir de nuestra proximidad emocional con los fenómenos: se suele imprimir en nuestra memoria aquello que tiene una carga emocional significativa.
- Recordar activa emociones con las que no es necesariamente sencillo lidiar.
Qué significa no recordar algo
- No recordar algo no significa que no exista o que haya desaparecido.
- No recordar algo no implica que sea irrelevante, a veces es demasiado cercano e intenso.
- Cuanto menos hayamos verbalizado nuestros recuerdos más difícil será recuperarlos de nuestra memoria.
La memoria no es neutra
- Recordamos desde nuestros sesgos, historias personales, posiciones, valores.
- La información es almacenada en nuestra memoria desde nuestros puntos de vista y valores y al recuperarla lo hacemos también desde quiénes somos y dónde estamos.</td></tr>
</table>

ACTIVIDAD Objetivo	Dinámica propuesta
	La memoria es un mecanismo reconstructivo para dar sentido a los eventos - La memoria se parece más a un mecanismo de reconstrucción que a un almacén o a un disco duro de computadora. - Es un mecanismo que nos permite completar la información que no tenemos, reconstruir, completar sentidos (a partir de quiénes somos). - De este modo, nuestras memorias no son nunca una copia de la realidad, son más bien un esfuerzo por construir sentido acerca de la realidad. **Relación entre biografía e historia** - Nuestra historia personal puede leerse a partir de sus interacciones con la historia colectiva. - Wright Mills: La imaginación sociológica: Es la cualidad mental que permite conectar los eventos de nuestra biografía con los de la historia global y hacer conexiones lúcidas entre ambos. - Solemos tener activado este mecanismo o Mi desempleo tiene una dimensión totalmente biográfica y personal. Tiene que ver con mis experiencias, recursos, posibilidades. Pero también puedo entender mejor mi situación de desempleo a la luz de las tasas de desempleo existentes en el país en que vivo, a partir de cambios en el sistema económico, etc. o Mi divorcio tiene una dimensión totalmente biográfica y personal. Tiene que ver con mis elecciones, decisiones, etc. Pero en un contexto de cambios en las relaciones de pareja, ajustes en dinámicas de género en el que el 60% de matrimonios fracasan, puedo entender parte de lo que me sucede a mí a partir de lo que sucede en la historia del tiempo en que vivo.

ACTIVIDAD **Objetivo**	**Dinámica propuesta**
Discutir en la formación docente cuál es el rol de las memorias y experiencias docentes en el tratamiento de eventos de historia reciente	- Pero en contextos en que lo vivido biográficamente es muy intenso (una situación de violencia extrema, de estrés permanente, una situación de pobreza destructiva, una situación de trauma) y cuando la historia colectiva no está tampoco clara (una guerra por ejemplo) es más difícil activar ese mecanismo o Podemos tender a generalizar nuestra historia pensando que a todos les pasó lo mismo que a mí o O a particularizarla al extremo, pensando que a nadie le pasó lo mismo que a mí o O construir nuestra biografía como la historia generalizada de los eventos: lo que me pasó a mí es la realidad de todos o Suele ser más difícil articular nuestra biografía con la historia porque duele mucho recordar nuestra biografía, porque es muy confusa, porque no la tenemos clara y lo mismo la historia, porque no está del todo definida, negociada, identificada. - **¿Qué tan importante es establecer esta relación entre biografía e historia?** o Para qué nos sirve, qué ganamos al hacerlo o perdemos al no hacerlo Como parte del cierre (si no ha salido) se plantea la discusión del rol de las memorias y experiencias docentes en el tratamiento de eventos de historia reciente - ¿Cómo situarnos respecto del CAI al tratar el tema en el aula? - Vemos que todos tenemos vivencias asociadas al CAI ¿las traemos al aula? o ¿Las traemos al aula? ¿las compartimos? ¿partimos de ellas para enseñar? o ¿qué ventajas/desventajas trae el hacerlo? o ¿cómo nos sentimos de hacerlo? ¿de no hacerlo?

ACTIVIDAD Objetivo	Dinámica propuesta
	- Nuestras experiencias enmarcan nuestra mirada de los eventos históricos que vivimos, mucho más si son muy intensas. o De ese modo están (queramos o no) influyendo en nuestra mirada de la realidad. o Por eso es importante contextualizar nuestras vivencias, para entender mejor nuestros puntos de partida, sesgos, etc. - Toda nueva información que aprendemos se engancha con lo que sabemos (con nuestros saberes previos) esos saberes incluyen nuestras experiencias, lo que aprendimos de ellas o De este modo, identificar lo que vivimos en el CAI es fundamental para seguir elaborando, aprendiendo y enseñando el tema - Compartir nuestras vivencias en el aula es una decisión completamente personal o Nadie puede obligarnos a hacerlo ni impedir que lo hagamos
4. ELABORACIÓN DE LÍNEA DE TIEMPO A PARTIR DE LOS SABERES PREVIOS DE LOS DOCENTES	
Elaborar una narrativa conjunta sobre los eventos del CAI que identifique hitos locales y nacionales a partir de los saberes previos de los docentes	1) Introducción (5') - Se introduce la actividad indicando que ahora elaboraremos una línea de tiempo conjunta a partir de lo que recordamos y sabemos sobre el CAI. 2) Trabajo en grupos: Identificación de hitos locales y nacionales (25') - En grupos de trabajo se les entrega a tarjetas de 4 colores diferentes - Se les pide que identifiquen y seleccionen: a) 5 eventos locales del CAI y que los anoten en las tarjetas de un color b) 5 eventos nacionales del CAI y que los anoten en tarjetas de otro color c) Año/evento de Inicio d) Año/fin de Fin

ACTIVIDAD Objetivo	Dinámica propuesta
	- Se recalca que de necesitar más tarjetas pueden solicitarlas. La idea no es limitar la identificación de eventos solo a 5 de cada tipo sino poder manejar el tiempo. Si un grupo realmente necesita incluir una o dos más puede hacerlo. - Se recalca la importancia de identificar aquellos eventos que cada grupo considere importantes, independientemente de si otro grupo también los menciona. 3) Añadir voluntariamente eventos personales (10') - Se les entregan tarjetas de un tercer color y se los invita a incluir en ellas eventos personales (ya sea que los incluyeron en su línea de tiempo de la actividad anterior o que recién se les vienen a la mente). - Se explica que estas tarjetas sí serán compartidas. - Se recalca que esta parte es voluntaria. No tienen que incluir eventos personales si no lo desean. 4) Pegar eventos locales, nacionales y personales en la línea de tiempo conjunta (10') - Se pega en la pizarra/pared una larga línea de tiempo que incluya solo los años de 1980 al infinito (no marcar fecha de fin). - Se invita a los grupos a colocar sus eventos en la línea de tiempo en el año en el que aproximadamente creen que sucedió de la siguiente manera: a) A la izquierda el inicio b) A la derecha el fin c) Abajo los eventos nacionales d) Arriba los eventos locales e) Más arriba los eventos personales - Se indica que de aparecer un evento repetido se coloque uno debajo del otro.

ACTIVIDAD Objetivo	Dinámica propuesta
	5) Discusión y análisis de la línea de tiempo construida (40') - Se pide a los docentes que circulen por el espacio y observen la línea de tiempo que hemos construido identificando o Qué eventos aparecen mencionados o Cuáles son recurrentes o Qué creen que falta 6) Cierre: Se anticipa a los docentes que al día siguiente se intervendrá la línea.

DÍA 2

ACTIVIDAD Objetivo	Dinámica propuesta
PRESENTACION	
Presentación del objetivo y agenda del día	- Se explica el trabajo a realizar el segundo día
5. COMPLETAR LA LÍNEA DEL TIEMPO CON SABERES PREVIOS A PARTIR DE VACÍOS IDENTIFICADOS.	
Elaborar una narrativa conjunta sobre los eventos del CAI que identifique hitos, actores y causas en el marco de DD. HH. y una educación democrática.	1) Introducción al día 2: - Se retoma la línea del tiempo trabajada el día anterior. **a) Qué hay y qué falta** - Se analiza con los docentes cuales son los eventos mencionados. - ¿Qué eventos aparecen y cuáles no aparecen? - ¿Cuáles son recurrentes? **b) Qué grado de acuerdo/desacuerdo hay respecto a estos eventos: algo que modificar o que añadir (negociación de los eventos del CAI)**

ACTIVIDAD Objetivo	Dinámica propuesta

	- Se analiza qué tanto acuerdo/desacuerdo hay con respecto a los eventos que aparecen en la línea mediante las siguientes preguntas:
	  - Si tuviéramos que acordar o concordar una serie de eventos que nos identifiquen o representen respecto del CAI: ¿cambiarían o añadirían algo a ésta línea? ¿qué? ¿por qué?
	- Se va discutiendo la potencial eliminación de algunos eventos o aquellos eventos que desean añadir
	c) Actores más y menos representados en los eventos
	- Se les pide que recuerden los actores del CAI que identificaron en su línea de tiempo personal.
	- Se promueve una reflexión sobre los actores más y menos representados mediante las siguientes preguntas:
	  - ¿qué actor o actores de los que identificaron se encuentran más representados en los eventos señalados?
	  - ¿qué actor o actores se encuentran menos representados en los eventos que señalan?
	  - ¿qué actores no aparecen representados?
	  - ¿qué actores aparecen más/menos representados en los eventos nacionales, locales, personales? ¿por qué creen que ello sucede?
	- Se ofrece la posibilidad de ir añadiendo eventos que representen a actores que están poco o no representados.
	d) Lo local y lo nacional
	- Se promueve una reflexión sobre la diferencia y naturaleza de los eventos locales y nacionales planteando las siguientes preguntas:
	  - ¿Qué eventos fueron más fáciles de identificar: los locales o los nacionales?
	  - ¿Hubo algún evento que no supieran cómo clasificar? (como local o nacional) ¿por qué creen que sucedió eso?

ACTIVIDAD Objetivo	Dinámica propuesta
	- ¿Qué distingue lo local de lo nacional? - ¿Qué hace que ciertos eventos sean considerados como emblemáticos o hitos y otros no?
6. COMPLETAR LA LÍNEA DE TIEMPO CON ELEMENTOS QUE LLEVEN A LA VALORACIÓN DE LO OCURRIDO, MOVILIZANDO TODOS LOS RECURSOS USADOS (PERSONALES, OTRAS FUENTES).	
Elaborar una narrativa conjunta sobre los eventos del CAI que identifique hitos, actores y causas en el marco de DD. HH. y una educación democrática. Promover una reflexión sobre el rol de la memoria y la conmemoración en esta historia que se vincule con la idea de pasado en el presente, dignificación y ciudadanía. Promover una reflexión sobre las continuidades que explican el CAI y que nos movilizan en el presente	a) Completar la línea de tiempo con hitos activadores (30') - Al finalizar el día 1 observamos que cosas (hechos o procesos) no han sido colocados en la línea por los participantes. - Luego de evaluar decidimos qué "hitos" nuestros colocar en la línea para generar una discusión. - Estos serán: a) controversiales, b) "mínimos", c) sobre memoria. - Que sean "mínimos" por su carácter emblemático o por dar marcos temporales. Ejemplo emblemático: Lucanamarca, Tarata, Accomarca, ME Moyano. Ejemplo marcos temporales: autogolpe, Comandos Chavín de Huantar, Juicio a Fujimori. - Que sean controversiales por su densidad. Ejemplo: Uchuraccay, Penales, Rescate de la Embajada de Japón. - Los de memoria aluden a procesos de memoria o memorialización, que amplían el horizonte de lo que es recordable y por qué lo es. Pueden ser: las comisiones del Senado, la CVR, la CMAN, Yuyanapak, el Ojo que Llora, el Museo de Anfasep, el cementerio de Putis, el Lugar de la Memoria de Lima, etc. Tomar en cuenta que estos hitos pueden ser diferentes en Lima y en Ayacucho (en Ayacucho puede decirles más "La Hoyada" que "Yuyanapaq", por ejemplo). - Se van colocando los hitos organizados por grupos, por ejemplo: a) eventos del PCP-SL, b) eventos post 1992, c) eventos relacionados al MRTA, d) eventos vinculados a la CVR y memorialización

ACTIVIDAD **Objetivo**	**Dinámica propuesta**

	- Los hitos no se identifican como a) controversiales, b) "mínimos", c) sobre memoria, dicha información la manejan los facilitadores.
	- Se dialoga con los participantes a partir de las siguientes preguntas:
	  o ¿Por qué creen que no aparecieron este tipo de eventos?,
	  o ¿Les parece que faltan otras cosas?
	• **Deben tomar en cuenta los facilitadores:**
	  o Acá debe irse pensando en por qué algunos hechos son más difíciles de recordar, o pasan al silencio, o son controvertidos, o tienen varias versiones. Señalar que el recuerdo y el olvido tienen sentido. Pero que la Verdad se construye socialmente, sobre bases éticas. Porque en el caso de violaciones de derechos humanos está ligada a la justicia.
	  o El facilitador también debe tomar en cuenta al reflexionar que hay un entorno que no permite pensar temas controvertidos. No porque el profesor sea poco ético.
	  o Es obvio decirlo, pero es difícil de construir, por proximidad, por complejidad, porque nos afecta.

7. RETOS AL HABLAR DE ACTORES DEL CAI	
Valorar a la CVR como punto de partida para analizar el CAI Brindar un espacio para la discusión libre y crítica de Sendero Luminoso, su accionar y su ideología.	1) Ideas asociadas al Estado/PCP-SL/Magisterio/CVR - Utilizamos la línea para reflexionar sobre las dificultades que pueden tener los maestros para hablar de estos temas. - Se introduce la actividad indicando que se recogerán sus ideas sobre algunos actores del CAI - Se enfatiza que toda idea es válida y que no tiene por qué haber consenso (aunque tampoco tiene que haber discrepancia). - Se recalca que no es obligatorio hablar ni participar.

ACTIVIDAD Objetivo	Dinámica propuesta
Promover una reflexión respecto del rol de los maestros ante y durante el CAI	- Se van colocando uno a uno colocan 4 papelógrafos rotulados cada uno con uno de los siguientes actores: Colocamos 4 tarjetas más: Estado / PCP-SL / *Magisterio* / *Informe de la CVR* - ***Se les pide que*** digan todo lo que piensan y sienten respecto de cada uno de esos actores (uno a uno) - Se pregunta ¿cuál fue su rol en el CAI? - Los facilitadores van anotando las palabras que los participantes van señalando asociadas a estos sujetos. - Al finalizar cada actor se les pregunta: - ¿es difícil hablar de X (Estado/PCP-SL/Magisterio)? ¿por qué? ¿qué lo hace difícil? 2) Discusión respecto a la dificultad de hablar de cada uno de estos actores - Los facilitadores orientan la discusión sobre la dificultad de hablar de cada uno de estos sujetos. - Las ideas fuerza respecto a por qué es difícil hablar sobre cada uno de los actores son: a. Hablar del PCP- SL es difícil porque: - por haber sostenido una ideología que muchos maestros y otros actores gremiales comparten. - por la proximidad. - por el lenguaje clasista. - por el temor. - Pero se enfatiza nuestro punto de enunciación, que es el de conocer la verdad para que resulte en efectos morales para la sociedad. Esto implica no mitificar al PCP-SL, ni a su ideología sino contrastarlo con sus acciones y los costos hacia la población, los DD. HH. y las secuelas. - Si hay preguntas difíciles: las devolvemos a los participantes, preguntándoles.

ACTIVIDAD Objetivo	Dinámica propuesta
	o ¿qué opinan de esto, hay consenso? o Sin embargo, al final es válido que demos nuestra opinión, basada en el límite entre política y violencia. - Tener presente: la revisión de la ideología del PCP-SL no está alejada de su práctica. La violencia está ligada a su propia ideología. No es solo la ideología de la "igualdad" lo que los conformaba. Debemos recordar cuál es el rol de la violencia dentro de esta búsqueda de la justicia. b. Hablar del Estado es difícil porque: - No se esconde sino se enfatiza la dificultad de hablar del Estado con apego, cuando hay una historia de ciudadanía limitada, eternamente prometida. - Un tema clave es el de reconocer y hablar del Estado como violador de derechos humanos. - Hablar de la sensación de vigilancia. Pero se pone como contrapunto los procesos de construcción de institucionalidad. - Acá se enfatiza nuestro discurso de DD. HH., que no distingue entre violaciones de DD. HH. de ningún autor. c. Hablar del Magisterio es difícil porque: - Por su relación con la violencia. - Hacer explícita esta dificultad. - Si no sale nada, podemos proponer la discusión recurriendo a motivadores como: o "en otros colegio hemos visto que los maestros tienen problemas por esto XXX, qué piensan". o El sector educativo fue espacio de crecimiento del PCP-SL ¿ustedes hablarían de eso, que piensan de eso?

<table>
<tr><th>ACTIVIDAD
Objetivo</th><th>Dinámica propuesta</th></tr>
<tr><td></td><td>c. Hablar del <u>Informe de la CVR es difícil</u> porque.
- Abrir a pensar qué los aleja y qué los identifica, pero primero saber qué saben y qué piensan.
- Acá les mencionamos las principales conclusiones de la CVR, para contrarrestar posibles “mitos”, no en un afán de defensa irrestricta, sino como parte de un ejercicio crítico serio.</td></tr>
<tr><td colspan="2">8. QUÉ NOS FALTA PARA TRABAJAR Y PARA QUÉ HACERLO</td></tr>
<tr><td>Promover una reflexión sobre el rol de la memoria y la conmemoración en esta historia que se vincule con la idea de pasado en el presente, dignificación y ciudadanía.</td><td>1) <u>Exposición de lugares de memoria y ejemplos de tratamiento del CAI en la escuela</u> (10’)
- Se introduce la actividad indicando que veremos unas imágenes de lugares de memoria en el Perú así como de materiales y ejemplos de lo que otros profesores trabajan sobre el CAI.
- Se traen a recuerdo los “hitos de memoria”. colocados en la línea en el bloque 1.
- Se presentan las imágenes.
2) Cierre de lugares de memoria (5’)
- Reflexión: ¿Por qué la gente hace lugares de este tipo?
- Se vuelve sobre la idea de que la historia de la violencia política tiene como correlato una necesidad de dignificación, de conmemorar para reconocer, de hacer memoria para pensar en nuestras responsabilidades en el presente.
- Se destaca el rol del docente como agente constructor de memoria.</td></tr>
<tr><td colspan="2">9. CIERRE DEL TALLER</td></tr>
<tr><td>Al finalizar el taller los docentes evaluarán la necesidad de contar con espacios que les permitan contextualizar</td><td>- Recordar activa emociones que a veces son difíciles de procesar.
- Todo lo que hemos vivido nos acompaña en el aula al momento de tratar el tema del CAI.
- No tenemos que compartir nuestras vivencias, es completamente opcional, pero así no lo hagamos, están presentes.</td></tr>
</table>

ACTIVIDAD Objetivo	Dinámica propuesta
su experiencia docente, analizarla críticamente y contrastar sus vivencias personales y locales con una historia nacional	- Recordar ayuda a reconstruir, y al hacerlo, valorizar lo vivido por más difícil que haya sido y a generar empatía. - Ahora que ya sabemos quiénes somos y lo que hemos vivido usémonos unos a otros como un recurso para seguir compartiendo. - ¿Creen que son necesarios espacios como el que hemos tenido para hablar del tema? ¿por qué?
10. ENCUESTA DE EVALUACIÓN DEL TALLER POR LOS DOCENTES	
Recoger opiniones de los docentes sobre el diseño, objetivos y actividades realizadas en el taller.	- Se entregan las encuestas y se da 15 minutos a los profesores para completarlas.

Bibliografía

Acevedo, Jorge

2002 *Prensa y violencia política (1980-1995). Aproximación a las visiones de los Derechos Humanos en el Perú*. Lima: Asociación de Comunicadores Sociales Calandria.

Adorno, Theodor

1962 *Prismas*. Barcelona: Ariel.

Agüero, José Carlos

2015 *Los rendidos. Sobre el don de perdonar*. Lima: Instituto de Estudios Peruanos.

Almond, Gabriel y Sidney Verba

1970 *La cultura cívica. Estudio sobre la participación política democrática política en cinco naciones*. Madrid: Euramérica.

Amery, Jean

2001 *Más allá de la expiación y la culpa. Tentativas de superación de una víctima de la violencia*. Valencia: Pretextos.

Ames, Patricia y Francesca Uccelli

2008 "Formando futuros maestros: observando las aulas de institutos superiores pedagógicos públicos". En Martin Benavides (ed.). *Análisis de programas, procesos y resultados educativos en el Perú: contribuciones empíricas ara el debate*. Lima: Grade.

ANDERSON, John
2005 *Cognitive Psychology and Its Implications* (6.ª ed.). Nueva York: Worth.

APPLE, Michael y James BEANE
1995 *Democratic Schools. Virginia: Association for Supervision and Curriculum.*

ARCE BORJA, Luis
2009 *Memoria de una guerra 1980- 2000*. Ginebra: Autor.

ARÓSTEGUI, Julio
1989 "La historia reciente o el acceso a las realidades históricas actuales". En Julio Rodríguez (ed.). *Enseñar Historia. Nuevas propuestas*. Barcelona: Laia.

AUSUBEL, David
1976 *Psicología educativa. Un punto de vista cognoscitivo*. México D. F.: Trillas.

BARRANTES, Rafael, Jesús PEÑA y Diego LUNA
2008 "Políticas educativas de formación ciudadana en Huamanga y Abancay". *Memoria. Revista sobre Cultura, Democracia y Derechos Humanos*, n.° 4: 19-29.

BAXTER, Pamela y Vick IKOBWA
2005 "Educación para la paz: ¿por qué y cómo?". *Migraciones Forzadas*, n.° 22: 27-28.

BEBERLY, John
1996 "The Real Thing (Our Rigoberta), John Beverly". *Modern Language Quarterly*, vol. 57, n.° 2: 129-139. Disponible en <https://andoenpando.wordpress.com/2014/08/26/the-real-thing-our-rigoberta-john-beverly-1996/> (última consulta: 13/11/15).

2012 "En diálogo con 'Me llamo Rigoberta Menchú y así me nació la conciencia', de Elizabeth Burgos (con Rigoberta Menchú)". *Revista Nueva Sociedad*, n.° 238. Disponible en: <http://

nuso.org/media/articles/downloads/3836_1.pdf> (última consulta: 13/11/15).

BÉJAR, Héctor
2015 *Retorno a la guerrilla*. Lima: Achebé Ediciones.

BERGER, Arthur Asa
1990 *Agitpop*. New Brunswick: Transaction Publishers.

BEST, John
2002 *Psicología cognoscitiva* (5.ª ed). México D. F.: Thompson.

BIONDI, Juan J. y Eduardo ZAPATA
1990 *El discurso de Sendero Luminoso: contratexto educativo*. Lima: Concytec.

BRANSFORD, John, Ann BROWN y Rodney COCKING (eds.)
2000 *How People Learn: Brain, Mind, Experience, and School*. Washington: National Academy Press.

BREGAGLIO, Renata
s. f. "¿Terrorismo o conflicto armado?". Opinión Idehpucp. Disponible en: <http://idehpucp.pucp.edu.pe/comunicaciones/opinion/terrorismo-o-conflicto-armado/> (última consulta: 15/05/16).

BRUNER, Jerome
1990 *Actos de significado. Más allá de la revolución cognitiva*. Madrid: Alianza Editorial.

2008 "Culture and Mind: Their Fruitful Incommensurability". *Ethos*, vol. 36, n.° 1: 29-45.

BUCKLAND, Peter
2005 *Reshaping the Future: Education and Post-Conflict Reconstruction*. Washington: Banco Mundial.

BURKE, Peter
2000 *Formas de historia cultural*. Madrid: Alianza Editorial.

Burt, Jo Marie
2009 *Violencia y autoritarismo en el Perú: bajo la sombra de Sendero y la dictadura de Fujimori*. Lima: Instituto de Estudios Peruanos, Asociación Servicios Educativos Rurales.

Caro, Ricardo
2012 "Comunidad, gremio y liderazgo campesino en los orígenes de Sendero Luminoso en Huancavelica". Artículo presentado al seminario del Grupo Memoria, parte de una investigación mayor y tesis en curso (mimeo).

Carretero, Mario, Alberto Rosa y María Fernanda Gonzales (comps.)
2006 *Enseñanza de la historia y memoria colectiva*. Buenos Aires: Paidós.

Castañeda, Sandra
2004 *Educación, aprendizaje y cognición: teoría en la práctica*. Ciudad de México: Manual Moderno.

Céspedes, Nélida, Mario Zenitayoga y Miguel Figueroa (eds.)
2011 *Educación y conflicto armado ¡Nunca más!* Ayacucho: Red por la Calidad Educativa.

Chiroque, Sigfredo
2012 Blog Educación y Esperanza. Disponible en: <http://schiroque.blogspot.pe/2012/09/huelga-magisterial-2012-algunos-puntos.html> (última consulta: 08/08/14).

Cisneros, Renato
2015 *La distancia que nos separa*. Lima: Planeta.

Clarizio, Harvey. F., William A. Mehrens y Walter G. Hapkiewicz
1994 *Contemporary Issues in Educational Psychology* (6.a ed.). Nueva York: McGraw-Hill.

Cole, Elusabeth y Judy Barsalou
2006 *Unite or Divide? The Challenges of Teaching History in Societies Emerging from violent conflict*. Washington: Institute of Peace Special report. Disponible en: <http://www.usip.org/

publications/unite-or-divide-the-challenges-teaching-history-in-societies-emerging-violent-conflict> (última consulta: 03/03/17).

Comisión de Alto Nivel para la Implementación de las Recomendaciones de la Comisión de la Verdad y Reconciliación (CMAN)
s. f. *Becas Repared.* Disponible en: <http://c man.minjus.gob.pe/index.php/noticias/209-convocatoria-de-becas-repared-2-015.html> (última consulta: 16/07/16).

Comisión de la Verdad y Reconciliación - CVR
2003 *Informe final.* t. III, VIII, IX. Versión web. Lima: CVR. Disponible en: <www.cverdad.org.pe/ifinal> (última consulta: 08/02/17).

Comisión Permanente de Historia del Ejército del Perú
2012 *En Honor a la verdad.* Lima: CPHE.

Comité Internacional de la Cruz Roja (CICR)
2008 "¿Cuál es la definición de 'conflicto armado' según el derecho internacional humanitario?". Disponible en: <https://www.icrc.org/spa/assets/files/other/opinion-paper-armed-conflict-es.pdf> (última consulta: 08/02/17).

Cuenca, Ricardo
2014 *Pensamiento educativo peruano.* Tomo 15. *Cambios, continuidades y búsquedas de consensos 1980-2011.* Lima: Derrama Magisterial.

Debattista, Susana
2004 "Los caminos del recuerdo y el olvido: la escuela media Neuquina, 1984-1988". En Elizabeth Jelin y Federico Lorenz (comps.). *Educación y memoria. La escuela elabora el pasado.* Madrid: Siglo XXI de España.

Decreto Ley N.° 25475
1992 Establecen la penalidad para los delitos de terrorismo y los procedimientos para la investigación, la instrucción y el juicio.

DEGREGORI, Carlos Iván
1990 "La revolución de los manuales. La expansión del marxismo leninismo en las ciencias sociales y la génesis de Sendero Luminoso". *Revista Peruana de Ciencias Sociales*, n.° 3: 103-124.

1992 *Las rondas campesinas y la derrota de Sendero Luminoso*. Lima: Instituto de Estudios Peruanos, Universidad Nacional San Cristóbal de Huamanga.

2009 "Espacios de memoria, batallas por la memoria". *Revista Argumentos*, n.° 4. Disponible en: <http://revistaargumentos.iep.org.pe/articulos/espacios-de-memoria-batallas-por-la-memoria/ ISSN 2076-7722> (última consulta: 08/02/17).

2011 *Qué difícil es ser Dios. El Partido Comunista del Perú-Sendero Luminoso y el conflicto armado interno en el Perú: 1980-1999*. Lima: Instituto de Estudios Peruanos.

2015 *Obras escogidas. Volumen 10. Jamás tan cerca arremetió lo lejos. Sendero Luminoso y la violencia política*. Lima: Instituto de Estudios Peruanos.

DEGREGORI, Carlos Iván, Tamia PORTUGAL, Gabriel SALAZAR y Renzo ARONI
2015 *No hay mañana sin ayer. Batallas por la memoria y consolidación democrática en el Perú*. Lima: Instituto de Estudios Peruanos.

DE MAN, Paul
1979 "Autobiography as De-facemente". *MLN Comparative Literature*, vol. 94, n.° 5: 919-930.

DEL PINO, Ponciano y José Carlos AGÜERO
2015 *Cada uno un lugar de memoria. Fundamentos conceptuales del Lugar de la Memoria, la Tolerancia y la Inclusión Social*. Lima: Lugar de la Memoria, la Tolerancia y la Inclusión Social.

DENEGRI, Francesca y Alexandra HIBETT (ed.)
2016 *Dando cuenta. Estudios sobre el testimonio de la violencia política en el Perú (1980- 2000)*. Lima: Pontificia Universidad Católica del Perú.

Derrida, Jacques
1985 *The Ear of the Other*. Nueva York: Schocken.

Díaz, Diego, Samanta Salvatori, María Elena Saraví, Macarena Ordenavía, Sandra Raggio
2011 *Las nuevas generaciones en las políticas dela memoria. Reflexiones a diez años del programa Jóvenes y Memoria. Recordamos para el futuro*. Buenos Aires: Comisión Provincial por la Memoria.

Duffy, Thomas M y David H. Jonassen
1991 "Constructivism: New Implications for Instructional Technology?". *Journal Educational Technology*, vol. 31, n.° 4: 7-12.

Dussel, Inés
2001 "La transmisión de la historia reciente. Reflexiones pedagógicas sobre el arte de la memoria". En Sergio J. Guelerman (comp). *Memorias en presente. Identidad y transmisión en la Argentina posgenocidio*. Buenos Aires: Norma.

Dussel, Inés y Ana Pereyra
2006 "Notas sobre la transmisión escolar del pasado reciente de la Argentina". En Mario Carretero, Alberto Rosa y María Fernanda Gonzáles (comps.). *Enseñanza de la historia y memoria colectiva*. Buenos Aires: Paidos.

Ediciones SM
2012 *Formación ciudadana y cívica, 5° de secundaria*. Lima: SM.

Editorial Santillana
2012 *Historia, geografía y economía, 5° de secundaria*. Lima: Santillana.

Educación en Red
2012 "Editorial Bruño pide disculpas por participación de excondenado por terrorismo en edición de libro". Disponible en: <http://www.educacionenred.pe/noticia/?portada=16937 (última consulta: 08/02/17).

Filipov, Filip
2006 *Post-Conflict Peacebuilding: Strategies and Lessons from Bosnia and Herzegovina, El Salvador and Sierra Leone. Some Thoughts from the Rights to Education and Health*. Santiago de Chile: ONU.

Fischer, Kurt y Mary Helen Immordino-Yang
2002 *Cognitive Development and Education: From Dynamic General Structure to Specific Learning and Teaching. Traditions of Scholarship in Education*. Chicago: Spencer Foundation.

Gálvez Olaechea, Alberto
2009 *Desde el país de las sombras*. Lima: Sur.

2015 *Con la palabra desarmada. Ensayos sobre el (pos)conflicto*. Lima: Fauno.

Gavilán, Lurgio
2012 *Memorias de un soldado desconocido. Autobiografía y antropología de la violencia*. Lima: Instituto de Estudios Peruanos.

Ginzburg, Carlo
2000 *Ojazos de madera. Nueve reflexiones sobre la distancia*. Barcelona: Península.

González, Paula
2012 "Saberes y prácticas docentes en historia: usos y lecturas del nunca más". *Revista Escuela de Historia*, vol. 10, n.° 2.

Gonzales, Victoria
2009 "Las palabras en la guerra". *Revista Comunicación y Ciudadanía*, n.° 1.

Gorriti, Gustavo
1990 *Sendero: historia de la guerra milenaria en el Perú*. Lima: Apoyo.

Grupo Editorial Norma
2005 *Enfoques 5* (2.ª ed.). Lima: Norma.

Guerrero, Victoria
2006 "El cuerpo muerto y el fetiche en Sendero Luminoso: el caso de Edith Lagos". Ciberayllu.

Guzmán, Abimael y Elena Yparraguirre
2014 *Memorias desde el némesis*. Lima. Manoalzada.

Halbwachs, Maurice
2004 *La memoria colectiva*. Zaragoza: Prensas Universitarias.

Hayner, Priscilla
2009 *El reto de las comisiones de la verdad*. España: Fondo de Cultura Económica de España.

Hedges, Chris
2002 *La guerra es la fuerza que nos da sentido*. Madrid: Síntesis.

Hirsch, Marianne
1997 *Family Frames: Photography, Narrative, and Postmemory*. Cambridge, Londres: Harvard University Press.

Huamán, Maritza y Feliciano Carbajal
2013 *Familia, educación y transmisión intergeneracional de memorias del conflicto armado*. Lima: Grupo Memoria. Mimeo.

Inhelder, Bärbel y Jean Piaget
1958 *The Growth of Logical Thinking from Childhood to Adolescence. Chapter 3: Flexibility and Operations Mediating the Separation of Variables*. Londres: Routledge and Kegan Paul.

Jara, Umberto
2003 *Ojo por ojo. La verdadera historia del Grupo Colina*. Lima: Norma.

Jave, Iris
2015 *Memoria de la violencia en la escuela. Una propuesta pedagógica para el trabajo en el aula. Institución Educativa Aldea del Niño Beato Junípero Serra*. Lima: Idehpucp.

JELIN, Elizabeth

2001 *Los trabajos de la memoria*. España: Siglo XXI Editores.

2013 "Memoria y democracia. Una relación incierta". *Política. Revista de Ciencia Política* vol. 51, n.° 2: 129-144.

JELIN, Elizabeth y Federico LORENZ (eds.)

2004 *Educación y memoria. La escuela elabora el pasado*. Madrid: Siglo XXI de España Editores.

JENLINK, Patrick y Karen EMBRY-JENLINK

2008 "Creating Democratic Learning Communities: Transformative Work as Spatial Practice". *Theory into Practice*, n.° 47: 311-317.

JIMÉNEZ DATO, Ana, Víctor DE CURREA-LUGO y Vera GRABE LOEWENHERZ

2008 *Educación en emergencia*. Madrid: Instituto de Estudios sobre Conflictos y Acción Humanitaria.

KRKLECK, Frank

2015 "En memoria del General EP (f) Clemente Noel Moral-Héroe del Perú". Disponible en: <http://www.blogcyh.com/2015/11/en-memoria-del-general-ep-f-clemente.html> (última consulta: 16/07/16).

LACAPRA, Dominick

2009 *Historia y memoria después de Auschwitz*. Buenos Aires: Prometeo Libros.

LAVE, Jane y Etienne WENGER

1991 *Situated Learning: Legitimate Peripheral Participation*. Cambridge: Cambridge University Press.

LEACH, Fiona y Máiréad DUNNE (eds.)

2007 *Education, Conflict and Reconciliation*. International Perspectives. Berlín: Peter Lang.

LEPENIES, Wolf

2008 *La seducción de la cultura en la historia alemana*. Madrid: Akal.

Levi, Primo
2016 *Trilogía de Auschwitz*. Bogotá: Planeta.

Ley n.° 28592
Plan Integral de Reparaciones.

Longoni, Ana
2007 *Traiciones. La figura del traidor en los relatos acerca de los sobrevivientes de la represión*. Buenos Aires: Norma.

Lorenz, Federico
2006 "El pasado reciente en la Argentina: las difíciles relaciones entre transmisión, educación y memoria". En Mario Carretero, Alberto Rosa y María Fernanda Gonzáles (comps.). *Enseñanza de la historia y memoria colectiva*. Buenos Aires: Paidos.

MacGregor, Felipe, Marcial Rubio y Rudecindo Vega
1990 *Marco teórico y conclusiones de la investigación sobre violencia estructural*. Lima: APEP.

Macher, Sofía
2014 *¿Hemos avanzado? A 10 años de las recomendaciones de la Comisión de la Verdad y Reconciliación*. Lima: Instituto de Estudios Peruanos.

Manzi, Jorge
2006 "La memoria colectiva del golpe de estado en Chile". En Mario Carretero, Alberto Rosa y María Fernanda Gonzáles (comps.). *Enseñanza de la historia y memoria colectiva*. Buenos Aires: Paidos.

Malek, Pablo
2016 *Enfoques, discursos y memorias. Producción documental sobre el conflicto armado interno en el Perú*. Lima: Gato Viejo.

Martínez, Rosendo, María Sánchez Agustí, David Aceituno Silva, Carlos Muñoz Labraña
2013 "La memoria transicional en los profesores de Historia de España y Chile". En Joan Pagès y Blanch Antoni Santisteban (ed.). *Una mirada al pasado y un proyecto de futuro.*

Investigación e innovación en didáctica de las ciencias sociales. Volumen 2. Barcelona: Asociación Universitaria de Profesorado de Didáctica de las Ciencias Sociales.

McMillan, James y Sally Schumacher
2005 *Investigación educativa. Una introducción conceptual* (5.ª ed.). Madrid: Pearson Addison Wesley.

Medios por la Paz
2005 *Para desarmar la palabra. Diccionario de términos del conflicto y la paz*. Bogotá: Corporación Medios por la Paz.

Mills, Wright
1961 *La imaginación sociológica*. México D. F.: Fondo de Cultura Económica.

Ministerio de educación del Perú (Minedu)
2009 *Diseño Curricular Nacional de Educación Básica Regular*. Lima: Minedu.

Mitrovic, Mijail
2012a "El retorno de la ideología". *Quehacer*, n.° 187.

2012b "Se busca un chino". *Quehacer*, n.° 188.

Morris, Marla
2001 *Curriculum and the Holocaust. Competing Sites of Memory and Representation*. Londres: Lawrence Erlabaum Associates Publishers.

Noel Moral, Roberto Clemente
1989 *Ayacucho. Testimonio de un soldado*. Lima: Publinor.

Oliart, Patricia
1996 "¿Amigos de los niños?: cultura académica en la formación del docente de primaria". Informe final del diagnóstico elaborado a solicitud del Ministerio de Educación y la GTZ, t. IV. Lima: Grade (mimeo). Disponible en: <http://www.grade.org.pe/download/pubs/PMA-Formacion%20Magisterial-4.pdf> (última consulta: 08/02/17).

Organización de Naciones Unidas (ONU)
2004 *Informe del Secretario General: El estado de derecho y la justicia de transición en las sociedades que sufren o han sufrido conflictos (S/2004/616)*, 23 de agosto de 2004.

2011 *Informe del Secretario General: El estado de derecho y la justicia de transición en las sociedades que sufren o han sufrido conflictos*. Segundo informe.

Pagès, Joan y Blanch Antoni Santisteban (eds.)
2013 *Una mirada al pasado y un proyecto de futuro. Investigación e innovación en didáctica de las ciencias sociales*. Volumen 2. Barcelona: Asociación Universitaria de Profesorado de Didáctica de las Ciencias Sociales.

Paulson, Julia
2010 "'History and Hysteria': Peru's Truth and Reconciliation Commission and Conflict in the National Curriculum". *International Journal for Education, Law and Policy* (Special Issue).

Payne, Leigh A.
2009 *Testimonios perturbadores*. Bogotá: Universidad de los Andes, Facultad de Ciencias Sociales, Departamento de Ciencia Política, Centro de Estudios Socioculturales e Internacionales.

Pease, María Angélica
2010 "La revolución en la mente. El reto de la innovación en la educación superior". En *Blanco y Negro*, n.° 1. Revista editada por Magispucp, Pontificia Universidad Católica del Perú.

Pease, María Angélica, Flavio Figallo y Lix Ysla (eds.)
2015 *Cognición, neurociencia y aprendizaje. El adolescente en la educación superior*. Lima: Fondo Editorial de la Pontificia Universidad Católica del Perú.

Pérez, Yolanda
2012 *Relación entre el clima institucional y desempeño docente en instituciones educativas de la Red n.° 1 Pachacutec-Ventanilla*. Tesis

para optar el grado académico de Maestro en Educación, Mención Evaluación y Acreditación de la Calidad de la Educación. Lima: Universidad San Ignacio de Loyola.

PERNASETTI, Cecilia
2005 La memoria como norma y la memoria como ruptura. 2.º Congreso Internacional Comunicación y Política, Universidad Metropolitana Xochimilco, México, noviembre.

PEZO, Cesar, Eduardo BALLON y Luis PEIRANO
1981 *El magisterio y sus luchas 1885-1978*. Lima: Desco.

POLLAK, Michael
2006 *Memoria, olvido, silencio*. Buenos Aires. Ediciones al Margen.

PORTOCARRERO, Gonzalo y Patricia OLIART
1989 *El Perú desde la escuela*. Lima: Instituto de Apoyo Agrario.

POZO, Juan Ignacio
2006 [1989] *Teorías cognitivas del aprendizaje*. Madrid: Morata

QUÍLEZ, Laia
2014 "Hacia una teoría de la posmemoria. Reflexiones en torno a las representaciones de la memoria generacional". Historiografías, n.° 8: 57-75.

RAGGIO, Sandra
2012 "Historia o memoria en las aulas". En Sandra Raggio y Samanta Salvatori (coords.). *Efemérides en la memoria*, 24 de marzo, 2 de abril, 16 de septiembre. Propuestas para trabajar en el aula. Buenos Aires: Comisión Provincial por la Memoria, Homo Sapiens Editores.

RÉNIQUE, José Luis
2015 *Incendiar la pradera. Un ensayo sobre la revolución en el Perú*. Lima: La Siniestra Editores.

2016 "From War to Politics: Peru's Shining Path, 1992-2003". Comunicación inédita para el seminario sobre violencia y memoria en Stanford University.

RICOEUR, Paul
2013 *La memoria, la historia, el olvido*. Buenos Aires: Fondo de Cultura Económica.

SABUCEDO, JOSÉ MANUEL, Mauro RODRÍGUEZ CASAL, Concepción FERNÁNDEZ FERNÁNDEZ
2002 "Construcción del discurso legitimador del terrorismo". *Psicothema*, vol. 14: 72-77.

SANDOVAL, Pablo
2004 *Educación, ciudadanía y violencia en el Perú: una lectura del informe de la CVR*. Documento de trabajo 142. Serie Antropología. Lima: Tarea, Instituto de Estudios Peruanos.

SARLO, Beatriz
2005 *Tiempo pasado. Cultura de la memoria y giro subjetivo. Una discusión*. Buenos Aires: Siglo XXI Editores.

SECRETARIO GENERAL DE LAS NACIONES UNIDAS
2010 *Nota orientativa. Enfoque de las Naciones Unidas a la justicia de transición*.

SOLÍS, Juan Mario
2016 *Los tiempos de la memoria en las agendas políticas de Argentina y Chile*. Buenos Aires: Eudeba.

SPILLMAN, Kurt y Kati SPILLMAN
1991 "La imagen del enemigo y la escalada de los conflictos". *Revista Internacional de Ciencias Sociales*, n.° 127: 59-80.

SEMPRÚM, Jorge
1997 *La escritura o la vida*. Barcelona: Tusquets.

SEN, Amartya
2000 [1992] *Nuevo examen de la desigualdad*. Madrid: Alianza Editorial.

STAUB, Fritz y Elisabeth STERN
2002 "Nature of Teacher's Pedagogical Content Beliefs Matters for Students' Achievement Gains: Quasi-Experimental

Evidence from Elementary Mathematics". *Journal of Educational Psychology*, vol. 94, n.° 2: 344-355.

STERN, Steve
1998 *Shining and other paths: war and society in Peru, 1980-1995*. Durham: Duke University Press.

2002 "De la memoria suelta a la memoria emblemática: hacia el recordar y el olvidar como proceso histórico (Chile, 1973-1998)". En Elizabeth Jelin (comp.). *Las conmemoraciones: las disputas en las fechas "in-felices"*. Madrid: Siglo XXI editores.

2013 *No hay mañana sin ayer. Batallas por la memoria histórica en el Cono Sur*. Lima: Instituto de Estudios Peruanos.

THEIDON, Kimberly
2004 *Entre prójimos. El conflicto armado interno y la política de la reconciliación en el Perú*. Lima: Instituto de Estudios Peruanos.

THOMPSON, Michael, Richard J. ELLIS, Aaron WILDAVSKY y Mary WILDAVSKY
1990 *Cultural Theory*. Boulder: Westview Press.

TODOROV, Tzevetan
2008 *Los abusos de la memoria*. Barcelona: Paidos Ibérica.

TOLEDO, María Isabel
2013 "Enseñanza de 'temas controversiales' en la asignatura de Historia, desde la perspectiva de los profesores. En Joan Pagès y Blanch Antoni Santisteban (eds.). *Una mirada al pasado y un proyecto de futuro. Investigación e innovación en didáctica de las ciencias sociales*. Volumen 2. Barcelona: Asociación Universitaria de Profesorado de Didáctica de las Ciencias Sociales.

TOLEDO, María Isabel, Diana VENEROS y Abraham MAGENDZO
2009 *Visita a un lugar de memoria. Guía para el trabajo en derechos humanos*. Santiago de Chile: Ediciones Lom.

TRINIDAD, Rocío
2004 "El espacio escolar y las memorias de la guerra en Ayacucho". En Elizabeth Jelin y Federico Lorenz (eds.). *Educación*

y memoria. La escuela elabora el pasado. Madrid: Siglo XXI Editores.

2006 *El informe final de la CVR y el reto de la diversificación curricular en Ayacucho*. Lima: Asociación Servicios Educativos Rurales.

UBILLUZ, Juan Carlos, Alexandra HIBBETT y Víctor VICH
2009 *Contra el sueño de los justos*. Lima: Instituto de Estudios Peruanos.

UCCELLI, Francesca y Mariel GARCÍA LLORENS
2016 *Solo zapatillas de marca. Jóvenes limeños y los límites de la inclusión desde el mercado*. Lima: Instituto de Estudios Peruanos.

UCCELLI, Francesca, José Carlos AGÜERO, María Angélica PEASE, Tamia PORTUGAL y Ponciano DEL PINO
2013 *Secretos a voces. Memoria y educación en colegios públicos de Lima y Ayacucho*. Documento de trabajo 203. Lima: Instituto de Estudios Peruanos.

UCEDA, Ricardo
2004 *Muerte en el Pentagonito. Los cementerios secretos del Ejército Peruano*. Lima: Planeta.

VARGAS, Julio
2009 "35 años después. Conflicto y magisterio en Ayacucho". En Romeo Grompone y Martín Tanaka (eds.). *Entre el crecimiento económico y la insatisfacción social*. Lima: Instituto de Estudios Peruanos.

2013 "El gobierno de la clase. Una aproximación al radicalismo en el magisterio peruano". *Revista Argumentos*, n.° 4.

VICH, Víctor
2015 *Poéticas del duelo. Ensayos sobre arte, memoria y violencia política en el Perú*. Lima: Instituto de Estudios Peruanos.

VIDAL-NAQUET, Pierre
1994 *Los asesinos de la memoria*. Ciudad de México: Siglo XXI Editores.

WELZER, Harald, Sabine MOLLER y Karoline TSCHUGGNALL
2012 *Mi abuelo no era nazi. El nacionalsocialismo y el Holocausto en la memoria familiar*. Buenos Aires: Prometeo Libros.

WIESEL, Elie
2013 *Trilogía de la noche*. Barcelona: Austral.

WIESENTHAL, Simon
1998 *Los límites del perdón. Dilemas éticos y racionales de una decisión*. Barcelona: Paidós.

WILSON, James R.
2007 "The High Stakes of Remembering the Past in South African History & Social Sciences Classroom: Creating a Way Forward for the White Staff & Students". *Yesterday & Today*, n.° 1: 239-254.

WINN, Peter
2013 "Las batallas por la memoria histórica en el Cono Sur: conclusiones comparativas". En S. Stern, P. Winn, F. Lorenz y A. Marchesi. *No hay mañana sin ayer. Batallas por la memoria histórica en el Cono Sur*. Lima: Instituto de Estudios Peruanos.

YERUSHALMI, Yosef Hayan
1998 "Reflexiones sobre el olvido". Revisado en versión digital del portal Cholonautas. Tomado de Y. Yerushalmi, N. Loraux, H. Mommsen, J. C. Milner y G. Vattimo. *Usos del olvido*. Buenos Aires: Nueva Visión.

ZAVALA, Virginia, Ricardo CUENCA y Gavina CÓRDOVA
2005 *Hacia la construcción de un proceso educativo intercultural: elementos para el debate*. Lima: Ministerio de Educación, Dirección Nacional de Formación y Capacitación Docente.

ZEMBYLAS, Michalinos y Megan BOLER
2002 "On the Spirit of Patriotism: Challenges of a 'Pedagogy of Discomfort'". En *TCRecord.org. The Voice of Scholarship in Education*.

Made in United States
North Haven, CT
10 November 2026

22091532R00229